Meditação

Coleção Textos Filosóficos

- *O ser e o nada – Ensaio de ontologia fenomenológica*
  Jean-Paul Sartre
- *O princípio vida – Fundamentos para uma biologia filosófica*
  Hans Jonas
- *Sobre a potencialidade da alma* – De Quantitate Animae
  Santo Agostinho
- *No fundo das aparências*
  Michel Maffesoli
- *Elogio da razão sensível*
  Michel Maffesoli
- *Propedêutica lógico-semântica*
  Ernst Tugendhat e Ursula Wolf
- *Entre nós – Ensaios sobre a alteridade*
  Emmanuel Lévinas
- *O ente e a essência*
  Tomás de Aquino
- *Immanuel Kant – Textos seletos*
  Immanuel Kant
- *Seis estudos sobre "Ser e tempo"*
  Ernildo Stein
- *O caráter oculto da saúde*
  Hans-Georg Gadamer
- *Humanismo do outro homem*
  Emmanuel Lévinas
- *O acaso e a necessidade – Ensaio sobre a filosofia natural da biologia moderna*
  Jacques Monod
- *Que é isto – A filosofia? Identidade e diferença*
  Martin Heidegger
- *A essência do cristianismo*
  Ludwig Feuerbach
- *Ensaios de Francis Bacon*
  Francis Bacon
- *Metafísica de Aristóteles* θ *1-3 – Sobre a essência e a realidade da força*
  Martin Heidegger
- *Oposicionalidade – O elemento hermenêutico e a filosofia*
  Günter Figal
- *Assim falava Zaratustra*
  Friedrich Nietzsche
- *Hermenêutica em retrospectiva – Vol. I: Heidegger em retrospectiva*
  Hans-Georg Gadamer
- *Hermenêutica em retrospectiva – Vol. II: A virada hermenêutica*
  Hans-Georg Gadamer
- *Hermenêutica em retrospectiva – Vol. III: Hermenêutica e a filosofia prática*
  Hans-Georg Gadamer
- *Hermenêutica em retrospectica – Vol. IV: A posição da filosofia na sociedade*
  Hans-Georg Gadamer
- *Hermenêutica em retrospectica – Vol. V: Encontros filosóficos*
  Hans-Georg Gadamer
- *Aurora – Reflexões sobre os preconceitos morais*
  Friedrich Nietzsche
- *Migalhas filosóficas ou um bocadinho de filosofia de João Clímacus*
  Søren Kierkegaard
- *Sobre a reprodução*
  Louis Althusser
- *De Deus que vem à ideia*
  Emmanuel Lévinas
- *Discurso sobre o método*
  René Descartes
- *Estudos de moral moderna*
  Karl-Otto Apel
- *Hermenêutica e ideologias*
  Paul Ricoeur
- *Outramente – Leitura do livro* Autrement qu'être ou au-delà de l'essence *de Emmanuel Lévinas*
  Paul Ricoeur
- *Marcas do caminho*
  Martin Heidegger
- *Lições sobre ética*
  Ernst Tugendhat
- *Além do Bem e do Mal – Prelúdio de uma filosofia do futuro*
  Friedrich Nietzsche
- *A lógica das ciências sociais*
  Jürgen Habermas
- *Sobre a questão do pensamento*
  Martin Heidegger
- *Hermenêutica em Retrospectiva – Volume único*
  Hans-Georg Gadamer
- *Na escola da fenomenologia*
  Paul Ricouer
- *Preleções sobre a essência da religião*
  Ludwig Feuerbach
- *História da filosofia de Tomás de Aquino a Kant*
  Martin Heidegger
- *A genealogia da moral*
  Friedrich Nietzsche
- *Meditação*
  Martin Heidegger
- *O existencialismo é um humanismo*
  Jean-Paul Sartre

Martin Heidegger

Meditação

Tradução de Marco Antônio Casanova

EDITORA VOZES
Petrópolis

Editado por Friedrich-Wilhelm von Herrmann

Título original alemão: *Besinnung*

Direitos de publicação em língua portuguesa:
2010, Editora Vozes Ltda.
Rua Frei Luís, 100
25689-900 Petrópolis, RJ
Internet: http://www.vozes.com.br
Brasil

Diretor editorial
Frei Antônio Moser

Editores
Ana Paula Santos Matos
José Maria da Silva
Lídio Peretti
Marilac Loraine Oleniki

Secretário executivo
João Batista Kreuch

Editoração: Dora Beatriz V. Noronha
Projeto gráfico: AG.SR Desenv. Gráfico
Capa: André Esch

ISBN 978-85-326-3976-9 (edição brasileira)
ISBN 3-465-02955-0 (edição alemã)

Dados Internacionais de Catalogação na Publicação (CIP)
(Câmara Brasileira do Livro, SP, Brasil)

Heidegger, Martin, 1889-1976.
Meditação / Martin Heidegger ; tradução de Marco Antônio Casanova. – Petrópolis, RJ : Vozes, 2010. – (Coleção Textos Filosóficos)

Título original: Besinnung

Bibliografia

1. Consciência 2. Meditação 3. Ontologia I. Título. II. Série.

10-00221 CDD-193

Índices para catálogo sistemático:
1. Meditação : Filosofia alemã 193

Editado conforme o novo acordo ortográfico.

Este livro foi composto e impresso pela Editora Vozes Ltda.

Sumário

I
Introdução

1. Sentença prévia de Periandro e Ésquilo

μελέτα τὸ πᾶν

Periandro[1].

Preocupa-te com o ente na totalidade.

ἄπαντ᾽ἐπαχΘῆ πλὴν Θεοῖσι κοιρανεῖν.

Ésquilo, Prometeu v. 49[2].

Mas tudo pesa, só não sobre os deuses o domínio.

2. O outro pensar

Toma o último fervor da bênção
só do obscuro forno do seer[3],
que ele acenda a contraposição:

---

1. DIELS, H. *Die Fragmente der Vorsokratiker* [Os fragmentos dos pré-socráticos - Grego e alemão, 5. ed. org. por KRANZ, W. Vol. 1. Berlim, 1934, cap. 10: "Os sete sábios".

2. Aeschyli Tragoediae. Recensuit G. Hermannus. Editio altera. Tomus primus. Berolini, 1859.

3. O termo "seer" remete-nos a um recurso utilizado por Heidegger a partir da década de 1930 para diferenciar a questão metafísica acerca do *ser* enquanto a pergunta sobre o ser do ente na totalidade do pensamento interessado em colocar pela primeira vez a verdade do próprio ser em questão. Enquanto a metafísica compreende o ser como o ente supremo (*óntos ón*) e como o fundamento último da realidade, o pensamento voltado para a possibilidade de um outro início da filosofia aquiesce radicalmente à impossibilidade de transformar o ser em objeto de tematização e procura acompanhar o ser em seus acontecimentos históricos. Para marcar mais distintamente esta diferença, Heidegger cria uma distinção pautada no modo arcaico de escrita do verbo ser em alemão (*Seyn*), um modo de escrita que ainda era usual em autores como Fichte, Schelling e Hegel. Surgem, assim, os termos "*Sein*" e "*Seyn*". Nós traduzimos estes termos respectivamente por "ser" e "seer" em função do fato de a grafia arcaica de ser em português ser feita com duas letras "e". Quanto a este fato, cf. MAGNE, A. *A demanda do Santo Graal*. Rio de Janeiro: Imprensa Nacional, 1944, p. 37-39 entre outras [N.T.].

Divindade – humanidade em um acontecer.
Joga a indigência da clareira ousada
entre mundo e terra como canto
de todas as coisas erigir calada
alegre gratidão por direito e mando.
Abriga na palavra o silencioso anúncio
de um salto para além do grande e pequeno ter,
e perde as descobertas – o vazio
de repentina aparência no caminho para o seer.

3. O salto

Toma, joga e abriga
e o salto seja
desde a mais ampla lembrança
até uma infundada região:
Porta para diante de ti
o uno quem?
Quem é o homem?
Dize sem cessar
o uno o quê?
O que é o seer?
Nunca despreza
o uno como?
Como é seu laço?
Homem, verdade, seer
replicam desde a ascensão
sua essência para a recusa,
na qual eles se emprestam.

4. Os vigilantes

A tormenta subterrânea retumba,
inaudível para todos os muitos, prossegue
em âmbitos supramundanos –
distante golpe do seer.
Mundo e terra há muito misturados,
perturbados na lei de sua contenda
subtraem às coisas toda circunscrição.

Número se arrebata na vazia quantidade,
nunca mais doa laço e imagem.
Vige como "sendo" o que "vive",
mas "viver" só continua vivendo do clamor
de uma ruidosa suposição,
que já à próxima retarda.
Todavia, eles velam –
os secretos vigilantes
de uma insurgida transformação:
distante golpe do seer
entre turvo fazer e o que é feito.

5. O saber

Mas sabemos o início,
o outro, o sabemos questionando,
encontramo-nos em um salto prévio
a todo sim e não.
Sapientes em verdade nunca *somos*,
mas no saber entes,
questionando para além de nós
a clareira do seer.
Mas sua é a decisão
sobre se, poder e impotência
destroçando, se clama pela terra
o mundo para a contenda,
traz para a indigência o deus
e acontece apropriativamente a amplíssima calma
que apropria para o ser-aí o homem.

6. A palavra

Nada, lugar algum, nunca
ante cada algo, ante todo então e ali
se eleva a palavra
desde o abismo, que emprestou
aquilo que a todo fundamento
malogrou,
uma vez que só a aliança

com o dito
toda coisa em coisa arma
e os perseguidos
sentidos confusamente dispersa.

6a. Não conhecemos metas

Não conhecemos metas
e somos apenas um curso.
Não precisamos de muitos,
aos quais há tempos já devorou
o afã dos produtos do fazer –
que alguém a princípio traga
o coração para a voz
do silêncio no seer,
que o elemento selvagem espanca
no cofre fundacional,
é nossa coragem.

6b. Ser-aí

Que ser-aí seja dizer o seer,
a partir dele a indigência
exportar
para a amplitude de um vislumbre todo oferta.
Que ser-aí seja o ser para aquele
em desperta escuta
recolher,
que calma por obra escolheu.
Que ser-aí seja decantar o seer,
de distante canto
trazê-lo de volta à casa,
o que há muito como poder sua essência evitou.

7. ΑΛΗΘΕΙΑ

᾿Αρχὰ μεγάλας ἀρετᾶς
ὤνασσ᾽ ᾿Αλά-

Θεια, μὴ πταίσῃς ἐμάν

σύνθεσιν τραχεῖ ποτὶ ψεύ-

δει...

Píndaro. Fragmento 205 (Schroeder)[4]

Início de uma aptidão para a grandeza,
Senhora, divina, do des-
velamento, que tu nunca revogues minha
insistência em ti por meio de uma selvagem e dura (tosca) in-
versão...

*

Em uma interpretação livre e pensante:

A verdade (clareira) do seer é o
seer da errância –
O erro (tanto quanto a riqueza) só é
permitido neste lugar. Como, porém, a inversão?
A clareira é o ab-ismo como necessidade (indigência)[5] da
fundação.

Da clareza do seer ascende a inicialidade de algo único no ente que, alheio a comparações, já perdurou mais do que toda "eternidade" computada sempre *a posteriori* como um permanecer vazio e indagada, em função de nos circunscrevermos a ela, como

---

4. Pindari Carmina cum Fragmentis Selectis. Iterum edidit O. Schroeder. In: aedibus B.G. Teubneri Lipsiae 1914.

5. Há uma ambiguidade constitutiva do termo *Not* em alemão, que se perde normalmente na tradução. *Not* significa em alemão tanto necessidade quanto indigência e penúria. Heidegger vale-se dessa ambiguidade para pensar a necessidade de um espaço de abertura (mundo) para que o ser-aí humano possa superar a indigência e a penúria de sua constituição, ou seja, para que ele possa dirimir, ainda que apenas parcialmente, a incompletude e a indeterminação originária de seu ser. Em outras palavras, é porque o ser-aí humano é para Heidegger indigente, que ele necessita de uma fundação histórica de um mundo [N.T.].

um consolo infundado. A inicialidade de algo único é a grandeza protegida a partir do seer – seu início é a liberdade. Sua essência, porém, é o domínio como sacrifício da doação da mais elevada indigência a partir do festejo da guarda da transposição sem violência para a região da proximidade e da distância do deus.

Essa clareira do seer é ao mesmo tempo o seer da errância – o lugar da origem da inversão, na qual facilmente caímos por terra, precipitando-nos, neste caso, apenas naquilo que é e em seu predomínio exclusivo – poderoso e impotente na mudança das coisas e das circunstâncias, essa inversão nos apresenta, então, o cálculo das causas (pulsões e inclinações, prazeres e diversões) de cada coisa e a tudo ela converte no que apenas está presente e é por qualquer um logo facilmente possuído, habitado e usado.

O verdadeiro só acontece apropriativamente[6] na verdade de que pertencemos à sua essenciação, de que conhecemos o perigo da inversão como o perigo enraizado na verdade e não nos imiscuímos nem tememos seu poder desencadeado, insistindo no risco do seer, obedientes ao serviço único do deus que ainda não apareceu, mas que já foi anunciado.

---

6. Esse é um termo absolutamente decisivo no pensamento heideggeriano posterior à virada: o termo *Ereignis*. Em verdade, esse termo diz em alemão simplesmente “acontecimento”, “evento”, “ocorrência”. No entanto, em função da presença do radical “eig-”, Heidegger identifica aqui uma proximidade com a noção de “próprio”. Assim, o que está em questão aqui não é um acontecimento qualquer, mas um acontecimento fundamental, no qual o homem conquista radicalmente o seu próprio. Na linguagem heideggeriana, o acontecimento apropriativo descreve a apropriação de si mesmo por parte do homem enquanto ser-aí. Essa apropriação em meio a esse acontecimento não se dá, contudo, a partir unicamente do singular, mas sim a partir de uma tensão entre ser-aí e ser que se resolve sempre historicamente por meio de uma dinâmica de essencialização do próprio ser. Dessa forma, o niilismo é aqui um acontecimento apropriativo porque descreve um modo possível de essa tensão se essencializar historicamente [N.T.].

II

O salto prévio para a unicidade do seer[1]

8. Da meditação

É só vindo de muito longe a partir do início[2] da história "do" seer, livre de toda historiologia, que *o pensar* consegue preparar a prontidão para a fundação de *uma decisão* (cf. abaixo p. 44) (cf. reflexões XII, 29[3], a concepção mais detalhada da decisão) e somente em relação a isto: se a maquinação do ente se apoderará do homem e o liberará para a essência irrestrita do poder, ou se o seer doará a fundação de sua verdade como a indigência, a partir da qual se cruzam o *vir de encontro* do deus e do homem com a *contenda* da terra e do mundo. Um tal entrecruzamento é a luta das lutas: o acontecimento apropriativo, no qual o ente é transferido apropriativamente uma vez mais para a sua pertinência ao seer. Guerra é apenas a maquinação indômita do ente, paz apenas a aquietação aparente desse caráter indômito. *Luta*, porém, é contrajogo da doação essencial a partir da suavidade do orgulho da recusa. "Luta" é aqui pensada a partir da quietude da essenciação. "Luta" é o nome demasiadamente humano para "o acontecimento apropriativo" subtraído ao homem. Seer é acontecimento apropriativo, acontecimento apropriativo *resolutor*: *re-solução* (cf. abaixo p. 80). O pensar é futuramente o indagar pensante (o dizer apropriado em meio ao acontecimento na palavra sem imagens) da prontidão para a história da transição (a super-ação da metafísica).

---

1. "*Sobre a meditação*" (*Maquinação* – verdade do seer). *A consumação da Modernidade*: 1) A metafísica de Nietzsche e seu desdobramento por meio de O. Spengler e E. Jünger. 2) A arte e a época (História da arte e "ciências").

2. Heidegger faz uma distinção entre as palavras alemãs *Anfang* e *Beginn*. Enquanto o *Anfang* descreve um momento inicial que permanece vigente no interior da história de seus desdobramentos e se aproxima do sentido básico do termo grego *archē* (princípio), o *Beginn* não caracteriza senão o começo de um movimento, o primeiro ponto de uma trajetória. Para acompanhar o campo semântico destes termos, portanto, nós optamos por reservar "início" para *Anfang* e começo para *Beginn*. Essa opção baseia-se em dois pontos: 1) A proximidade entre os termos início e origem em português, o que insere a palavra início no campo semântico de *Anfang*; e 2) O fato de, tal como o termo *Anfang* em alemão, "início" ter um correlato adjetivo no termo "inicial" (*anfänglich*), enquanto a palavra "começo", tal como *Beginn* em alemão, só possui um uso nominal [N.T.].

3. In: *Überlegungen C* [Reflexões]. Obra Completa, vol. 96.

9. A maquinação[4] (Violência, poder, dominação)[5]

Maquinação[6] significa aqui a factibilidade do ente, uma factibilidade que a tudo faz e constitui de tal modo que nela, pela primeira vez, se determina a entidade do ente abandonado pelo seer (e pela fundação de sua verdade). (Factível é aqui pensado como a expressão "passível de estar na vigília" = vigilante e, por isto, temos factibilidade no sentido do que *é passível de ser feito.*) A *maquinação* é o erigir-se com vistas à possibilidade de que tudo seja feito; e isto de tal modo, em verdade, que está previamente disposto o ininterrupto da contabilização incondicionada de tudo. Algo deste gênero só continua admitindo o "progresso" à margem, pois esse progresso parece ou acredita poder "superar" a destruição como o indício do "retrocesso". Agora, porém, a maquinação dispõe do ente enquanto tal no campo de jogo de uma *aniquilação* constante, um campo de jogo que aciona constantemente o ente. A essência da maquinação, uma essência constantemente aniquiladora que já se desdobra por meio da ameaça da aniquilação, é a violência. Essa violência desenvolve-se no asseguramento do poder como a capacidade, que imediatamente rebenta e está sempre pronta a se transformar, para a submissão arbitrária que aí se ultrapassa e expande. A violência liberada na essência da maquinação submete respectivamente apenas ao poder e nunca fundamenta o domínio; pois a maquinação é o impedimento e, por fim, o soterramento de toda

---

4. Cf. 65. Seer e poder. • Cf. *Termos fundamentais*. Maquinação e poder.

5. Seer (Emergência e acontecimento apropriativo). Maquinação; poder; violência; força; [duas palavras ilegíveis]; domínio.

6. O termo alemão *Machenschaft* é um termo de difícil tradução. Em seu uso corrente, ele significa o mesmo que maquinação, intriga, manobra. Heidegger vale-se do termo, porém, em um sentido quase etimológico: ele o pensa em sua relação com o verbo *machen* que significa simplesmente fazer. *Machenschaft* descreve aqui o processo de transformação da totalidade em algo factível e a autonomização da estrutura mesma que acompanha incessantemente o modo de instauração desse processo. Este campo semântico perde-se no português. De qualquer modo, porém, há no termo maquinação em português o paralelo com a palavra "máquina" e com o vocábulo grego *Mechané*, que serve de base para o termo *Machenschaft* em alemão. Com isto, optamos por seguir uma tradução já consagrada em outras línguas, acentuando aqui um elemento decisivo no original que se perde na tradução [N.T.]

decisão, um impedimento e um soterramente que arrastam para si antecipativamente tudo o que é factível; o domínio não possui apenas dignidade, ele é a capacidade livre de dignificação originária não de um ente, mas do próprio seer. Domínio é a dignidade do seer enquanto seer. Todo domínio é inicial e pertence ao início. A maquinação exige em muitos mascaramentos da violência múltipla a calculabilidade de antemão completamente abarcável do apoderamento submissor do ente ao erigir disponível; dessa exigência essencial, mas ao mesmo tempo velada, emerge a técnica moderna. Ela libera o homem para o ímpeto à articulação de sua essência de massa, por meio da qual toda particularização humana é superpotencializada, porque precisa se inserir no factível como o sujeito cofeitor (só *aparentemente* ainda dirigente e condutor). Na medida em que o homem ainda se concebe como animal (ser *vivo*) na era da maquinação potencializada para a sua violência irrestrita, só resta a ele mesmo (como "nós" e "eu" da mesma maneira) a "*vivência*" enquanto aquela instituição de seu comportamento e de sua postura, que lhe dota com a *aparência* da autoafirmação ante o ente na esfera da maquinação. O aumento da amplitude e da velocidade, do caráter módico e público do "vivenciar" é o sinal de que caíram as últimas barreiras para a violência da maquinação. A era da consumação da modernidade (cf. 10. A consumação da Modernidade) já tem como consequência essencial o poder da técnica sobre o ente e sua impotência ante o seer e nunca pode estabelecer a técnica como seu fundamento. Para essa era, já não bastam mais as caracterizações que se colocam com os títulos "civilização" e "cultura". Os dois pertencem, em verdade, à Modernidade; mas à sua era transcorrida da preparação. Nos dois, a essência da técnica ainda está retida e só se faz valer, com isto, como uma região particular e como forma de início limitada da dominação das coisas e da essência de massa do homem (cf. 63. A técnica).

A maquinação como essência do ente, como o modo segundo o qual esse ente *é* corrente, impõe que se soltem todas as forças capazes de poder e transformadoras de poder em meio à superpotencialização-de-si por parte do poder. De acordo com essa essência fundamental do poder, esse poder já sempre pro-seguiu em uma aplitude e em uma elevação, cujo resgate só continua vigendo para o ulterior e para o que não continua chamando a atenção senão no processo externo. Essa superpotencialização-de-si por parte do poder mostra-se em múltiplas manifestações que, tal como são experimentadas, recaem em uma interpretação feita com o auxílio da consistência conceitual da metafisica tradicional.

Fala-se do "*elemento dinâmico*" e se tem em vista, sem definir mais efetiva e detalhadamente a essência da força, a autoinundação de um rasgo de força solto e instaurado.

Nomeia-se o "*total*" e pensa-se na peculiaridade da essência do poder, no fato de ele não poder tolerar nada fora de sua esfera de ação que ainda possa ser interpelado discursivamente como "efetivamente real".

Aponta-se para o "*imperial*" e toca-se no caráter de comando do poder, ao qual resiste o pedir, o negociar ou o esperar por um acaso; pois necessariamente pertence à própria superpotencialização de si mesmo a submissão imperativa de tudo aquilo que precisa adentrar o seu círculo de disposição.

Menciona-se o "*racional*" e toca-se naquele caráter calculador em tudo aquilo que é conforme ao comando e que envolve o círculo fechado da distribuição e da direção das forças.

Aponta-se para o "*elemento planetário*" e se quer dizer com isto que as concessões de poder não apenas nunca são em si "totais" (ligadas a um Estado, a um povo), mas que suas barreiras não se assentam senão nos limites da superfície terrestre habitada e de sua esfera de disposição (da atmosfera e da estratosfera), o que ao mesmo tempo significa que o planeta como um todo é posto em "ação" como construto de poder e que, por isto, é inacessível a descoberta de um adversário planetário.

Tudo isto e todas as outras caracterizações da essência do poder, porém, nunca são suficientes, porque elas não são essencialmente suficientes para reconhecer a maquinação enquanto tal, isto é, em termos da história do seer, como uma forma de domínio do ser que se recusa e de sua verdade infundada; pois uma tal concepção só se faz em uma decisão, por meio da qual apenas a maquinação enquanto tal alcança por um lado e em geral sua essência desencoberta. Toda essência do poder e toda essência detentora do poder, contudo, é em si um desvio em relação a tais decisões, cuja peculiaridade essencial permanece essencialmente velada ao poder, porque o caráter de comando do poder assume o primeiro plano, mas o comando representa, de todo modo, ao menos a transmissão e a conformação de um estar decidido. Todavia, nem todo estar decidido emerge de uma decisão; se ele chega a emergir de uma decisão, então ela não precisa ser uma essencial do tipo em que, nela, a essência do seer mesmo é colocada em jogo (É por isto que todos os detentores do poder se servem da "juventude" que está em conformidade com eles: porque essa juventude traz consigo a indispensável ignorância que garante aquela falta de respeito e aquela incapacidade de veneração, que são necessárias para realizar a destruição planejada sob a aparência da nova irrupção e para escapar aí de toda decisão).

A partir da experiência e interpretação apenas superficial da maquinação no sentido das caracterizações mencionadas, cresce uma postura que acredita ser possível encontrar e reconhecer aquilo que "é" por meio do simples acordo com a superpotencialização do poder que é liberada em meio à elevação da violência. Interpreta-se este acolhimento do "efetivamente real" como "heroísmo". Mas o que é assim designado porta em si todos os sinais da "capitulação" ante o que está presente enquanto tal, ante o ente junto a si determinado maquinacionalmente, isto é, determinado pelo abandono do ser. Acolher apenas o incontornável não significa já ter experimentado de antemão o necessário. Esse necessário, contudo, só pode se tornar experienciável a partir do saber relativo a uma *indigência* que transpassa de maneira dominante o ente e afeta a entidade em sua essência. O "realismo heroico", aparentemente a forma mais elevada do saber acerca da e sobre a postura em relação ao ente, não leva senão ao modo mais oculto de desvio em relação ao ser; ele é uma confirmação expressa do esquecimento de ser; isto, contudo, com uma pretensão de ser o olhar mais agudo possível para aquilo que "é"; e, com isto, ele demonstra publicamente o seu caráter tempestivo na era do começo da consumação da modernidade.

Não obstante, todas as tentativas de uma interpretação "marcada pela noção de visão de mundo" do enredamento irreconhecível na história velada da época sempre permanecem na superfície e sempre se mantêm um adendo infrutífero, isto é, um adendo que não prepara nenhuma origem de decisões. É essencial para a meditação, em contrapartida, o saber crescente sobre a essência do poder e sobre aquilo que é essencialmente efetivo na superpotencialização-de-si-mesmo por parte do poder.

A superpotencialização-de-si-mesmo que distingue todo poder sempre traz atrás de si um grau de poder e uma amplitude de poder a cada vez alcançados (a aniquilação pertencente ao poder como forma prévia da desertificação que é essencial ao seu caráter incondicionado); o único ponto é que este entregar-se com vistas à fase de poder a cada vez alcançada inclui e empreende o egoísmo que pertence ao poder do anquilosamento incondicionado em si mesmo. Por isto, é só uma tal essência do poder por assim dizer previamente enviada pela maquinação, que garante a essenciação daquele ser, que é próprio para portar o homem metafisicamente como "sujeito" e ratificá-lo continuamente ante si mesmo em seu "direito"; pois lá onde o poder se superpotencializa na violência, acumulam-se os apelos ao "direito"[7], uma palavra que não designa senão aquilo que precisa ser posto antecipativamente na superpotencialização-de-si como exigência de ampliação do poder e como efeito da violência.

Com base na incondicionalidade do poder, a busca própria a todo desenvolvimento do poder por adversários sempre novos e apropriados conduz em última instância à fase extrema da desertificação do círculo de poder submetido, sem limites. Com a fase da desertificação que, ao que parece, se mostra mais inoportunamente do que nunca sempre ainda como construção, performance, energia, "entrada em ação" e, compreendida em consonância com a violência, também o "é", será alcançado, contudo, um "ponto" no qual a destruição terá se tornado impossível. Destruição significa aqui: levar a cabo uma perturbação definitiva do que se tinha até aqui a partir de uma decisão já realizada para um outro início. Desertificação, porém, é o soterramento de toda possibilidade do início com base no obnubilamento completo por meio do egoísmo que se tornou incondicionado em desmedida, um egoísmo que precisa admitir como o seu adversário inatingível a meditação, sob a forma segundo a qual a violência faz

7. O que aqui, porém, se chama justificação do poder.

concessões, repelindo o admitido para o interior da suposta iniquidade do "ridículo" e fraco. Mas mesmo esta autossalvação da essência do poder é uma consequência essencial da maquinação, na qual todo ente e o "sujeito" são abandonados sobretudo à ausência de fundamento do seer esquecido.

A preponderância da maquinação se mostra da maneira mais aguda possível lá onde ela também se apodera do pensamento e erige o pensamento da entidade do ente de maneira maquinacional; e isto de tal modo, em verdade, que o ser mesmo se torna aquilo que faz a si mesmo - que se organiza e erige. Condição prévia para tanto é de início a interpretação do ser como "objetividade" do "objeto", como "o caráter daquilo que se encontra contraposto" do ente contraposto[8]. O "caráter daquilo que se encontra contraposto é "con-stituído" e essa "constituição", por seu lado, é retransferida para uma autoconstituição do "sujeito", isto é, do "pensar". O "ser" é concebido, assim, "constitutivamente" como "devir"; uma vez que, porém, a forma do "devir" é o "tempo", resulta deste caminho maquinacional de interpretação do ser uma conexão óbvia entre "ser" e "tempo" - cursos de pensamento que não podem possuir *nada em comum* com aquilo que é inquerido inicialmente sob o título *Ser e tempo*, mas cursos de pensamento também que não podem pressentir nada daquilo que se apoderou deles: nada do ser como maquinação, que obriga a que mesmo o pensar acerca de sua essência continue sendo do seu tipo, o que tem como consequência um estado de coisas que veda a esse pensamento, isto é, à metafísica, se deparar algum dia com a verdade do seer ainda que apenas como algo questionável.

O pensar enraizado na metafísica, mas aparentemente "natural" e habitual em si, não carece menos de toda possibilidade de pensar trazendo à tona e se inserindo na questão do ser, porque ele faz de uma maneira ainda mais tosca com que a maquinação esteja em casa no ente. No campo irrestrito da maquinação no

---

8. A língua possui dois termos que são normalmente traduzidos igualmente por objeto: o termo latino *Objekt* e o termo *Gegenstand*. Como Heidegger coloca os dois termos um ao lado do outro, acentuando ao mesmo tempo o contraste entre eles, optamos por traduzir por uma locução explicativa o sentido do termo *Gegenstand* em alemão. Daí surgiu, então, "aquilo que se encontra (-stand) contraposto (Gegen)" [N.T.].

interior da ocupação cotidiana, só os "fins" e os "meios" se expandem como poderes estruturais; e isto de tal modo que todos os fins, e aquilo que supostamente é re-presentado como tal, se nivelam com os meios. Naturalmente, os meios encontram no elemento processual da intermediação sua única lei. Eles só intermediam a intermediação enquanto tal, a pura outorga do poder, que arrasta a si mesma para o interior da figura da mera outorga. Os fins tornam-se supérfluos sob a pressão da eficácia do puro processo da outorga de poder.

A luta entre o vir ao encontro e a contenda é o acontecer apropriativo clarificador, no qual o deus sombreia a terra em seu caráter cerrado e o homem instaura o mundo. A partir daí, o mundo espera o deus e a terra recebe o homem. Essa clareira libera toda essenciação daquilo que aconteceu apropriativamente para o ab-ismo do acontecimento apropriativo. Esse acontecimento, porém – o pensar denomina nele o seer –, não reina sobre o que aconteceu apropriativamente como algo que se acha no além, nem abarca como o vazio indeterminado apenas o todo do ente, mas é o entre que, anteriormente desdobrado na extensões do que se extasia (do espaço-de-jogo-temporal), precisa ser fundado pelo "homem" como o aí, em cuja fundação o homem encontra pela primeira vez sua outra essência, a partir da qual surgem para ele competência e direito: o *ser*-aí.

O ser-aí é a assunção da indigência de uma fundação da verdade do seer, ele é um início da história desprovida de historiologia[9]. Preparar a prontidão para uma tal assunção sob a forma de um saber do seer é denominado meditação sob a via do *pensar*;

---

9. Heidegger trabalha incessantemente com uma diferença entre os termos *Geschichte* (história) e *Historie* (historiologia). Enquanto a história diz respeito para ele às decisões intrínsecas à história do ser e à constituição dos projetos históricos de mundo, decisões que nunca se perdem simplesmente no passado, mas que sempre continuam vigentes no presente e determinantes para o futuro, a historiologia aponta para a abordagem lógico-científica dos eventos do passado. Normalmente, opta-se pela tradução de *Historie* por "historiografia". No entanto, como o que está em questão aqui não é necessariamente a escrita da história, mas a logicização do elemento histórico, preferimos seguir a solução usada por David Krell em suas traduções de Heidegger para o inglês e traduzir *Historie* por "historiologia" [N.T.].

porque o pensar indaga a verdade do seer no dizer sem imagens da palavra. A *palavra*, contudo, é a voz da luta entre o vir ao encontro e a contenda, afinada a partir do acontecimento apropriativo, afinando inteiramente a clareira e sintonizada com o abismo do seer. De acordo com o contrajogo do acontecimento da apropriação, toda palavra essencial (toda sentença) é plurissignificativa. Uma tal plurissignificância, contudo, não conhece o arbitrário do desenfreado, ela permanece encerrada na riqueza da unicidade do seer. Porque o seer se essencia na palavra e como palavra, toda "dialética" das "proposições" e dos "conceitos" se movimenta no elemento constantemente objetivo (contraposto) e veda todo passo em direção à meditação.

Provindo da superação da "metafísica", contudo, essa meditação precisa riscar por toda parte o que se tinha até aqui e não pode se manter nem como "doutrina", nem como "sistema", nem como "exortação" e "edificação" junto ao que está pronto em uma apresentação útil. A competência e o rigor desse pensamento em relação ao disparate da opinião e de toda indiferença do dizer têm seu enraizamento e ramificação na essência da verdade do seer que, desprovida de todo poder do efetivo e não forçada à impotência daquilo que é apenas representado, precisa se fundar no lugar nenhum e no nunca do ente, lançado-se para o lugar sem sítio e para o tempo sem horas da luta própria ao acontecimento da apropriação, no qual as coisas que são apropriadas em meio ao acontecimento são chamadas para a sua essência, um chamado essencial do ser que se essencia como palavra e determina o pensar "do" seer para o dizer.

A preparação daquela decisão única só pode ser realizada no salto prévio em direção à decisibilidade que lhe é consonante. Essa decisibilidade mesma, por sua vez, computado historiologicamente, ainda não é "efetivamente real", não é visível e não é eficaz, apesar de ter assumido a história do outro início como história da essenciação da verdade do seer.

Por isto, toda decisão nunca é uma crítica historiológica, que precisaria permanecer toda vez no interior de sua época. A decisão prepara-se como meditação sobre a essência da época, que consiste na *consumação da Modernidade*. Essa consumação é o ou para o ou do outro início. A preparação da decisão encontra-se na transição e permanece, contudo, intocada pelo em-parte-sim-em-parte-não de uma indecisão. A transição é sustentada e claramente suportada pelo saber da essência da consumação da era metafísica e pela única inquerição da verdade do seer, que permanece vedada a toda metafísica. A meditação, como a unidade originária, obrigada e mantida pela própria decisão, como unidade daquele saber histórico e dessa inquerição, não faz outra coisa senão preparar a decisão. Essa decisão mesma não apenas é ela mesma histórica, mas é o fundamento da mudança essencial da história liberada de toda historiologia no sentido do acontecimento da apropriação daquela luta para além da guerra e dos atos de paz maquinacionais. Aquela decisão não é tomada como um "ato" de homens particulares, ela é o golpe do próprio seer, por meio do qual a maquinação do ente e o homem enquanto animal historiológico são cindidos em relação ao abismo do seer e entregues à própria ausência de origem. Por isto, preparação da decisão não significa abertura da via dessa decisão mesma, como se ela fosse um e, contudo, um possível construto do homem. Preparado é apenas o espaço-de-jogo-temporal, no qual precisa acontecer apropriativamente de maneira histórica a mudança *essencial* (não apenas um mero cultivo mais elevado ou reformulado) do animal *rationale*. Para essa preparação, a meditação pensante também precisa se saber apenas como *uma* ação, talvez como a ação que pensa antecipativamente da maneira mais ampla possível, articulando-se na mais aguda meditação como automeditação *inicial* da filosofia. A sentença pensante, porém, não pode se tornar a palavra que propriamente se essencia – essa palavra carece do poeta, que precisa crescer a partir da estirpe daqueles cujo gênero Hölderlin fundou ("Como em dia de feriado...").

A meditação pensante, porém, deve conceber sobretudo a essência da consumação da Modernidade e deixar para trás todo pensar, que precisa permanecer tributário da metafísica mesmo lá, onde ele aparentemente a nega a partir da opinião de que se assenhoreou dela por meio de um não mais questionar. Mas a "metafísica" – e isto sempre diz aqui: o domínio sem fundo em sua verdade do ser determinado a partir do pensamento como representação – só é superada mais própria e, com isto, recolocada em sua plena necessidade histórica por meio de um questionamento mais originário de sua questão.

Questionar de maneira mais inicial significa por um lado: elevar até o nível daquilo que há de mais digno de questão aquilo que permaneceu essencialmente inquestionado (a verdade do seer, não do ente) como seer da verdade; questionar de maneira mais inicial significa por outro lado: saltar para o interior da história até aqui velada do seer e, com isto, conceber a própria história na totalidade de maneira mais essencial do que qualquer tipo de historiologia. Por isto, a meditação carece de um saber acerca da essência de "sua" época, ou seja, daquela época que ela já abandonou e precisa abandonar no instante em que começa sua consumação (cf. 10. A consumação da Modernidade).

Confira a inquerição da verdade do seer, que mesmo como pergunta nunca conduz para uma resposta, mas *se* entrega apenas à voz da quietude – à voz da resposta que afina a partir do seer como sua essenciação.

10. A consumação da Modernidade[10]

A consumação da Modernidade é ao mesmo tempo a consumação da história metafísica do Ocidente – suportada pela metafísica expressa e inexpressa. Mais exatamente: a consumação da metafísica determina e porta o começo da consumação da Modernidade.

Consumação significa aqui o simples apoderamento irrestrito e, por isto, isento de enredamentos da essência da época. A consumação não é, portanto, um mero agregado de um período que ainda está faltando e, por isto, também não o transcurso daquilo que no fundo já é conhecido. A consumação traz consigo muito mais o que há de derradeira e extremamente *estranho* no interior da época, que não termina com ela. Ao contrário, é com

10. Cf. "A fundamentação da imagem de mundo moderna por meio da metafísica", jun./1938 (Versão impressa sob o título "A época da imagem de mundo". In: HERRMANN, F.-W. *Caminhos da floresta*. GA. Vol. 5. Frankfurt junto ao Main, 1977, p. 75-113).

ela que *começa* o domínio da essência. A consumação da época metafísica eleva o ente no sentido da maquinação para um "domínio" tal que, nesse domínio, o ser é em verdade esquecido e, contudo, o ente de tal essência é posto em ação como o único, sendo trazido para a representação e produção incondicionadamente seguras. Uma tal representabilidade e produtibilidade erigível decidem quanto àquilo que é admitido como ente e é rejeitado como não sendo. A factibilidade do ente, uma factibilidade que a tudo faz e constitui, é a maquinação que também determina previamente a essência de sua eficácia e dá o seu sentido único à realidade efetiva. O eficaz não é calculado segundo "fins" estabelecidos a curto prazo, mas só consiste no modo da efetivação da própria *maquinação* (do ser). A maquinação vige ao mesmo tempo como o fundamento, desconhecido em sua essência e também incognoscível para toda metafísica, da interpretação do efetivamente real como "vontade de poder". Sua essência consiste na superpotencialização necessária e, por isto, impassível de ser suspensa de todo poder, cuja superpotencialização para a sua essência exige previamente e não tem apenas como consequência, por exemplo, a factibilidade da maquinação. Planejamento, cálculo, instalação, criação (de animais) exige o ente que chega assim à dominação e, com isto, o sim ao "devir". Não com o intuito do progresso para uma meta e para um "ideal", mas em virtude do próprio devir; pois o devir impele à superpotencialização, pois só em tal superpotencialização o poder pode se manter. Em essência, porém, o "devir" é exigido pela própria maquinação, *porque* ela provém da essência do ser como presentificação e como consistência. Ser é devir – com isto, o ser não é negado. Ao contrário, por meio da entidade como maquinação, realiza-se para a sua essência inicial (φύσις – ἰδέα – οὐσία) o preenchimento da essência prelineada pela ausência da fundação da verdade (cf. abaixo p. 88s., 103s.). A aparente primazia do "devir" em relação ao "ser" é apenas a auto-outorga da factibilidade do poder para a estabilidade de sua presentação incondicionada, assim como a outorga consumada do poder do devir para o ser. Todo anquilosamento do pensamento no devir contra (em suposta adversidade em relação a) o ser não sabe o que pensa e é o sinal de uma incapacidade de se assenhorear da metafísica. A metafísica de Hegel e de Nietzsche – em si copertinentes no interior da consumação da metafísica ocidental tal como esquerda e direita – realizam aquela interpretação do ente enquanto tal na totalidade, que não pode ser mais ultrapassada nem fundada em uma dimensão mais profunda; e isto também não naquilo que a cada vez constitui o lugar dos dois pensadores: para Hegel, a "razão absoluta", para Nietzsche, o "corpo" – para os dois o animal racional absoluto. A consumação da época metafísica "libera" o ser para a essência da maquinação; o homem, porém (o guardião desconhecido da verdade do ser), consuma-se de início como o desprezador da verdade sob o modo de um desprezo, para o qual precisa de qualquer modo permanecer desconhecido aquilo ao largo do que ele passa. O animal racional tornou-se sujeito e desdobrou a razão em historiologia, cuja essência coincide com a essência da técnica. O homem da modernidade consumada é o animal historiológico, para o qual o ente na totalidade aparece como "a vida", um animal que elevou ao nível do desejável seu próprio impulso a partir de sua impulsão como "a vivência".

Os únicos *desdobramentos*, que tendem à consumação da modernidade e que são dignos de atenção, da última metafísica ocidental – da metafísica de Nietzsche – são a metafísica da história do cesarismo de Oswald Spengler e a metafísica do "trabalhador" de Ernst Jünger. O primeiro pensa a partir do homem como "animal predador" e vê a consumação acontecendo e – o fim no domínio do "César", para o qual a massa, instaurada por meio da economia, da técnica e das guerras mundiais, se tornou útil; o segundo pensa de maneira planetária a figura do "trabalhador" (não economicamente, não socialmente, não "politicamente"), na qual a humanidade moderna se torna membro integrante da "construção organizatória" do ente na totalidade. Todavia, os dois não devem ser fixados neste caso junto aos nomes "César" e "trabalhador", nomes que procuram aprender respectivamente na direção do grande *singular* e no sentido de uma *tipologia* a essência do além-do-homem, isto é, do animal a partir de agora constatado.

(Mas tais referências formais a cursos de pensamento efetivamente realizados sempre produzem encurtamentos e deslocamentos. Elas querem apenas dizer que aqui se luta uma batalha por posições e postos, uma batalha que não desenrola a sua força de descerramento senão na confrontação não pública com essa batalha mesma. Spengler e Jünger pensam, apesar de provirem da mesma raiz metafísica, de maneira fundamentalmente diversa. O modo como eles "atuam" e são rejeitados publicamente, isto é, o modo como são usados e transformados em indivíduos inofensivos, é inessencial e se mostra como o efeito de uma psicologia historiológica tardia. O mero pessimismo do declínio de Spengler e o mero dinamismo em Jünger são a cada vez meros planos de superfície no âmbito dos carimbos desprovidos de pensamento que são publicamente exigidos.)

Nas duas vias de desdobramento da metafísica de Nietzsche, o ente na totalidade é pensado de maneira maquinacional tanto quanto o homem é determinado como o executor da maquinação a partir de um entrelaçamento essencial nela. Por isto, como massa articulada e como membro particular de tal articulação, o homem é sempre ao mesmo tempo o poderoso e o indiferente, o líder sobretudo e aquele que se encontra amalgamado. É por isto que a última palavra nomeadora daquilo em que se cruzam o ente na totalidade e o ser humano é "destino". O pensar marcado pelo caráter das guerras mundiais a partir da mais elevada vontade de poder do animal predador e a partir da incondicionalidade do armamento é respectivamente o sinal da consumação da época metafísica. Guerra mundial tanto quanto paz mundial (no sentido ambíguo judaico-cristão) significam eventos maquinacionais correspondentes, que já não podem ser mais nessa época meios para um fim ou uma meta qualquer - mas tampouco eles mesmos metas e fins. Ao contrário, mesmo aquilo em que o efetivamente real e o ente têm de se consumar possui sua força e sua distinção no abandono do ser (cf. O seer e o homem; cf. 63. A técnica)

A invocação do "destino" contém a rendição das armas do abandono do ser do ente ante esse ente e é ao mesmo tempo a vitória vazia do heroísmo, que se tornou desprovido de decisões, do homem como "sujeito". O apelo ao "destino" é apenas o lado oposto da concepção *historiológica* da história - de sua "explicação" corrente a partir de causas e fins a cada vez ônticos e desejados como tais.

O "sim" ao destino é o expediente em meio à falta de saídas da metafísica, que se esgotou em todas as suas viradas e inversões possíveis e que, com isto, se enredou em si mesma. Onde se abandona o apelo a um "*Deus*" que é (o Deus judaico-cristão e suas modulações racionais na "providência" e em coisas do gênero) por retidão da postura, onde o retorno ao "*homem*" e à magnificência criadora perdeu ao mesmo tempo sua magia, onde só o acionamento do "*mundo*" em sua controlabilidade oferece ainda um decurso e, porém, não o realiza, mas exige ao mesmo tempo auxílios no "homem" e em seu "afã de vivências" e em "Deus" e seus "consolos", erram aí Deus, mundo e homem – o ente triplamente articulado na totalidade – como âmbitos de fuga da metafísica sem fundamento na verdade infundada do seer – uma vertigem do homem entre ameaça e asseguramento ou, contudo, a completa indiferença.

11. A arte na época da consumação da Modernidade[11]

A arte consuma nessa época sua essência metafísica até aqui. O sinal disto é o desaparecimento da *obra* de arte, ainda que não da arte. Essa torna-se um modo da consumação da maquinação na construção total do ente para a disponibilidade incondicionadamente segura daquilo que é instaurado. O criado recoloca-se, de maneira diversa da que se dava até aqui, totalmente no "ente" – a "natureza" e o "mundo" público; e isto não como parte integrante, mas como uma forma essencial de efetivação de sua maquinação: ruas, hangares de aviões em aeroportos, gigantescos trampolins, usinas e represas, edifícios de fábricas e instalações fortificadas. A "natureza" transforma-se de acordo com essas "instalações"; ela transfere-se totalmente para elas e só vem à tona nelas e como contida em seu campo de visão – com essas instalações, por meio delas e à sua maneira, ela se torna "bela". A beleza continua sendo mesmo agora – em sintonia com o caráter metafísico da arte que se preenche completamente na consumação – a determinação fundamental. Belo é

11. Cf. Überlegungen (Reflexões), VIII, p. 64ss., 89s. In: *Überlegungen* (Reflexões) B. GA, vol. 95).

aquilo que agrada e precisa agradar à essência do poder do animal predador homem; por detrás da determinação fundamental já se esconde, contudo, sua essência transitória, na medida em que no desaparecimento da obra em favor da pura maquinação se realiza uma solidificação do completo abandono do ser do ente. Por isto, desaparece toda possibilidade de buscar aqui, além disto, um "sentido" dessa arte que ainda poderia viger "por detrás" ou "acima" de suas "criações". A arte torna-se uma vez mais – mas não na mera recaída, mas na consumação – τέχνη; mas isto naturalmente sob a forma da técnica e da historiologia modernas. Ela é uma instauração da entrega incondicional à factibilidade do ente sob a figura de seu ajuste à maquinação, isto é, à sua complacência.

Os gêneros artísticos até aqui se dissolveram e só continuam subsistindo agora segundo o título ou como áreas de ocupação afastadas, irreais, próprias de "românticos" que chegaram tarde demais e que não possuem qualquer futuro. Por exemplo, a feitura de "poemas" e "dramas"; as obras musicais correspondentes; os "quadros" e "esculturas". O que a arte produz não são *tais* obras e de modo algum obras no sentido da história do seer: obras que instauram uma clareira do seer, em cujo ser o ente poderia pela primeira vez se fundar; as produções são "instalações" (formas do *erigir* do ente); "poesias" são "manifestações", proclamações no sentido de *anúncios* do já ente em meio à esfera pública normativa que a tudo assegura. Palavra, som, imagem são meios de articulação e movimento, de animação e concentração das massas, em suma, da organização: "fotografia" e "cinema" não podem ser comparados com as "obras de arte" historiologicamente conhecidas e medidos a partir delas, eles têm a sua lei e o seu critério de medida na essência metafisicamente consumada da "arte" como uma instauração da factibilidade do ente, uma factibilidade que a tudo faz e constitui. "Fotografia" como estabelecimento público da – "nova" – conduta social pública, da moda, dos gestos, do "vivenciar" das "vivências" "propriamente ditas". Não são os filmes que são *kitsch*, mas aquilo que, em função da maquinação do vivenciar, eles têm de oferecer e difundir como digno de ser vivenciado. Com o desaparecimento maquinacionalmente necessário das obras de arte com a sua essência até aqui, o *kitsch* que provém de sua imitação perde seu conteúdo e se torna autônomo e, enquanto tal, até mesmo impassível de ser experimentado. *Kitsch* não é arte "ruim", mas o melhor saber-fazer, só que um saber-fazer voltado para o vazio e para o inessencial, o que, então, a fim de assegurar para si uma significação, pede o auxílio da propaganda pública de seu caráter simbólico.

Mas não é apenas a *comparação* historiológica com a consistência ela mesma mantida uma vez mais historiologicamente que é inadequada. Ao contrário, todo tomar por base os "valores" daquilo que é historiologicamente tradicional é inadequado. Esse legado tradicional pode ser igualmente considerado apenas como material de aprendizado e de estimulação para a arte "consumada", no sentido de um "historicismo" indiscriminado e descompromissado. O fato de tudo aquilo que se deu anteriormente ser hoje redescoberto nos "construtos artísticos" não tem sua razão de ser em uma falta de estilo próprio. É o próprio estilo da época maquinacional que reside precisamente nesta assunção não mais comprometida de tudo aquilo que é apropriado para a organização da vida pública das massas, uma vida pública que, exatamente como qualquer outra comunidade, também tem *seus* "indivíduos" e "personalidades". Por isto, a "qualidade" crescente da "arte industrial", que se encontra com o compasso seguro proveniente do predomínio da técnica, o compasso da configuração de tudo o que possui o modo de ser do que é instalável e erigível. O historicismo não é mais agora, tal como a sua forma precedente no século XIX, uma experimentação que se perde em possibilidades quaisquer sem vinculação, mas está sobretudo atrelado ao elemento maquinacional de todo ente e só obtém por meio desse elemento sua própria consumação já comprometida. O "museu" não é mais agora o lugar da conservação do passado, mas ele se mostra muito mais agora como o lugar da exposição conclamadora, instrutiva e, com isto, vinculadora do planejado. Isto – no sentido amplo do erigir da "terra" – não é simplesmente planejado e realizado em partes e passos particulares, em posições diversas, mas sim de antemão, de acordo com a essência do planejamento; ele é planejado a partir do todo e esse planejado se torna anteriormente e ao mesmo tempo acessível e é exposto – manifetação do poder, marcha dos números, extensão de comprimento, largura e altura. A exposição significa: aquilo que é mostrado já é fixado no essencial.

As produções da arte têm inteiramente o caráter da "*instalação*", de um dis-positivo já erigido com vistas ao ultrapassamento planejador, factível do ente a ser dominado, um dispositivo que, por seu lado, nunca deve vir à tona enquanto tal, mas deve se "inserir" "organicamente" na "paisagem", nas necessidades e medidas públicas; neste caso, aquilo *em que* as produções se inserem é visto de acordo com a essência maquinacional dessas produções[12], isto é, a "paisagem" é vista de antemão "tecnicamente", de modo que os construtos "técnicos" também concordam, então, *com ela*.

(*Suplemento*: campo e habitantes do vale, montanha e águas não são vistos "tecnicamente", como se só aquilo que permanece paisagem devesse se tornar útil "tecnicamente". O ente não é mais de modo algum admitido como paisagem e tampouco é uma mera técnica que se apodera dele. Ao contrário, o asseguramento e a ordenação maquinacional do ente na totalidade determinam de antemão aquilo que é criado, transformando-o em *instalação*, transformando-o naquilo que se instala e se inscreve no ente e, assim, se in-stala sobre o asseguramento das organizações como o erigir de uma segurança. A tonalidade afetiva fundamental do erigir da *instalação* é a tonalidade afetiva da elevação de poder em uma discrição jocosa do cálculo. Quanto à origem da instalação a partir da *factibilidade* cf. acima p. 18).

Ao caráter de "instalação" das produções corresponde o modo de representação dessas produções e a lida com elas: domínio, incorporação e essa incorporação como "vivência", a "*formação*" "*vivencial*": isto é, o adestramento com vistas a tomar e avaliar tudo somente a partir da essência maquinacional (ela mesma velada e inconcebível) do ente significa: não buscar nada mais por detrás e para além do ente, mas também não pressentir um "vazio", senão encontrar e buscar exclusiva e sumamente na realização do maquinacional o vivenciável, vinculável à "própria"

---

12. Pensado rigorosamente não *há* nem uma paisagem ainda visível – nem uma "técnica" que se "configura".

vida maciça, exigindo-o constantemente como a única coisa válida e asseguradora.

Instalação e formação vivencial pertencem à essência da segurança maquinacional do ente na totalidade e ao asseguramento aí incluído do homem. Essa essência metafísica da arte, essa essência que se consuma, não precisa ser, contudo, de modo algum ao mesmo tempo concebida. Ao contrário, de acordo com o abandono do ser do ente coerigido por meio da arte, o esquecimento do ser por parte do homem toma por sua medida o ilimitado. O que acontece "propriamente" aqui na época da consumação, ou seja, o que acontece em termos da história do seer concebido a partir do seer, não precisa ser apenas ocultado, mas até mesmo dissimulado. A atenção expressa à arte e a ocupação com ela (até o cerne do funcionamento da historiologia da arte) se movimentará em "categorias" totalmente diversas de pensamento, a saber, naquelas categorias que são exigidas pelo primado do homem como sujeito, pela interpretação do ente na totalidade e do homem como "vida". A "arte" é considerada como "expressão" da "vida" e se avalia a partir daí o quanto ela consegue desempenhar um tal papel; e isto por mais que o que a "vida" seja já seja coestabelecido ao mesmo tempo pelo modo de ser das produções "artísticas" (por exemplo, a masculinidade do homem em músculos gigantescos e órgãos sexuais, em rostos vazios, ansiosos apenas por brutalidade). A interpretação da "arte" como "expressão" indica ao mesmo tempo que ela (por mais que continue sendo interpretada historiologicamente segundo o caráter de "obra" e a possibilitação do gozo) precisa satisfazer a essência da instalação, cuja apropriação, como deve ser, só pode acontecer por meio de uma formação vivencial. A historiologia como ciência obteve por meio daí um "novo" "horizonte" de interpretação, não criado por si mesma, um horizonte que assegura a ela, para além de um período de tempo correspondente, as possibilidades até aqui não utilizadas de novos "conhecimentos" e, com isto, ante os seus companheiros contemporâneos, os meios igualmente seguros da comprovação de sua "superioridade" e de um "novo" despertar, e, por isto, a ocasião de um asseguramento de sua imprescindibilidade.

(Nesta imprescindibilidade, porém, a ciência se tornou algo completamente diverso do que aquilo que ela podia e outrora tinha o direito de acreditar ser: nenhuma fundação e nenhum caminho fundacional de um *saber* essencial, mas um erigir "técnico" da formação para a segurança vivencial ante o elemento maquinacional; é por isto que as formas de funcionamento da ciência modernamente consumada serão logo desenvolvidas da maneira mais pura possível lá onde elas podem trabalhar com os meios irrestritos do erigir e da re-presentação: segundo cada direção, as "universidades" só continuam se mostrando agora como formas providenciais de formação, diferentemente das instalações de pesquisa, das instalações em geral e das escolas de formação superior de todos os tipos.)

Assim, a arte torna-se o desenvolvimento acurado dos modos de re-presentação e pro-dução do ente maquinacional; ela é de tal modo acurada, que justamente um tal desenvolvimento dos modos de pro-dução que permanecem totalmente a serviço demarca o estado de coisas, só admitindo o maquinalmente planejável como "coisal". A arte é o erigir das instalações da factibilidade de todo ente; por isto, ela é de antemão desprovida do caráter de decisão. Em sua igualdade essencial com a técnica e com a historiologia, a arte assume o erigir do ente, cujo ser é de antemão decidido como maquinação, razão pela qual não pode caber à arte de maneira alguma um campo de jogo para a decisão, uma decisibilidade. Essa essência da arte é difícil de ser vista precisamente no campo de visão da comparação historiológica da historiologia da arte e permanece ainda mais difícil visualizar nela, ao mesmo tempo, a consumação da essência metafísica da arte.

(Em contrapartida, o posicionamento essencial da arte como pôr-se-em-obra da verdade (do seer) significa um salto prévio para o interior de uma outra história e é só abusivamente que se pode interpretar a partir daí a história da arte metafísica; na medida em que nessa arte o ser do ente também é configurado, a essência da arte em termos da história do seer pode ser interpretada inicialmente a partir da lembrança histórica, sendo que essa interpretação também já não pensa mais metafisicamente, mas já pensa em termos da história do seer) (cf. Conferências sobre a origem da obra de arte[13].)

---

13. "A origem da obra de arte". In: *Caminhos da floresta*, GA, vol. 5, p. 1-74.

O conceito nietzscheano de arte como "estimulante da vida" designa uma posição intermediária peculiar entre a obra de arte estética, metafísica e a consolidação consumada da arte como modo de erigir a maquinação e permanece, por isto, inteiramente no âmbito metafísico; mas isto naturalmente sob a forma *nietzscheana* da inversão do platonismo. A interpretação nietzscheana da arte também se efetiva hoje de maneira tosca tanto quanto mais refinada no planejamento artístico, de tal modo, em verdade, que esse planejamento se ocupa com o elemento maciço da "vida".

A *arte propriamente moderna*, que ainda precisou crescer para além daquilo que Hegel conseguiu ver como arte e que o século XIX procurou empreender, distingue-se pelo caráter de instalação que penetra o ente, um caráter próprio às "criações" que não vêm mais à tona de maneira alguma expressamente. Ao lado dessa arte há – em parte desejado e exigido pelo mesmo espírito – um prosseguimento historiológico do funcionamento artístico do século XIX, que é avaliado em termos político-culturais, mas permanece irreal e apenas um sinal do historicismo que cintila em todas as suas colorações possíveis. E, além disto, segue paralelamente ou se arrasta um cultivo e um gozo estéticos de gosto seguro das tradições historiológicas da arte ocidental, na maioria das vezes apoiados e dirigidos pela difusão culta do trabalho da historiologia da arte.

Em contrapartida, uma meditação sobre a arte não pode ser buscada em nada disto, porque uma tal meditação não pode mais debater uma direção e um gênero da arte até aqui e *suas* possibilidades, mas precisa colocar em decisão uma transformação da *essência* da arte; e isto, porém, somente a partir da decisão fundamental sobre o domínio do ente maquinacional e sobre a fundação do seer.

Uma tal meditação decisional sobre a arte encontra-se fora de toda teoria da arte, razão pela qual a superação da estética não pode permanecer senão uma tarefa provisória, além de facilmente mal-interpretável, uma vez que leva à ideia de que se deveria apenas variar e alterar a estética por meio de uma consideração diversa. Por isto, também não se trata de acentuar a "obra em si" em contraposição ao artista e àquele que acolhe e às duas circunstâncias e conexões efetivas históricas condicionantes; pois mesmo esse acento não precisa sair do âmbito da arte metafisicamente experimentada; a obra só é apreendida aí como objeto.

A questão em termos de história do seer acerca da "obra" conquista, no entanto, um sentido totalmente diverso, logo que a obra é vista em sua essência conjuntamente com o seer mesmo e a fundação de sua verdade. A própria obra preenche agora a tarefa essencial de desdobrar concomitantemente aquela decisão para o seer.

A obra não é nem um objeto sim-bólico[14], nem instalação do erigir do ente, mas clareira do seer enquanto tal, uma clareira que contém a decisão por uma outra essência do homem. A arte tem agora o caráter do *ser-aí*; ela arranca de todos os esforços em torno da "cultura", não pertence ao homem nem no que diz respeito à execução nem no que diz respeito à apropriação, ela é um lugar de decisão dos únicos e raros; a "obra" é a reunião da mais pura solidão no abismo do seer; a criação não é tocada nem pela "fama", nem pela falta de atenção; segundo a sua essência, ela permanece subtraída à "esfera pública" tanto quanto ao jogo "privado" e pertence unicamente à insistência no ocaso, que é o único a poder se tornar uma história capaz de fazer jus à essência, uma história que deixa para trás uma clareira do seer. A completa falta de referência da obra ao ente e às suas organizações habituais garante em si uma copertinência com o criador, que não o articula "biograficamente" à obra, mas lança o seu ser-aí como "vítima" para o interior do abismo. Mas mesmo a "vítima" não pode ser mais "objeto" de um luto e de uma veneração, porque tais lembranças também recairiam em um empreendimento cultural espiritualizado e voltariam a ser uma antropomorfização da arte. A essência da "vítima" , cujo nome permanece fácil demais mal-interpretável a partir do que se tinha até aqui, consiste na insistência silenciosa do legado de uma persistência da verda-

---

14. Heidegger hifeniza nesta passagem o termo alemão *Sinnbild* que é normalmente traduzido por símbolo. Ao empreender uma tal hifenização, ele chama a atenção para a formação mesma da palavra em alemão. Um *Sinnbild* é uma imagem (*Bild*) dotada de sentido (*Sinn*) que, nesta medida mesma, pode se encontrar como concretização simbólica de algo diverso [N.T.].

de do seer, uma persistência que tem a luta entre o vir ao encontro e a contenda por sua essência mais própria[15]. Por isto, só *é* obra aquilo que coloca em decisão a essência dos deuses e do homem entre a evocação alternante de terra e mundo em sua essência. O que *não* deixa vigorar em torno de si a esfera de uma tal preparação para a decisão ainda pode servir ao entretenimento (afastamento do tédio), pode vir à tona como evidenciação e confirmação do que se encontra presente à vista, deve se deixar "expor" como objeto de um círculo de admiração, mas não é nunca e em parte alguma uma "obra". Os critérios de medida da "arte" porvir não podem ser de maneira alguma deduzidos da arte metafísica até aqui, mas também não, por conseguinte, se a buscarmos em alguma coisa "clássica", elevando-a ainda acima de si.

(Todo ensinamento *historiológico* sobre a arte até aqui e sobre a arte atual também já se subtraiu, portanto, a toda decisão, uma vez que não ousa abrir caminhos antes de toda e em cada intermediação de conhecimento. Como algo deste gênero permanece impossível no interior de um empreendimento científico, na medida em que o *saber* do essencial se tornou aqui desconhecido, não é possível nenhum impulso para a meditação a partir das ciências humanas historiológicas.)

Todavia, onde vem à tona a aparência de meditação, é possível vislumbrar imediatamente ao que se aspira aí. Por um lado, ganha a esfera pública uma *análise da conjuntura* ("situação"), por outro lado, o *planejamento* do porvir procura criar uma segurança. Análise ("analítica") e planejamento ("construção") se requisitam mutuamente; a primeira não apenas introduz, na maioria das vezes, a segunda, mas também a instrui, e essa segunda já determina os caminhos da primeira. Em seu caráter decidido, o "pensar" analítico-construtivo corresponde totalmente ao poder irrestrito da maquinação; ele mostra em todos os âmbitos da aspiração e da ação humanas a mesma uniformidade e determina o estilo da aparência de decisão, uma aparência que é totalmente degustada a partir da ausência de decisão. Essa ausência de decisão, porém, cristaliza-se cada vez mais naquele

---

15. sic.

pressuposto, sobre o qual se constrói a superpotencialização irrestrita do poder como realidade efetiva pura do que é efetivo. O que ainda se apresenta aí a partir das regiões do otimismo cultural "liberal" em termos de resistência permanece inessencial, mesmo que possa ter por vezes "sucesso"; como resistência e mera resistência, ele imerge no que se tinha até aqui e se enreda em uma dependência crescente em relação às necessidades históricas, das quais ele ainda procura se esquivar, apesar de em essência já em vão (De acordo com o seu modo de ser, o domínio *judaico-cristão* leva a termo aí um jogo duplo e se encontra ao mesmo tempo do lado da "ditadura" do proletariado e do lado da diligência cultural democrático-liberal; esse jogo duplo encobre ainda por um tempo o desenraizamento já existente e a impotência para decisões essenciais).

Por agora, pode vir à tona a aparência de que se realizaria aqui uma meditação ou mesmo apenas uma "salvação", que ainda se buscaria aqui parcialmente "efeitos", ainda que apenas em uma direção na qual a essência da meditação propriamente histórica do Ocidente é incompreendida e, quando pressentida, então perturbada e mal conduzida.

O fato de a consumação da metafísica ser "propriamente" a consumação da história metafísica do Ocidente e de ela preparar concomitantemente a suprema decisão (cf. 8. Da meditação), o que só tem força histórica vinculadora para a meditação, manifesta-se da maneira mais simples possível no movimento histórico da época que principia: ela se funda na diferenciação prefigurada pela metafísica em múltiplas formas entre ente e ser. A maquinação apodera-se do ente e estabelece o esquecimento do ser em seu direito irrestrito. Os empreendimentos "culturais" até aqui (de um tipo judaico-cristão, culto-classicista, democrático-ocidental e americano) reportam-se ao ser (a ideais e valores). Maquinação e empreendimento cultural estabelecem a cada vez o ente e o ser de maneira contraposta em extremo exagero como o normativo e correquisitam ao mesmo tempo respectivamente aquilo que é diferenciado neles para a atenção e a orientação. A maquinação do ente insere construtivamente o empreendimento cultural em seus planejamentos como meios de poder. Do mesmo modo, o otimismo cultural democrático atribui-se a salvação e a libertação das massas e aproveita e fomenta a técnica em todas as suas "conquistas". A época que principia torna-se historicamente a outorga irrestrita do poder, uma outorga que alternadamente se coloca em ação, àquilo que é metafisicamente diferenciado: o ente e o ser; e para essa outorga é essencial o fato de que, para a realização de sua própria essência, ela precisa da ausência de meditação sobre si mesma e realiza todas as interpretações e ofertas de sua essência a partir da oposição em relação aos seus adversários, que estão respectivamente só em aparência e em primeiro plano.

O mais sinistro e um sinal já do abismo do seer é o fato de que, neste processo, o ente se libera do ser e cresce em irresistibilidade; e isto tanto mais quanto mais ele consegue uma tal liberação, quanto mais inexoravelmente o empreendimento cultural e seus ideais precisam permanecer apenas expedientes, atordoamentos e meios impotentes de uma resistência vazia. Assim, surge um estado histórico, no qual o seer já nem mesmo se exclui como a evaporação da mais esvaecida sombra de um sonho vazio; seer - um último eco em vias de extinguir-se de um mero som de palavra - e a questão acerca do seer? Nem mesmo um erro - apenas algo indiferente.

12. O pensar inicial, que... uma prontidão

O pensar inicial, que prepara uma prontidão para a decisão entre a fundação da verdade do seer e o desencadeamento da maquinação do ente, encontra-se, já fora da época que está a beira de começar sua consumação, sob condições próprias.

Nenhum sucesso e insucesso podem atrair e espantar um tal pensar; não há esperança ou desesperança que possam impelir e reprimir uma tal meditação. É unicamente a necessidade daquilo que permanece indecidido desde o primeiro início, que se mostra como o fundamento da meditação pensante. Essa necessidade não possui nada da mera incontornabilidade do "destino", ela é a liberação assumida em meio a uma indigência do seer, a liberação para que esse seer se essencie como o que compele.

Esse fundamento, porém, só desenvolve a sua força fundacional, quando aquela meditação pensante emerge do saber "do" (genitivo marcado pela história do seer) ser-aí: pensar em traços largos, pensar *com vistas à verdade do seer* e interromper raramente esta via de pensamento por meio de uma proposição brevemente projetada pelo *seer da verdade.*

Somente quem consegue percorrer sempre uma vez mais tais longas vias silenciadas está apto para o pensar por vir. Quem nunca avançou até aí e jamais se encontrou no limiar da transformação do homem no ser-aí pelo curto tempo de abalos mais fortes de todos os espaços de tempo essenciais não sabe o que significa *pensar.*

As vias que levam à sondagem fundacional da verdade do seer tocam temporariamente em pontos perdidos os limites da capacidade humana e possuem nesta propriedade a garantia de clarificar o espaço de jogo temporal do seer, um espaço que jamais é apoiável por nenhum ente.

Somente quando aquela história da entrega de pensadores essenciais desse início à degeneração ganha o espaço do saber, a filosofia se subtrai à minimização e ao rebaixamento empreendidos pela historiologia; pois só então ela alcança o fundamento que é próprio a ela mesma, a sua própria necessidade como salto prévio para o interior da unicidade do seer. No espaço de jogo temporal do seer, ela coloca em jogo a verdade do seer. Assim, ela não pertence nem aos deuses nem ao homem, não é nada que esteja à altura da terra, nem um construto do mundo; ela é o ponto de entrecruzamento de todo ente, no sentido de um turbilhão abissal da conservação de toda questionabilidade simples.

Ela é saber decisional, que é ele mesmo decidido por meio do seer. Assim, clarifica-se também de tempos em tempos o caminho do pensar inicial, que se perde facilmente em uma alternativa dissonante: será que o homem não precisa ser primeiro transformado, para que o seer encontre por meio dele a fundação de sua verdade; ou será que o primeiro é o fato de o seer mesmo se apropriar da verdade em meio ao acontecimento e obrigar o homem a uma decisão; ou será que não é válida nem uma coisa nem outra?

Se quiséssemos cultivar anteriormente o tipo forte de homem, que seria próprio para realizar uma fundação do seer, então isto continuaria sempre significando que pensamos o homem como o sujeito do ente, de modo que só um outro empreendimento do ente poderia ser cultivado, um empreendimento que logo precisaria se confessar como sendo apenas um prosseguimento do que se tinha até aqui.

No entanto, se quiséssemos esperar pela clareira do seer como uma revelação, então o homem também continuaria assim firmemente impelido para o que se tinha até aqui.

Nem cálculo, nem esperança vazia podem suportar a transição, mas apenas o questionamento da decisão extrema, que pensa originariamente em direção ao porvir e permanece pronto aí para a palavra do seer.

Como todo pensar essencial pensa agora unicamente em virtude do *seer*, os caminhos desse pensar são por toda parte como arranques e impulsos prévios casuais - movimentos para o interior do ser-aí - consonantes com o ser, isto é, próprios ao acontecimento apropriativo; nem uma descrição do ente, nem uma interpretação simbólica, mas um salto para o acontecimento da apropriação.

III

A filosofia

(Automeditação: confrontação histórica; o pensar da história do seer – a metafísica)

13. A filosofia

Encontra-se no jogo em que futuramente se precisa jogar com a "entrada em ação" do seer aquilo que até aqui nunca esteve em jogo na história do pensamento: o fato de a verdade do seer ser questionada, de um fundamento ser fundado para essa verdade e de o homem - transformando-se - se tornar abissal nesse fundamento: o abalo não apenas da "terra" e dos "povos", mas o tremor do ente enquanto tal na totalidade. A única decisão é iminente: quer o seer questione a essência de sua verdade ou o ente mantenha a sua maquinação e difunda uma ausência de decisão, que impeça que uma vez mais algo único se faça iminente e um início se dê.

Em verdade, todo discurso acerca da "decisão" (cf. 16. Seer; 39. A clareira do seer e o homem) precisa se tornar agora facilmente vítima dos riscos desta "palavra-chave", de todas a mais capciosa; pois muito do que é dado sonora e frequentemente como "decisivo" é apenas o primeiro plano de algo há muito decidido e de sua descendência de fugaz decisão. Não obstante, apesar de todo abuso, a palavra acerca da decisão precisa ser dita no sentido de uma questão: quer a decisão[1] seja entre "ser" e "não ser", isto é, entre a conservação daquilo que é presente à vista e que impele para diante e aquilo que interrompe tais perspectivas e caminhos, *quer* a decisão seja mais originária: sobre o seer e o ente (cf. 39. A clareira do seer e o homem). Pois aquela decisão não decide sobre o "ser", mas apenas sobre a salvação e a perda do *ente* de qualquer modo inquestionado em seu ser (da *omni*-vida da preocupação moderna com a cultura e com o poder).

---

1. O que significa de-cisão? Por que essa decisão e de onde?

Indiferentemente, digno de decisão é se nós – povos e particulares desta época – "somos" ou não somos, quer de posse do asseguramento dessa "vida" ou abandonado a um mero transcurso da época e à sua decadência interna sob a aparência do desdobramento do poder e da arte ilimitada de invenção e organização. De-cisivo, quer dizer, aquilo que abre pela primeira vez a única decisão e lança para o futuro, é apenas o seguinte: se o seer mesmo (o seer do ente possível na totalidade) chega anteriormente à sua verdade fundada ou se é sombreado e anoitecido pela mera realidade efetiva e pela efetividade do ente.

A decisão não é aquela entre "ser" ou "não ser" – do homem, mas a decisão entre a verdade do ser de todo ente possível e a maquinação do ente na totalidade abandonado pelo ser.

A decisão pertence à essência do próprio seer e não é nenhum construto do homem, porque esse mesmo recebe respectivamente dessa de-cisão e de seu fracasso o fundamental e fundacional ou o funcional e fugidio de sua essência. O seer de-cide; em sua essenciação e como tal, ele se des-vincula para o acontecimento da apropriação; (decisão não designa aqui o ulterior de uma tomada de posição seletiva). Como recusa, o seer arranca a si mesmo de toda cisão segundo o modo de ser do ente distinto; ele não se deixa mais nomear "metafisicamente" como ser "do" ente, equiparado ou apenas precedido ou mesmo acrescentado a ele.

O seer é de-cisão para si mesmo e para o ab-ismo e, assim, a indigência insondável da necessidade de toda fundação – e, por meio daí, o júbilo velado do ser-aí e, por isto, os sítios essenciais da história possível do homem, porque além disto o ab-ismo como o caos (o início bocejante) dos deuses (cf. abaixo p. 79).

O primeiro e mais longo que a filosofia tem de saber é o fato de o seer precisar ser fundado a partir de *sua* verdade.

Por isto, a meditação da filosofia sobre si mesma, isto é, sobre aquilo que nela há para ser pensado, precisa ser de maneira mais decidida do que nunca uma meditação sobre o "seu" tempo. Ela precisa saber o atual; não como o elemento condicional de uma "situação histórica" com o fim do fomento e da modificação práticos, mas como aceno essencial da essência da época moderna em termos da história do seer. A questão é que mesmo essa meditação não serve a um mero cálculo em contínua tensão ou a uma "tipificação" das "épocas", mas unicamente à ressonância do próprio ser, ao fato de ele ter abandonado como maquinação o ente na totalidade às suas próprias construções e arrebatamentos como "vida", de modo que, na mais tranquila tranquilidade, a indigência mais extrema - a indigência da ausência de indigência velada - prepara a de-cisão. A filosofia, na medida em que conquista a sua essência autêntica, é apropriada em meio ao acontecimento como o esforço por pensar o seer (cf. abaixo p. 291): ela mesma pertence ao ab-ismo do seer e permanece estrangeira em todas as "culturas". Só que: se *essa* decisão "do" seer entre o ser e o ente se encontra em jogo e se o seer exige da humanidade o pensar do *seer* para a fundação da verdade do seer e para que ele efetivamente ainda venha a se essenciar no aberto, então a filosofia precisa se tornar uma vez mais um início na história do ser e para esse ser. Para um tal início, ela necessita do vislumbre de sua própria necessidade. Ela só o conquista por meio de uma *meditação sobre si mesma*.

Ela não pode se desviar da aparência que toda meditação tem ao seu redor: a aparência de que ela seria um retardo e a dissimulação da incapacidade de agir.

Em nossas avaliações, ainda sabemos pouco sobre o caráter de *ação* do pensar pensante; ainda não mensuramos o elemento enigmático do fato de a filosofia se determinar com frequência facilmente a partir do reflexo daquilo que lhe é estranho (erudição, sabedoria), daquilo que ela mesma talvez tenha despertado e condicionado em sua subsistência. Na meditação, a filosofia se entrega ousadamente à determinação daquilo que é pré-suposto para ela, daquilo que precisa ser pensado nela e por ela e daquilo que precisa ser fundado em virtude desse pensamento no ser-aí, a fim de *salvar*, mas não resolver assim para o homem o segredo de sua essência.

De onde, contudo, esse pensar recebe a indicação de *seu* modo de pensar? De onde - se não a partir daquilo mesmo que precisa ser pensado? Como é que, porém, isto que precisa ser pensado deve doar de antemão, antes mesmo de ser questionado, a indicação do modo de pensar? Será que é válida aqui em um primeiro momento - e se a resposta é sim, por que - a antiga sentença: τοῖς ὁμοίοις τὰ ὅμοια γιγνώσκεσθαι[2] - (só) por meio do igual, o igual ganha o saber?

Como aquilo que precisa ser de-cidido, o seer é sempre e de antemão para o pensar o que há de mais digno de questão. Igual ao seer só pode ser a mais elevada dignificação, aquela capacidade de projetar de maneira ainda maior o grande, para que ele ecloda em sua grandeza. No entanto, só o grande possui a força para a ampliação. Em contrapartida, o pequeno revela sua essência justamente no fato de que ele sempre se apequena, ainda que "apenas" de um modo tal que tenha a cada vez a pretensão de grandeza. A mais pura ampliação é *a* dignificação, na qual algo maximamente digno pertence totalmente a ele mesmo. Por isto, no sentido do questionamento daquilo que há de mais questionável, o perguntar não é nenhuma impertinência, mas a simplificação de todo saber com vistas ao que é único; dignificação como pensante não é nem intromissão nem ultrapassamento, mas con-fronta-ção, que precisa ousar a sua própria necessidade essencial. A con-fronta-ção expõe de tal modo a questão ao seer, que esse é dignificado como o questionado e sua resposta é assumida na fundação do ser-aí.

Na meditação, o homem adentra - perguntando ante si mesmo - a verdade do seer e introduz, assim, a "ele mesmo" na transformação essencial que emerge daí: na expectativa com respeito ao ser-aí. Meditação é ao mesmo tempo a libertação da "liberdade" do "sujeito", da antropomorfização que se desenrola em si.

Meditação é a superação da "razão", seja ela concebida como mera apreensão do que previamente se oferece (νοῦς), seja como cálculo e explicação (*ratio*), seja como planejamento e asseguramento.

A essência da verdade permanece vedada à "razão"; a razão só empreende e é o pensar que está voltado para o ente e que permanece sempre superficial.

---

2. Cf. ARISTÓTELES. *De anima* (Biehl/Apelt). Leipzig (Teubner), 1911, A2, 405 b 15.

Meditação é a entonação da tonalidade afetiva fundamental do homem, na medida em que essa tonalidade o determina para o seer, para a fundação da verdade do seer.

A meditação transpõe o homem para o ser-aí, contanto que ela mesma já seja apropriada em meio ao acontecimento pelo seer. O seer, porém, exige a *palavra*, com a qual o acontecimento apropriativo a cada vez se essencia.

Filosofia: esta luta única pela palavra sem imagem "do" seer – na época da impotência e da falta de vontade pela palavra essencial.

Meditação: na época da ausência de meditação planetária.

I. A filosofia na meditação sobre si mesma.
II. A filosofia na confrontação de sua história (como meta-física)[3].

As duas coisas é uma só: história do seer, pertencimento fundante a ela.

I.

14. A filosofia na meditação sobre si mesma

A meditação da filosofia sobre si mesma pertence à filosofia, porque a meditação é exigida por aquilo que a filosofia tem de pensar enquanto pensar essencial – pelo ser. Uma tal meditação não serve apenas ao asseguramento temporário do conceito, para que, então, a filosofia possa ser levada a cabo e empreendida pela primeira vez. Uma tal meditação também não se esgota em uma "reflexão" ulterior da filosofia sobre si mesma sob a forma de uma "filosofia da filosofia", que só continua registrando o fim de todas as possibilidades da filosofia e contabilizando historiologicamente suas figuras passadas em uma "tipologia" indiferente.

---

3. Cf. com relação a II. *A superação da metafísica* (In: NIETZSCHE. *Metafísica e niilismo*. GA, vol. 67), isto é, o desenvolvimento em termos da história do seer da essência da metafísica como a história da verdade do ente como tal na totalidade. Platão – Nietzsche.

A meditação da filosofia sobre si mesma pertence ao pensar do ser. O seer só se essencia na clareira que ele mesmo é; uma clareira que, contudo, só permanece suportável em um projeto que se joga em seu aberto e se deixa apropriar pela abertura desse aberto, ousando a sua fundação. Esse projeto fundante pensa a verdade do seer e só aí é de qualquer modo apropriado em meio ao acontecimento - por mais diverso e contrário que isto possa parecer - pelo próprio seer.

O "desenvolvimento" da filosofia é respectivamente o desdobramento de sua essência sobre a via da reunião cada vez mais simples com vista ao pensamento único do seer.

Sua meta não reside na comunicação de um conhecimento, nem tampouco na apresentação de uma doutrina. Sua essência continua sendo apenas *ser* - mas nunca "efetuar" - o saber essencial (preservação da verdade fundada). É apenas assim que a filosofia se encontra em sua essência pertencente ao seer. Se ela consegue alcançar uma tal essência, então ela também assume, com isto, o risco de más interpretações, porque aquela essência necessariamente produz estranhamento e induz a tentativas que constantemente retornam de assegurar a filosofia em sua essência por meio do fato de ela ser introduzida em um contexto que lhe é impróprio, mas aparentemente mais compreensivo.

Como a filosofia, impassível de ser deduzida do ente, pertencente à unicidade do seer, só pode conhecer essa sua essência simples, ela também permaneceu de maneira extremamente frequente e imediata ameaçada por uma perda de sua essência; uma perda que sempre se apresenta até mesmo como um enriquecimento, uma consolidação e uma prova de sua essência. Assim, a filosofia é ora considerada como ciência, ora como arte (poesia), ora como visão de mundo.

Como a filosofia *é* o saber essencial e, assim, sustenta a iluminação velada da essência da verdade, ela é seduzida a passar gradativamente para as "ciências", a fim de, semelhante a elas e apoiada aparentemente por seus resultados, transformar a cientificidade em distinção do saber. E, contudo, isto sempre permanece uma decadência naquilo que é subordinado; apesar da conquista aparente do brilho e da riqueza do ente reconhecível e de sua representabilidade múltipla nas formas da explicação e da demonstração, toda cientificidade da filosofia se transforma em recusa ao seu nível que se encontra fora de toda e qualquer comparação.

Como a filosofia *diz* o seer e, por isto, apenas como palavra está na palavra, e como sua palavra nunca significa e designa apenas o que há para dizer, mas no dizer é o próprio seer, ela gostaria de buscar logo o transbordamento para o interior da *poesia* como saída de emergência e como recipiente ao mesmo tempo. E, contudo, isto permanece sempre um enredamento nas raízes de algo de mesma ordem que, por conta de sua própria essência vigente a partir de si mesma, escapou desde sempre infinitamente ao pensamento do seer. Pois a poesia também possui uma outra essência histórico-fundante; suas "épocas" não equivalem às épocas do pensamento. A equiparação da filosofia com a poesia e, assim, com a arte não coloca o saber pensante em risco, porque ele perderia por meio daí o rigor de sua "cientificidade", que permanece de qualquer modo inicialmente imprópria a ele. O refúgio na poesia é a fuga em relação à audácia fria da questão do ser, que sempre leva a termo uma quebra da maquinação do ente, de sua renegação do seer, e que, na inquietude e no esgarçamento de uma fratura, precisa persistir, de modo que um pensar do seer nunca pode se inserir na quietude da "obra". Pertence à filosofia a quietude do domínio do saber desprovido de imagem.

Como a filosofia, enquanto pensar do ser, já sempre pensou o ente na totalidade, ela sucumbe facilmente à exigência de também se alçar para o nível da "*visão de mundo*", a fim de satisfazer as requisições "da vida" e só assim afirmar sua "verdade". E, contudo, esta confraternização com o que "há de efetivamente real" "na vida" permanece sempre um disfarce em meio àquela aparência, por detrás da qual se esconde a falta de coragem para insistir na essência de um pensar do seer; pois tal pensar não consegue nem criar para a "vida ativa" um solo que a alimente imediatamente, nem lhe oferecer uma meta à qual ele pudesse atar seus fins. O pensar do seer não se adequa ao papel da visão de mundo; ele também não consegue do mesmo modo se colocar no lugar de uma crença eclesiástica. O pensar do seer precisa suportar uma tal incapacidade e, com ela, a aparência de uma falta essencial a partir do saber de que seu projeto fundante da essência da verdade não *é* senão a essenciação do próprio seer e, assim, mantém jogado entre o ente a clareira, a partir da qual todo fazer e toda lassidão criam para si seus tempos e espaços, suas eternidades e suas propagações. Intangível por algo assim e privando-se do arrebatamento para lá, é somente o seer que continua doando sempre a todo ente e até mesmo ao não ente os âmbitos, nos quais os reinos do homem são erigidos e destruídos.

Nenhum ente consegue emprestar ao seer um fundamento, porque o seer é o ab-ismo, no qual a indigência de tudo aquilo que é desprovido de fundamento conquista pela primeira vez sua profundidade e a necessidade de toda fundação, o seu ápice. É à clareira do abismo e somente a ela que pertence a filosofia, à medida que ela assume a tarefa de dizer o mais simples e mais tranquilo: a palavra da verdade do seer, a sentença do saber desprovido de ciência, que nunca é um ato de autoridade e não conhece a impotência.

Como o *pensar* do seer enquanto pensar do seer, porém, está jogado no abismo, ele se encontra "entre" o ente e é exposto a esse ente e ao seu empreendimento em uma agudeza, ante a qual todo ente permanece de outro modo preservado. O perigo essencial para o pensar do seer é atestado no fato de as ciências, a poesia (arte), as visões de mundo, apesar de fundamentalmente diversas entre si no que concerne à sua essência e ao seu nível, à sua proveniência e ao seu efeito, serem de qualquer modo igualmente ávidas por uma instalação ou mesmo substituição da essência simples da filosofia. Em verdade, em tempos de predomínio do ente, essas três são previamente enviadas para a perturbação da filosofia sob a aparência de seu aprimoramento, a fim de levar o seer a ser tributário do ente e para dar o direito exclusivo ao esquecimento do ser, um esquecimento do qual necessitam toda representação e produção do ente.

O pensar do seer, contudo, medita sobre si mesmo, à medida que pensa o seer em sua verdade, o seer ao qual ele pertence, porque é apropriado por ele como o acontecimento apropriativo em meio ao acontecimento.

Essa meditação não é nenhum retrocesso para o pensar enquanto um meio de conhecimento aqui retido e disposto como algo presente à vista, mas o salto prévio decisivo no longo transcurso para o salto em direção à origem (salto originário)[4], ao "salto" (rasgo) abissal clarificador, que se essencia como seer em meio ao ente, para que esse seja conservado e esquecido *enquanto tal*, ora se ajustando ao velamento do seer e de suas decisões, ora se subtraindo a esse velamento e a essas decisões, ora imergindo na ausência de decisões.

Em uma tal meditação, o pensar do seer não se expõe, a fim de apenas considerar por assim dizer a "si mesmo", na separação em relação ao seer. Como meditação sobre si mesmo enquanto pensar do seer, esse pensar se inicia. E, deste modo, se inicia a filosofia consigo mesma e, assim, ela mesma se inicia: ela *é* início. Mas um outro início em relação ao primeiro, que pensou pela primeira vez o ser e o denominou φύσις.

Tudo depende de que uma vez mais se dê um início da filosofia, na medida em que ela mesma é esse início por meio do fato de o seer mesmo se essenciar como a origem (salto originário). Somente assim se quebra o poder do ente e de seu empreendimento, e, juntamente com isto, todo cômputo com fins. Somente assim emerge o vislumbre daquilo que não carece de nenhum efeito, mas que impera sobre tudo, na medida em que *é*. Isto, porém, só é próprio ao seer: essenciar-se como seer. O pensar do seer tem, por isto, uma origem essencial própria.

A filosofia é do seer; ela *pertence* a ele, não apenas como o modo de sua apreensão, por exemplo, mas como a essenciação da verdade *pertencente* ao seer. Nesta verdade, a filosofia possui sua história: porque ela é o ab-ismo, porém, a verdade do seer se enreda de antemão e durante muito tempo em uma aparência: a aparência de que o ser esgotaria como entidade a essência do seer (cf. XIV. O seer e o ser) e de que a representação do ser só seria impertinência com respeito a ele, uma impertinência que poderia prescindir do seer. A entidade torna-se objeto da representação mais universal e essa representação se transforma no

---

4. Heidegger hifeniza na passagem acima o termo alemão *Ursprung* que significa, traduzindo literalmente, o salto (*Sprung*) originário (*Ur*). Como o termo "origem" em português possui uma etimologia diversa, optamos por inserir a tradução literal entre parênteses [N.T.].

quadro das “ciências” como as formas fundamentais do saber. As ciências, porém, aparecem como realizações e produtos do “espírito” e como bens da “cultura”. Assim, não é de se espantar que se encontre a história do pensamento como história do espírito e da cultura ou como história de seus “problemas” e que essa história mesma seja considerada o que há de mais inquestionado. Todo vislumbre de que a filosofia poderia pertencer à história do seer, sim, de que ela se mostra até mesmo apenas como essa história, como a luta dos ab-ismos e fundações da verdade do seer, e nada além disto, permanece alijado. Em seu lugar impera a exigência da filosofia de produzir um ajuste de contas em relação ao ente e um asseguramento do homem presente (como “sabedoria de vida”, como “moral” instauradora de valores, como “ciência” que desvenda “enigmas do mundo”). Essa exigência, ao mesmo tempo vaga e pretensiosa, assume ares por fim de um tribunal de decisão, que decide quanto ao fracasso e à utilidade da filosofia. Algo deste gênero poderia ser computado como algo indiferente, se não se cristalizasse a partir daí de maneira cada vez mais irreconhecível e tenaz uma representação da filosofia que se degenera na recusa, que não é quase nem mesmo atentada, mas permanece intangível, de todo questionamento acerca da essência da filosofia.

A consequência desta má interpretação da filosofia exterioriza-se na conjuntura de uma época que lhe permite conhecer historiologicamente tudo sobre a filosofia e sua história e não saber nada sobre o um, que é abandonado à sua essência: questionar a pergunta acerca da verdade do seer e erigi-la em sua incontornabilidade em meio à perturbação do ente.

Um tal saber desdobra-se como meditação da filosofia sobre si mesma enquanto o pensar do seer. Essa meditação, porém, alcança o circuito da fundação essencial do homem, que há muito já continua impelindo para diante em meio à fuga insondável em relação à essência, uma fuga que esse circuito torna cada vez mais fácil e fugaz sob a aparência do progresso para a consumação de seu domínio.

Em contrapartida, a meditação concentra-se no sentido do que há de primeiro: o fato de o homem ser para si mesmo um segredo inexponível, sem considerar aí da maneira mais mínima possível o "eu" e o "nós". Todavia, esse ser um segredo não se deixa impor e estabelecer – só o homem pode admitir algo assim, na medida em que não se cerra para ele, apartando-se em subterfúgios de uma suposta "ciência" do "homem". Esse segredo, porém, em cuja guarda o homem funda o voltar-se para ele mesmo, é o encobrimento de o fato de homem estar articulado com a verdade do seer, que se mantém pronto para o espaço de jogo da decisão, na qual acontece apropriativamente o vir ao encontro da essência do homem e da divindade dos deuses. Este abrigo encobridor é algo simples, não necessita, para ser sustentado, de nada inabitual, mas joga no abismo do ser-aí uma inquietude, que permanece a fornalha de toda a história.

O erigir da questão acerca da verdade do seer em meio ao abandono do ser do ente precisa conhecer a inaparência de sua fundação histórica e experimentar em toda tentativa, quanto mais originariamente seu dizer emergir do pensar o seer, o fato de o supremo na criação sempre precisar dos poetas. Sua palavra é atravessada pelo brilho do encanto daquilo que é próximo e flamejante. Essa palavra encontra o ouvido mais disposto à escuta imediatamente no coração e não necessita da fria ousadia do questionamento, que se lança no que há de mais digno de questão. A palavra do poeta fala em meio ao que há de mais familiar e ateia o seu fogo aí. O dizer pensante arranca para o interior do que há de estranho e deixa o que há para ser sabido encontrar-se naquilo que não produz nenhuma impressão e não tem nenhum efeito. O pensar do seer funda a solidão incondicionada do entre ainda indeciso, mas que exige decisão, a origem (salto originário) que arranca uma clareira, na qual permanece uma imponderável solidão. O imponderável é o seer. É só ao pensar essa clareira que o pensador conquista o ousar, que questiona de maneira desprovida de apoio e de proteção uma essência da verdade. Só na ousadia é experimentado o imponderável, o seer: o acontecimento apropriativo, que deixa vibrar a recíproca pertinência da humanidade e da divindade na indigência decisiva e que só assim reserva ao ente – com vistas ao fato de que ele poderia requisitar o ser enquanto tal – a dissonância interna de mundo e terra, em cujo aberto o ente vem à tona e se enrigece, transformando-se naquilo que não é. O seer não é apenas incalculável (nunca pode ser representado e produzido). Enquanto incalculável, ele também permanece imponderável, na medida em que não pode se inserir em nenhuma balança. As balanças nunca podem pesar senão o ente com respeito ao ente. O outro em relação ao seer não é nem mesmo o ente; o seer não possui nenhum outro em relação a si mesmo, pois mesmo o nada possui inteiramente a essência do seer.

O seer exila a si mesmo, ele *é* como esse exílio. Por isto, somente um pensar que acontece apropriativamente como um pensar meditativo - questionando a verdade de si mesmo - que é apropriado em meio ao acontecimento pelo seer para o interior do ser-aí, como fundação da essência da verdade, e que é prescrito para a solidão e para a ausência da necessidade de efeitos, consegue alcançar o seer.

A meditação da filosofia sobre si mesma não é nenhum contramovimento em relação à ameaça ou à inexorabilidade de sua extinção, porque essa extinção também emerge da essência do seer, à qual pertence a filosofia - fundando e esquecendo a verdade do seer.

A filosofia admite sua extinção de uma maneira dupla e isto de uma forma a cada vez dupla: por um lado, na medida em que ainda abandona ao menos o seu nome por conta de uma serviçalidade, que foi cultivada outrora na escolástica medieval; por outro lado, na medida em que ainda se submete à aparência de que já teria sido suficientemente salva e assegurada para o futuro por meio do cultivo erudito das disciplinas escolares tradicionais (lógica, ética etc.). Os dois modos de extinção da filosofia podem se articular, e sua capciosidade pode ser rechaçada por meio do fato de a filosofia ser acolhida no interior do empreendimento cultural em meio ao que é desejável como peça de um equipamento.

Essa extinção da filosofia é mais fundamental do que toda clara degradação e do que toda extirpação expressa. Ela é o sinal auspicioso de que algum dia o seer exigirá uma vez mais um questionamento inicial e requisitará o homem para a libertação de sua essência ainda infundada. Mas esse sinal aponta muito para frente. É preciso que haja entre um ponto e outro um longo tempo, até que a palavra fundante "do" seer possa ser dita. Até um tal instante da história do seer, só uma coisa importa: preparar, de maneira ampla e desconhecida, a única possibilidade de que o seer se essencie a partir de si mesmo e lance à sua volta a sua verdade, sem jamais necessitar aí do efeito e do sucesso, sem elogio nem defesa.

No espaço dessa possibilidade (no *ser*-aí), o homem só pode existir, se ele transformar sua inessência até aqui e se suas tonalidades afetivas fundamentais envolverem o elemento cerrado e impulsionante de sua essência terrena, alçando esse elemento para o interior de um mundo edificado a partir do aceno do seer (a partir do acontecimento apropriativo). Cada possibilidade coloca o homem em uma luta pela decisão sobre o pertencimento ao seer ou a perda definitiva da essência.

Aquela possibilidade viabiliza que o ser-aí seja fundante e que algo essencial – o vir ao encontro da divindade e da humanidade – aconteça, sem que alguém jamais possa notar e anotar, quando e como se chegou até aí. A elevada discrição da preparação da verdade do seer corresponde à essência do seer: à recusa. A próxima figura dessa preparação, uma figura que aparentemente "só" é preparatória, isto é, que só abre uma via e não funda nada, é a meditação da filosofia sobre si mesma. Ela coloca sua *essência* em questão e permanece sem ser tocada pelas afirmações e negações da inessência historiologicamente viável do empreendimento da filosofia.

A meditação da filosofia sobre si mesma *é* a própria filosofia, o pensar apropriado pelo seer em meio ao acontecimento. A meditação é a cada vez histórica, realiza uma decisão da história do seer. Na era da metafísica, que configura o seu fim em meio à ausência de toda questão acerca do ser, uma ausência que abriu para tudo a onipotência do ente ("daquilo que é efetivamente real" – "do eficaz", "do vivente"), a primeira palavra da meditação – do apelo para a essência do seer – precisa ser dita em uma sentença que também já foi falada pela metafísica e, em verdade, em seu fim: *o seer é nada* (cf. O seer e a "negatividade"). O pensamento hegeliano, um pensamento metafísico, segundo o qual o ser enquanto a entidade do representar imediato indeterminado é definido como o extremo ainda-não da realidade efetiva absoluta (da ideia), distingue-se infinitamente do conteúdo dessa sentença em termos de história do seer: o seer nunca é um ente; em relação a todo ente, esse não ente é a recusa, na qual o seer se recolhe em sua essência mais própria e dá acenos de si como a origem (salto originário), na qual o não tem sua proveniência.

A sentença "o seer é o nada" diz uma extrema ambiguidade, na medida em que expõe sobretudo o seer como aquilo que há de mais digno do nada e apresenta sua essência como o que há de mais digno de questão. A sentença é a confissão do caráter supérfluo de toda filosofia, na medida em que essa é considerada como pensar do ser. A sentença transpõe a meditação para o interior da falta de amparo e apoio e fala da liberdade para a libertação em direção ao cerne do ab-ismo como a indigência da essência a ser fundada da verdade do seer; e isto sem que permaneça negado ao homem a capacidade divina e, com isto, a possibilidade de se encontrar ainda uma vez em uma decisão em termos da história do seer e de ir ao encontro da indigência dos deuses a partir deste estado do pertencimento fundante ao seer e por meio da criação de uma história. Essa possibilidade lança a essência do homem para a preparação de sua divindade, a fim de que essa essência venha a se extinguir na brasa do seer e de que essa brasa se encontre disposta para a iluminação da quietude, na qual tudo aquilo que é digno do ser se doa ao que é digno do ser a partir da simplicidade de sua unicidade e na qual, a partir da recusa, emerge uma doação, que cria a riqueza do raro e elevado e recolhe o velado. Assim, no velado subtraído à esfera pública da maquinação, os instantes do seer se voltam uns para os outros e criam pela primeira vez para a "eternidade" o *seu* tempo.

A meditação permaneceria sem sentido, se ela prescindisse do espaço de verdade que lhe é assinalado, se ela não viesse realizando há muito tempo na história do seer um encobrimento descomunal e silencioso do próprio seer, um encobrimento que só precisa ser experimentado e assumido expressamente por meio do desatar da questão acerca da verdade do seer.

Ninguém sabe, contudo, o que "significa" este outro início da história do seer. Só uma coisa é certa: todo retrocesso "historiológico" (cristianismo) e todo progresso "técnico" já transcorrem há muito tempo fora da via de decisões possíveis. Nenhuma explicação do ente (por meio do criador e do Deus redentor) e nenhuma divinização do ente (no mero sim à "vida em si" presente e sobrecarregada de mil maneira em termos historiológicos) jamais conseguem resgatar o seer e voltar o homem para aquele entre, em cuja subsistência ele permanece infinitamente distante de sua própria essência tanto quanto da divindade do deus, a fim de experimentar a partir dessa distância mesma a proximidade do risco do seer e de sua necessidade.

A queda do seer no ente já uma vez desvelado (por meio da história do primeiro início) é o acontecimento apropriativo do acontecimento da apropriação, ao qual só podem fazer frente como guardiões aqueles que provêm do grande acontecimento desapropriativo do ente na totalidade (de seu abandono do ser) e que são postos em es-panto por ele, aqueles para os quais o es-panto permanece a tonalidade afetiva fundamental, a partir da qual desponta para eles a verdade da sentença: o seer é o nada, uma sentença cujo nível hierárquico essencial não alcança nenhum poder.

Assim fala a lei do outro início.

A meditação da filosofia sobre si mesma a coloca em sua essência, não propicia para ela nenhum subterfúgio em meio a algo incidental e suplementar. Meditação é a imposição no necessário que é fundar o seer.

Filosofia é fundação.

Fundadores são aqueles que, transformando-se a essência do seer, trazem sua essenciação para o fundamento de uma essência originária da verdade. Criadores, em contrapartida, nunca renovam e ampliam senão o ente. Todo fundador é – em uma sequência que lhe é indiferente – também um criador. Nenhum criador é já um fundador. Os fundadores são os raros dentre os solitários. Eles possuem o seu elemento "único" no fato de que nunca encontram previamente dado aquilo que lhes dá posição e apoio, mas precisam projetá-lo e suportá-lo sem proteção e sem apoio como aquilo que há de mais digno de questão.

Os fundadores determinam os tempos pouquíssimo tangíveis do início e do declíneo de épocas essenciais.

Na clareira daquilo que é por eles fundado se encontra a tempestade daquelas decisões que não se voltam sobre algo previamente dado, mas que alçam o decidível e o que precisa ser decidido à sua essência.

Épocas, nas quais a filosofia tem de subtrair a indigência (necessidade) da decisão, a fim de se deixar impelir ao encontro de sua própria consumação, são, historiologicamente situadas, *desprovidas* de "filosofia". O sinal infalível disto é a circunstância de a "filosofia" permanecer desejável com certas reservas como um equipamento dos empreendimentos culturais (cf. acima p. 53).

Em tais épocas (cf. a Idade Média), a "meditação" sobre a filosofia é completamente uma mera aparência, que se cristaliza com vistas a uma determinação conceitual da filosofia e se satisfaz com um cômputo de sua utilidade. Surge daí, então, um "interesse" muito mais multifacetado pela filosofia e por sua historiologia e, com isto, aquele ar e aquela tonalidade afetiva, que nos tornam insensíveis em relação a toda meditação propriamente dita - questionadora.

Uma tal aparência, contudo, aponta - para aqueles que sabem - para o velamento do seer; ela[5] é seu testemunho mais adverso e menos pressentido.

A meditação e assim também a filosofia pertencem apenas aos que estão por vir. Todavia, pode haver tempos nos quais a ausência de meditação é ao mesmo tempo fomentada pelos poderes dominantes e dominados pela época.

Aqueles que estão por vir são naturalmente de uma dura linhagem, que resgata uma vez mais os alemães para a indigência de sua essência. Eles são os que se silenciam. Eles dizem o que dizem apenas como a ocasião impositivamente penuriosa de um silenciamento. Eles compelem, assim, para o vislumbre de que, contudo, se sabe em algum lugar algo decisivo que ainda não se tornou, no entanto, passível de ser sabido. Eles exigem ao mesmo tempo daqueles que vislumbram, como sendo fortes o suficiente, suportar a proximidade do encoberto, conquistar o elemen-

---

5. Editor: trata-se.

to livre da questionabilidade de tudo aquilo que é passível de ser sabido. Os que estão por vir não se desviam em direção a mundos substitutos e a pseudotranquilizações – eles se quebram junto ao que "é", a fim de deixar emergir com isto o seer no aberto de sua questionabilidade.

O silenciar essencial é a dureza de uma suavidade que, silenciada, impele apenas poucos para o elemento único de que, sem um saber da essência da verdade, permanece vedado ao homem o âmbito das primeiras decisões.

Os que apenas não têm palavras não são os que silenciam; mas tampouco o são os oradores e os escritores.

Precisam vir aqueles que dizem e que com frequência pesam anteriormente cada palavra, para que todo peso permaneça suspenso nelas e para que elas resistam ao desgaste. Mas como surgem aqueles que ouvem? Somente aqueles que podem eles mesmos dizer podem ouvir, sem que se tornem ao mesmo tempo servos por isto.

Talvez precise acontecer apropriativamente, porém, a palavra "do" seer, permanecendo na quietude dos poucos; talvez já esteja tudo decidido em relação a um fosso entre o seer e aquilo que "eles" consideram como o ente. Talvez esse fosso mesmo seja o início, se algo inicial se coloca ainda uma vez entre os deuses e os homens como a ponte de seu vir ao encontro.

No entanto, o sombreamento do seer por meio do ente ainda permanece, e toda meditação sobre o seer precisa, por isto, se lançar ousadamente em um reiterado encobrimento sob o ente e seu empreendimento.

O questionamento pensante do ser como acontecimento apropriativo só pode começar como exame *histórico* da história do ser e esse exame precisa se restabelecer, por sua vez, na figura inaparente de uma consideração *historiológica* da metafísica ocidental. E essa historiologia mesma satisfaz-se com o "tratamento" de "ensaios" e obras particulares – aparentemente eleitas ao acaso –, porque uma apresentação conjunta já parecia por demais importuna e porque ela só se incorporaria ao funcionamento da historiologia da filosofia. Em contrapartida, sob a aparência do casual e fragmentário, já precisa residir o impulso para a meditação. A realização assim configurada dessa meditação nunca pode provir de um cálculo, mas precisa ser determinada pela questionabilidade indômita do seer e apenas por ela.

A representação historiológica visa e desperta sempre a opinião de que ela se manteria junto ao que é historicamente eficaz. A meditação pensante, contudo, só leva em consideração aquilo que é: o seer – aquilo que não carece de efeito. A aparência historiológica do pensar o priva inicialmente de sua necessidade mais própria e única e o coloca sob formas tradicionais de consideração do passado de "fenômenos espirituais". Sob tais formas, a meditação pensante permanece inaparente, quase como uma curiosidade indiferente pelo que foi e continua sendo. Isto, porém, é necessário; pois todo destacar-se expresso de uma "filosofia" já se move imediatamente para o campo de visão público de uma "visão de mundo" e, além disto, de uma apenas ideada. Esse campo de visão torna invisível a questão propriamente dita do pensar. Não obstante, ele não pode se subtrair à "aparição" no interior da presentificação historiológica.

Para o pensar, *por* cuja realização a meditação precisa perguntar, não é essencial saber se ele consegue alcançar uma constatação sobre aquilo que permaneceu até aqui desconhecido, se algo útil para a "vida" é realizado; não é essencial saber se é possível buscar uma explicabilidade não contraditória sobre todo ente; não é essencial saber se um conjunto de medidas para a auto-orientação e para a valoração pode ser erigido, mas unicamente se o seer mesmo acontece apropriativamente em sua verdade e, assim, como acontecimento apropriativo, lança o abismo no ente e abala toda maquinação, a outra face do jogo do primeiro início.

Todos os critérios de julgamento da filosofia partiram-se; ela precisa, iniciando-se ela mesma uma vez mais, abrir primeiro a luta pelos espaços de domínio do que há de mais digno de questão. Só pouca coisa subsistirá, às vezes, em relação à abstinência do seer entre as eficácias do ente.

É só quando a filosofia dá início ao movimento de pensar o ser não mais primeiramente e apenas com vistas ao ente, como a sua entidade, mas a questionar previamente a verdade do seer, que a automeditação aparentemente apenas acessória se mistura puramente com sua essência. Filosofia significa: "o amor à sabedoria". Pensemos este nome a partir da meditação essencial. Abandonemos o campo de representação do cotidiano e da erudição, da preocupação cultural e da doutrina da bem-aventurança. Neste caso, a palavra diz: "*amor*" é a vontade de que o amado *seja*, na medida em que ele encontra o caminho para a sua essência e se essencie nesse caminho. Uma tal vontade não deseja nem exige. Dignificando, ela deixa que o que é digno de amor "venha a ser" como o amado, sem, não obstante, criá-lo. O digno de amor denomina a palavra a "sabedoria".

"*Sabedoria*" é o saber essencial, a insistência na verdade do seer. Aquele "amor" ama, por isto, em uma única pre-dileção (em um único amor prévio[6]), o seer; que o seer "seja" é o seu amado; a vontade do saber essencial se entrega àquele que é à sua verdade e sua fundação. O seer, porém, é o ab-ismo.

A "vontade" "do" seer não transforma o seer de um esforço independente em um "objeto" da aspiração de apreendê-lo representacionalmente e com afã de explicação e de afastá-lo como uma propriedade. A "vontade" é apropriada em meio ao acontecimento pelo seer, por esse mesmo para o interior de sua essência. A "vontade" não é um egoísmo e um esforço seguros de si; "vontade" significa aqui a paixão, a tonalidade afetiva fundamental que persiste em sua determinação do padecimento da indigência do ab-ismo. Um tal padecimento encontra-se fora do campo da inatividade e da atuação, não conhece o mero tolerar e revolver-se com o "sofrimento". O padecimento, com o qual acontece apropriativamente aquela paixão para o saber essencial, é a decisão mantida pelo ser na via do aceno para suportar o ser apropriado do homem pela verdade do seer a partir do funda-

6. O termo alemão *Vorliebe*, que é normalmente traduzido por "predileção", significa literalmente "amor (-*Liebe*) prévio (Vor-). Como Heidegger hifeniza o termo e como a hifenização em português não reproduz fidedignamente o original, optamos por inserir a tradução literal entre parênteses [N.T.].

mento do ser-aí. Essa paixão é o portar a ex-portação resolutora[7] do vir ao encontro e da contenda, uma exportação na qual o último deus anuncia seus sítios.

Todavia, a filosofia não é nenhum construto humano, mas um curso da *história* da verdade do seer, uma história na qual acontece para a essência do homem o voltar-se e o retirar-se do seer. "Filosófico" quer dizer: quem se encontra primeira e simplesmente sondando o fundamento da verdade do seer é o seer mesmo: o encontro, que se recusa a todo apoio por meio do ente, de seu fundamento, a paixão da apropriação em meio ao acontecimento: o relampejar da essência da verdade entre aquilo que pode se achar depois da tempestade como ente para o ente e que logo esquece o raio.

Como o seer é "filosoficamente", o homem precisa, sendo-lhe transferido apropriativamente o assinalamento ao seer como fundamento de sua história possível, ousar a filosofia e nela o todo. O mesmo só é elevado por meio do mesmo à clareira de sua essência.

A filosofia não trata "de" algo, nem "do" ente na totalidade, nem "do" seer. Ela *é* o dizer sem imagem "do" próprio seer, um dizer que não enuncia o seer, mas com o qual o seer antes se essencia. A filosofia *é* um tal dizer ou ela não é absolutamente nada. O resto permanece erudição circunstancial, que se equivocou em seu objeto e, por isto, nem "serve" ou traz algo para a

---

7. O termo alemão *Austrag* significa resolução, ajuste, solução. Heidegger dá ao termo, contudo, um sentido técnico que se encontra em relação com a sua concepção mesma do acontecimento apropriativo e da relação da filosofia com esse acontecimento. No interior do acontecimento apropriativo se decidem os destinos do ser-aí, na medida em que é só em meio a esse acontecimento que o ser-aí alcança o aí que é o seu. A semântica do acontecimento apropriativo, porém, encerra ao mesmo tempo a noção de uma confrontação entre o desvelamento do ente na totalidade e a retração do ser no abismo de sua diferença, uma confrontação que nunca pode ser simplesmente suprimida, resolvida, ajustada, mas que dá voz a cada vez a uma tal resolução. Para Heidegger, é só na ex-portação, ou seja, na ex-posição dessa tensa confrontação, que se decide a determinação do aí que convoca o pensar. Nós optamos, por isto, por traduzir o termo *Austrag* por uma locução explicativa que retivesse os dois campos semânticos básicos do termo alemão [N.T.].

ciência, nem sequer toca jamais, mesmo que tangencialmente, uma decisão na filosofia.

Só o critério supremo oriundo da essência mais profunda – da essência marcada pela história do seer – da filosofia promete uma orientação para a meditação na confusão que se abate agora sobre ela.

Assim, a pedra de toque mais dura apresenta-se para o pensador: o fato de, com todos os seus enunciados, ele ainda não se movimentar nem mesmo na região do questionamento.

Toda opinião e toda crença habituais fogem dessa região do questionamento que não carece de objetos como da peste. E, contudo, essa fuga não resolve o enigma, que constantemente cerca mesmo a filosofia: o fato de se exercer nela por vezes intensamente uma autodestruição, o fato de seus caminhos de pensamento e de seus meios serem empregados abusivamente para expô-la como impossível e como tragicômica – mais "cômica" do que "trágica" – aos olhos turvos dos cristãos e dos não cristãos. A exposição destrutiva só seria explicável, mas não essencialmente fundamentada, se quiséssemos reconduzi-la à impotência invejosa e à falta da ousadia dos saltos questionadores. Por outro lado, é próprio também de todo aquele para quem cabe o início o acompanhamento daquilo que quer a destruição; pois início é fundação do ab-ismo. Essa fundação, porém, propaga a aparência da aniquilação; onde o início não se inicia, mas só é interceptado e captado pelo opinar e considerar, a aniquilação aparece na desfiguração da incapacidade para fundação, o que logo se transcreve, então, com o emprego de formas do juízo próprios à febre instruída pela cultura, como "trágico" e "cômico". A medida de uma tal postura discrepante em relação à filosofia, uma postura que empreende aparentemente o pensar de maneira séria, mas na verdade apenas o nega, não provém da própria filosofia, mas de uma fuga anteriormente levada a termo para a sua negação.

Todavia, não restaria senão uma "sofística" supérflua, se quiséssemos incluir ainda este espírito de autodestruição que envolve todo pensar inicial como a confirmação adversa e ignorante do fato de que algo inicial se prepara. O início nunca carece de tal confirmação. É só o Deus do cristianismo cultural que precisa do diabo para a confirmação de sua divindade.

O pensar do seer não tem algo com o que ele se "ocupa", pois ele é acontecimento da apropriação do seer mesmo – e nada além disto.

A filosofia, que prepara o outro início, não alcança sua posição fundamental e, por meio daí, a sua essência por meio de uma transição compensatória, mas apenas por meio de um salto para o interior de um questionamento totalmente diverso, o que estabelece um fosso entre o pensar da história do seer e a metafísica. Como a compensação lhe é estranha, ele também não conhece a reviravolta (a "revolução"), por meio da qual só entra em movimento um desenraizamento, que cedo ou tarde traz à tona seu caráter destrutivo. Nem compensação, nem reviravolta, mas muito mais a fundação do "fundamento" velado à espera, que não pode se apoiar sobre nenhum ente, a fundação do ab-ismo, como o qual o seer se essencia: essa é a única paixão do pensar da história do seer. Na medida em que o questionamento da história do seer precisa pensar no interior da "destruição" (*Ser e tempo*[8]), por causa da única confrontação histórico-fundante – não historiológica –, esta desconstrução terá aqui por seu "objeto" aquilo que no curso da metafísica precisou ser uma dissimulação do primeiro início, um resíduo dele e uma outorga das consequências de uma necessária omissão (da fundação da verdade). A "destruição" não é "destrutiva" no sentido da dizimação em virtude da dizimação. Ela é "liberação" do início, a fim de devolver-lhe sua primeira inicialidade na plenitude inesgotada e no estranhamento ainda pouquíssimo experimentado. Já a *questão* da meditação reinicial acerca do "sentido" do seer encontra-se para além do "niilismo" metafísico e, com isto, também fora daquilo que foi tentado e é aspirado para a sua suposta superação no interior da metafísica, e isto significa, do pensamento moderno em particular. O "radicalismo", que reside em todo início e que tende para a sua mais íntima autoameaça – para o desenraizamento – só é, então, de uma essência autêntica, quando se sabe como *conservação da origem (do salto originário)*.

---

8. HERRMANN, F.-W. (org.). *Ser e tempo*. GA 2. Frankfurt junto ao Main, 1977, § 6.

A disposição ao pensar inicial no outro início pensa a verdade do seer. A disposição ao pensar precisamente não significa um inventar e um imaginar arbitrários, mas envolve um pensar que é apropriado em meio ao acontecimento e que se realiza enquanto tal. A origem (o salto originário) do seer é o acontecimento da apropriação de sua verdade e a decisão que se abre com esse acontecimento, mas ainda se acha indecidida, em nome da fundação dessa verdade ou contra ela ou sem ela. A omissão da fundação é o destino necessário do primeiro início. A verdade não desaparece e não pode desaparecer, enquanto o ser se essenciar e o ente enquanto tal "for". Mas a verdade se dispersa na errância da inessência como verdade no sentido da correção e o ser perde sua origem, salvando-se na maquinação e impelindo, por fim, a filosofia para uma aparência de "radicalismo" que, como certeza de si do "eu penso", eleva o esquecimento do ser para o nível do princípio inexpresso e difunde o modelo infundado de um pseudoinício da filosofia, um início do qual não pode se subtrair nem mesmo aquela metafísica, que acredita ter superado Descartes e a história prévia da Modernidade até o século XIX por meio do retorno "à vida".

II.

15. A automeditação da filosofia como confrontação[9] histórica (A con-frontação entre a metafísica e o pensar da história do seer)

A história do pensar é a história do seer, do modo como esse doa a sua verdade ao ente, a fim de deixá-lo ser enquanto um tal; a partir de seu primeiro início e por meio dele, essa história da doação torna-se uma história da recusa da essência da verdade, uma recusa que tem por consequência o fato de uma fundação

---

9. Cf. a confrontação com Hegel, XXIV. O seer e a "negatividade"; cf. a conclusão e os anexos da preleção sobre Nietzsche, semestre de verão de 1939 (A doutrina nietzscheana da vontade de poder como conhecimento. Preleção do semestre de verão de 1939. GA 47. Frankfurt junto ao Main, 1989, p. 277ss. [HANSER, E. (org.)) – "Destruição" como estágio prévio da confrontação. Cf. *Überlegungen* (Reflexões) XI, 24s. (In: *Überlegungen*, B. GA, 95).

da verdade do seer ser omitida e substituída por subterfúgios, que levam por fim à indiferença em relação à essência da verdade e que asseguram ao efetivo a cada vez declarado como "efetivamento real" o direito de ser o verdadeiro. Este arbítrio e esta perplexidade difundem-se logo que a recusa da essência da verdade entrega o ente na totalidade ao abandono irreconhecível do ser. O esquecimento do ser, porém, pode se tornar a primeira aurora da *renúncia*, o aceno para a essenciação do seer como acontecimento apropriativo.

A automeditação da filosofia cai sob a suspeita de ser um conhecimento do conhecimento, algo que tememos como um girar sem fundo em torno do próprio vazio.

Este receio tem sua razão de ser, se se considera a meditação como desprovida de meditação e se se compreende por ela o movimento de se lançar por detrás do conhecimento como um processo presente, de maneira descritiva e explicativa, levantando condições, e de prosseguir em direção a uma outra coisa presente conhecida, que aparece como conhecida.

Conhecimento do conhecimento, porém, também pode significar: remontar à clareza da essenciação do conhecimento (em sua copertinência com a verdade do seer).

Lá, o conhecimento torna-se algo aparentemente conhecido, aqui o conhecimento se converte em algo mais cognoscente, porque ele salta para o interior da história do próprio seer.

A confrontação histórica (ressonância e conexão de jogo) transpõe para aquelas posições fundamentais, nas quais e a partir das quais os pensadores não estão mais "de acordo", nas quais é vedada a "conformidade" no essencial, uma vez que nenhum acordo estabelecido no âmbito da opinião quanto ao mesmo consegue ainda portar uma verdade.

A con-frontação transpõe para o ser essencialmente afinado a cada vez de maneira única por meio da tonalidade afetiva fundamental; essa tonalidade afetiva não é nenhum sentimento errante, que ainda banha, além disto, o pensar com suas ondas, mas se mostra antes como a afinação tranquila com vistas à unicidade do respectivo pensamento fundamental uno. Esse pensamento, contudo, não recebe sua plenitude da abrangência da aplicação possível, mas da essencialidade do projeto do ente com vistas ao ser – enquanto o pensar permanece um pensar metafísico. Por isto, confrontação não é nunca cômputo da correção e incorreção de doutrinas e opiniões; a representação do mestre de escola de que os pensadores "cometeriam" de qualquer modo "erros", que precisariam ser corrigidos, tem o seu lugar próprio na escola, mas não na história do seer e nunca no diálogo dos pensadores.

Como a erudição e a maestria escolar vêm determinando há muito tempo a opinião pública sobre a "filosofia", sobre as "correntes filosóficas" e suas "confrontações" e como a época atual, de acordo com a vitória definitiva do historicismo, se fixa cada vez mais decididamente em tais opiniões, o que significa aqui de uma maneira cada vez mais desprovida de decisão, é necessário um desprendimento expresso do presente. Isto significa, porém: nós precisamos do saber sobre o modo como o presente se comporta em relação à filosofia e à sua história.

Apesar de sua importância, esse saber se movimenta em um âmbito marginal que, avaliado a partir do pensar essencial, poderia permanecer abandonado à sua própria inessencialidade.

No entanto, como o pensar do seer nunca se confunde com a análise de algo presente à vista, com a observação apartada de "correntes espirituais" e "situações", mas se mostra como um *agir*, também precisa ser assumido o caráter desagradável de uma meditação sobre o presente e, com ele, a aparência de que a única coisa que se deveria fazer agora seria analisar o presente, deduzindo dele "modos" e "tipos", se possível até mesmo a crença de que se chegaria ulteriormente a uma outra postura *por meio de* tal procedimento. Mas essa análise aparente é em verdade apenas a realização da con-frontação que conflui para o presente e para o seu exterior, uma con-frontação na qual se precisa agir de maneira pensante, isto é, na qual precisa ser sondada e suportada uma decisão sobre o seer. Enquanto a realidade efetiva propriamente dita de nossa história (a indigência da ausência de indigência) permanecer sem ser algum dia experimentada, não se *poderá* captar cada meditação senão segundo aquilo que ela intermediar em termos de conhecimentos; se poderá contornar o decisivo. *O fato* de se *poder* fazer isto, sem abalo e sem colocar em risco a suposta segurança sobre a própria – tradicional – essência do homem, é um dos muitos testemunhos irreconhecíveis do quão infundadamente a filosofia oscila de cá para lá no inessencial: ela ora se mostra como fenômeno "cultural", ora como um meio de formação, ora como um consolo cedo demais destinado ao fracasso para a crença. Ávida pelo que é "efetivamente real", ela se transforma em tudo aquilo que a envolve, nunca nela mesma. De onde provém este destino?

Por meio das crescentes possibilidades de formação oriundas da modernidade, possibilidades que sempre têm por consequência também primeiramente a incultura que a excede e o elemento pretensioso e rígido de uma pseudoformação, a relação de nossa época com a filosofia já é há muito tempo em si confusa. As possibilidades de "formação" remetem de antemão a filosofia para o interior dos "objetos" da "formação", quer essa formação seja considerada no sentido essencial da configuração vital segura de sua medida ou no sentido inessencial de um ter-sido-formado fragmentário. Neste caso, a filosofia permanece sempre um "objeto", uma "força", um meio, que é considerado com atenção, tomado e utilizado no interior dos círculos fixados das instalações das posições de poder do homem.

Pode-se tentar desfazer essa relação confusa com a filosofia por meio de um esforço renovado em torno da compreensão das "obras" dos grandes pensadores. Um tal trabalho é incontornável; mas ele se encontra sob o risco de cegar uma vez mais por meio da luz que acende, pois ele favorece fácil demais a fuga em direção a um dos pensadores antigos e provoca o surgimento de renovações, que iludem quanto à fuga do questionável.

Atentar mais fortemente para as "obras" é algo que pode pretender possuir uma maoir seriedade do que aquela passível de ser apresentada pela comparação historiológica de todos os pontos de vista, uma comparação que se move incessantemente de um lado para o outro.

A fuga para as obras ainda não permite uma postura clara e consolidada, que uma con-frontação histórica permitiria.

Por isto, carece-se de um exame meditativo sobre as formas dominantes da relação com a filosofia. Nós temos:

1) A assunção historiológica de uma filosofia mais antiga (Kant, Hegel, Tomás de Aquino, Nietzsche) e a equiparação dessa filosofia com a situação do tempo vista de maneira a cada vez diversa. O "ponto de vista" e o "princípio" das filosofias assumidas são "defendidos" com forças intelectivas dotadas de graus diversos, na maioria das vezes modificados e mesmo enriquecidos por meio de uma apresentação e de uma aplicação conforme à época. Isto, contudo, acontece:

a) para continuar promovendo a "filosofia" como um "bem cultural" tradicional por meio da ocupação erudita com ela;

b) para aplicá-la como meio de defesa, de ampliação, de preparação pensante de uma postura marcada pela crença;

c) para ter em mãos com ela o meio de clarificação moralmente pessoal e ao mesmo tempo um armazenamento de pontos de vista e aspectos da interpretação e ordenação do "mundo" e da "vida".

Nós temos em seguida:

2) O cômputo historiológico da filosofia que é historiologicamente legada sem preferência expressa, decidida e fundamentada de um pensar em particular. A intenção aponta aqui para:

a) a tentativa de estabelecer por meio do cálculo uma filosofia nova e historiologicamente mais abrangente: uma estranha "objetividade" considera aqui "valiosas" coisas a cada vez diversas no "ideário" dos pensadores particulares;

b) o fomento da "filosofia em si" e de seu "progresso científico". O que se mostra aí como diretriz é a representação de que acima dos acasos "temporais" dos pensadores particulares e de seus pontos de vista inevitáveis paira e se tece uma filosofia "em si" na qual, com uma eliminação pertinente e oportuna dos erros, tudo "o que é correto" poderia ser com o tempo coligido.

Aquela assunção historiológica de determinadas filosofias particulares e esse cômputo historiológico de todas as filosofias até aqui podem ser sintetizados como o procedimento filosófico da erudição característica da filosofia que é usual em todos os países "civilizados" e que é exercitado sobretudo nas escolas de terceiro grau e nas escolas superiores. A partir desse procedimento aproxima-se, então, a excrescência do "filosofar mais livre" e, conforme à época, um filosofar que serve a uma literatice diária e que toma a "atualidade" como critério de escolha e modo de tratamento dos "problemas". O termo "problema" é considerado aqui como um termo para designar questões que não são questão alguma. Nós temos além disto:

3) A recusa da filosofia, por um lado porque ela é considerada inútil, uma vez que não consegue nem proporcionar imediatamente conhecimentos científicos, nem ocupar o seu lugar no mais mínimo que seja; em seguida, porque ela obstrui e perturba como mera "reflexão" o curso direto e vivaz da vontade de conhecer; por fim, contudo, porque, como terreno de cultivo do afã por duvidar, ela é considerada perigosa. Chegando até a forma do simples passar ao largo da filosofia, esta repulsa pela filosofia é, na maioria das vezes, mais séria do que o zelo dos negócios da erudição filosófica. Na maioria das vezes, a rejeição provém dos pontos de vista da crença religiosa, política e artística. Toma-se conhecimento, por vezes chega-se até mesmo a registrar a ocorrência histórica da filosofia como uma curiosidade historiológica, a fim de advertir contra a filosofia, uma advertência na qual a referência à mudança constante dos pontos de vista e ao caráter contraditório dos resultados é transformada em um meio particularmente impressionante de produzir aversão.

Além disto, temos:

4) A indiferença em relação à filosofia. Essa indiferença prospera preponderantemente no interior da erudição filosófica, mas também lá onde campos de tarefas dotados de uma importância vital (a técnica, a economia, as ciências e, por fim, o "funcionamento cultural" geral) requisitam exclusivamente

o cálculo e a atuação do homem. Aqui nem se desperta o esforço por uma decisão filosófica, nem se chega a uma recusa e a uma tomada de posição em relação à filosofia. Os grandes pensadores, isto é, os dias de seu nascimento e morte, tornam-se no máximo por vezes uma ocasião completamente "facultativa" para a realização de jubileus, nos quais a única coisa propriamente festejada é o fato de que ainda não esquecemos dessas datas. Assim, posso nomear alguns "festejos" dentre estes que aconteceram nos últimos tempos. Apesar de toda pesquisa maximamente zelosa, não se consegue ver o que os festejos em torno de Hegel de 1931 e o congresso Descartes de 1937 trouxeram de essencial para a filosofia além de uma ratificação mútua de todos os envolvidos no funcionamento da filosofia.

Por fim, temos:

5) Tudo isto - assunção historiológica de cômputos particulares, historiológicos de todas as filosofias, a rejeição à filosofia, a indiferença explícita ou velada em relação a ela - misturado, de tal modo que preponderaria de maneira arbitrária e intangível em seus fundamentos ora uma, ora outra "postura". O predomínio desta mescla, na qual todo escritor e orador pode se anunciar, se esconder e contribuir para o aumento da "literatura", é a marca distintiva da ausência de meditação. Este estado de coisa vale para a Europa não menos do que para a América e o Japão. Não conseguimos desvendar hoje a essência de uma tal ausência planetária de meditação, diante da qual pontos de vista marcados por crenças políticas e religiosas são apenas um desvio, mas não um domínio. Seria fatídico se quiséssemos simplesmente colocar de lado esse estado de coisas mundial como algo iníquo, como decadência e incapacidade. E ainda mais equivocada seria a opinião de que se poderia afastar da noite para o dia esse estado de coisas na época da impotência e da falta de vontade para a palavra essencial por meio da publicação de um "livro".

Por que dizemos "ausência de meditação"? Nestas "relações" com a filosofia nunca reina, em momento algum, uma *meditação* sobre a sua essência, *de tal modo* que aquilo *que* se tem de pensar seria *colocado em questão* e assumido em sua *plena* questionabilidade – sem apoio e sem proteção, sem subterfúgios, mas com *uma* prontidão para se deparar aqui com uma *necessidade própria* da filosofia, com uma necessidade que emerja da unicidade de sua essência. Se tal meditação estivesse em obra, então nenhuma "literatura filosófica" poderia continuar se propagando há décadas.

Uma tal meditação só é possível como *confrontação* com a *história*, como o único lugar no qual a filosofia "*é*". Por isto, precisamos aprender a ver cada vez mais claramente aquilo ao que visa uma tal "*confrontação*" (em contraposição também justamente com a refutação historiológica). Sim – isto é até mesmo uma condição essencial para a realização da confrontação: saber que ela não "refuta", nem pode buscar refutar.

Todo pensador essencial é irrefutável (o pensador essencial é aquele que conquistou a cada vez na história do ser uma *posição fundamental* originária e, por isto, única). *Irrefutabilidade* não significa aqui, por exemplo, apenas que não se poderia aduzir e atribuir a "um sistema", por meio de uma comprovação levada a termo com contra-argumentos, uma falsidade e uma incorreção, mas que tal *propósito em si* já é impróprio e, com isto, uma saída da filosofia.

Por quê? Porque a *essência* da verdade e, com isto, a *verdade filosófica* já são sempre coestabelecidas com toda posição fundamental; *nenhuma* determinação essencial da verdade se encontra "*em contraposição*" à outra *no sentido* da mera rejeição; por isto, também não *a favor* dela no sentido da mera *assunção*, seja ela parcial, seja ela completa.

Mas as posições fundamentais se encontram certamente umas "*contra*" as outras, sempre de acordo com a sua originariedade, na medida em que fundamentam, e isto quer dizer, elevam ao nível de uma necessidade (oriunda de uma indigência) – em sua *respectiva unicidade* – a unicidade essencialmente *histórica* do ser e de sua verdade. Obtém-se a partir daí a exigência: retornar sempre uma vez mais a tais posições fundamentais, a fim de ser impelido por meio da confrontação com elas para a unicidade de um questionamento originário.

A confrontação é um *questionar que vai ao encontro*

1) *de modo* que as duas posições fundamentais se "*excluem*" e, com isto, conquistam pela primeira vez o um "contra" o outro, impelindo-se para a sua unicidade;
2) *de modo* que essa *exclusão* é ao mesmo tempo o *a-ssinalamento* de uma copertinência necessária com o *unicamente questionável* do pensar.

(Com isto, não há para a confrontação histórica de um tal tipo nenhum progresso dialético da suspensão, mas a *impossibilidade de equilíbrio a partir do fundamento da respectiva unicidade*).

Para tanto carece-se naturalmente de um saber *histórico* (não de meros conhecimentos historiológicos), que só provém de um questionamento originário, para experimentar na impossibilidade essencial de equilíbrio como tal precisamente a *pertinência* ao *único* (e à sua incalculabilidade) e escapar do perigo do equilíbrio em um ponto comum vazio em tudo aquilo que precisa ser pensado, algo "comum" que é sugerido precisamente pela mesmidade e pela correspondência das palavras fundamentais e da palavras-conceito usuais (Mas a *palavra*!).

Todavia, reside na essência de tudo aquilo que é histórico – e sobretudo na essência daquilo que é criado no pensamento e na poesia – que "se" *possa* tomá-lo à vontade e sem precisar se responsabilizar por ele; e há possibilidades infinitas para a época moderna do *historicismo*.

Pode-se considerar, por exemplo, a filosofia de Kant (no que ela consiste?) incorreta (e o que isto significa?). Pode-se fazer disto e da demonstração de sua incorreção um trabalho profissional e de vida. Só que isto não se mostra de maneira alguma como um filosofar, como um questionamento da essência do ser.

Onde esse questionamento é realizado de modo essencialmente correto, o pensamento kantiano em geral não se mostra como "objeto", mas como um coquestionamento e um questionamento prévio da mesma questão. Por isto, não está em discussão se *Kant* fez ou não algo correto ou falso, mas se *conseguimos* repensar a *verdade* de seu pensamento, isto é, se *conseguimos copensá-la* de maneira mais originária (não mais correta).

Questionar e dizer de *maneira mais originária* não significa pensar de "maneira mais correta", mas reconquistar a cada vez a necessidade do questionamento do que há de mais questionável e ousar, a partir dele, arrojar-se em uma unicidade.

Não e nunca refutação (essa é a "blasfêmia" propriamente dita em relação aos filósofos, isto é, o mais pesado "desrespeito" à sua essência), mas sempre e a cada vez apenas a sondagem do fundamento, o risco do ab-ismo do seer, do seer como o ab-ismo.

Em essência, a confrontação é, em verdade, respectivamente *superação*; só que o termo superação não pode ser pensado aqui no sentido de um deixar para trás por meio de uma refutação em favor, inclusive, de um progresso. Não é o pensador que é superado, o pensador com o qual se busca a confrontação. Superados são sempre muito mais apenas aqueles que ousam a confrontação; superado é o perigo e o afã do mero apoiar-se e assumir, do não mais questionar e do mero reportar-se a algo decidido. No questionamento, em contrapartida, o pensador com o qual se busca a confrontação retorna à sua posição fundamental e se torna alguém digno de questão; e isto de tal modo, em verdade, que seu questionamento mais próprio se destaca da vinculação aos "resultados", às "doutrinas" e "proposições" aparentes e, enquanto algo assim liberto, se mostra ele mesmo pela primeira vez como a libertação do pensamento para o interior do campo de jogo da questionabilidade do que há de mais questionável – um assinalamento questionador, descobridor ao "ser" ("de-struição" em *Ser e tempo*)[10].

A confrontação histórica não impele historiologicamente a "história" para o interior do que passou e não tolera de maneira alguma a história como passado, nem tampouco como o "acontecer" daquilo que é a cada vez atual em conformidade com o tempo. A confrontação histórica não erige apenas "modelos" no interior do que foi e continua sendo, porque esses modelos também permanecem facilmente demais apenas às contraimagens de um presente carente de autoespelhamento. A confrontação *histórica* liberta a história do pensamento para o seu futuro e co-

---

10. GA, 2, § 6.

loca assim as resistências essenciais e insuperáveis *diante do caminho daqueles que estão por vir*, resistências às quais só se faz frente por meio de uma unicidade confrontada do pensar que questiona de maneira inicial.

Somente se satisfizermos *esta* medida, seremos os pensadores *prévios* dos pensadores futuros. E talvez este seja o modo que *nos* é possível de satisfação da clara e dura rejeição a tudo aquilo que é desmedido em favor dessa medida da essência do pensar pensante. A longa educação para uma *tal* rejeição acende um saber, que excede essencialmente a toda nova miscelânea computada a partir daquilo que se tem até aqui impensado e transporta para a distância em relação ao seer como primeira proximidade em relação à decisão entre divindade e humanidade.

Todavia, como nós, por um longo hábito, só "pensamos" de tal modo que ou bem nos colocamos à espreita de resultados, a fim de repousarmos no apelo a eles, ou bem evocamos convicções pré-concebidas, a fim de tudo explicar com seu auxílio e de buscar uma satisfação universal, a estada questionadora no questionável precisa parecer estranha para nós. É em um último momento ou nunca, então, que o questionável pode se mostrar como aquilo que ele é - como *saber* no sentido da insistência na essência da *verdade* do seer (cf. 97. O pensar da história do seer e a questão do ser).

A confrontação, que é iminente e que decide efetivamente segundo o seu modo essencial sobre a possibilidade da filosofia, é aquela confrontação com a filosofia do Ocidente na totalidade de sua história. O todo dessa história não é determinado, neste caso, pela completude da introdução historiológica de todas as opiniões doutrinárias e de sua dependência entre si, mas antes por meio da concepção do início dessa história, de sua queda incontornável em relação ao início, da autossalvação de sua queda (Descartes) e de sua consumação (Nietzsche). O todo assim concebido da história da filosofia ocidental em suas posições fundamentais é essa filosofia como "*metafísica*". O nome "metafísica" não designa aqui *uma* disciplina da filosofia entre outras; ele não visa a nenhuma "disciplina" em geral como uma peça doutrinária e como matéria de aprendizado, mas significa o modo fundamental do pensar pensante da história do pensamento até aqui, um modo fundamental do pensamento que, como um modo fundamental do pensar do ser, transpassa e impera tudo aquilo que se pode distribuir na "lógica", na ética, na estética e assim por diante, uma distribuição que continua sendo ela mesma apenas uma consequência do modo de pensar metafísico, ainda que não uma consequência necessária. Não obstante, continua sendo a peculiaridade do pensar metafísico o fato de, até mesmo junto aos pensadores mais essenciais (Leibniz, Kant, por exemplo), ele ter sido levado a termo a partir da construção periférica das disciplinas ("lógica", "ontologia"); e isto precisamente lá onde ele precisaria explodir o enquadramento. Assim, mesmo o título da obra na qual se abre o caminho para a consumação da metafísica, a *Ciência da lógica* de Hegel, não pode ser considerado de maneira alguma como um empréstimo extrínseco e casual à filosofia escolar. Esse título é muito mais a mais incisiva e complera caracterização dessa posição metafísica fundamental moderna: a filosofia é "ciência" no sentido do contexto de fundamentação incondicionadamente certa das proposições (da *mathesis*). E essa ciência realiza-se e fundamenta-se como "lógica", com o que se diz que aquilo *que* neste saber se mostra como o que há para saber é projetado e desdobrado a partir do fio condutor do λόγος no sentido do pensar incondicionado da razão absoluta; assim, o *saber-se* incondicionado (não admitindo para si nenhuma condição *no interior* de si mesmo e segundo o seu modo de ser). A metafísica prepara a sua consumação sob a forma da lógica absoluta. Essa consumação torna-se plena por meio da redução hierárquica e da destituição da "lógica" no pensamento de Nietzsche. Essa destituição não se torna naturalmente alijamento, mas, muito ao contrário, ela se torna aquilo que permenece necessariamente exigido como um contrajogo, para "pensar" o ser como devir e estabelecer no "devir" como a "vida" o ser propriamente dito.

A confrontação iminente, com base na qual pela primeira vez a filosofia como filosofia poderá se iniciar uma vez mais, é a confrontação com a metafísica em sua história enquanto tal; isto quer dizer: as posições metafísicas fundamentais precisam ser, primeiro e ao mesmo tempo, liberadas retroativamente para a unicidade de seu questionamento e colocar o seu caráter de futuro em jogo (Seu caráter de futuro essencia-se sempre segundo a ressonância da *verdade do seer*).

A confrontação histórica coloca aqueles que se encontram a cada vez diversamente em seu interior no elemento próprio e único de sua posição fundamental singular no questionamento da questão do ser. A confrontação histórica nunca é um acréscimo às vezes propiciável em relação ao pensar "propriamente dito", mas é um traço fundamental do próprio pensar marcado pela história do seer. Em contrapartida, aquilo que possui fácil e constantemente a aparência da confrontação histórica, a refutação historiológica de "doutrinas" e "opiniões" filosóficas, permanece inesgotável, porque se mostra como um negócio dos historiólogos da filosofia, um negócio que sempre pode ser novamente preenchido por cada presente vindouro com outros "pontos de vista". Justamente *porque* para a filosofia, porém, não para a erudição filosófica historiológica, a superação do historicismo é *a* indigência (a necessidade), a confrontação *histórica* torna-se uma necessidade *única*.

A con-frontação: aquela entre a metafísica em sua história e o pensar da história do seer em seu futuro.

derância no ab-ismo, com o qual o ser acontece apropriativamente. A exportação resolutora é acontecimento apropriativo.

O questionamento do seer nunca se eleva acima dele - separado primeiro do seer e se abatendo por assim dizer sobre ele - mas é ele mesmo antes de tudo uma consideração da entidade do ente, uma consideração que apenas se esquece de si e que só pode servir ao ente e que, no fundo, é apropriado em meio ao acontecimento pelo seer.

A *exportação resolutora* não tem em vista a liquidação e o alijamento, mas a abertura, *clarificação da clareira* - acontecimento apropriativo como exportação resolutora - *exportação resolutora essencialmente para o abismo.*

Essa questão já é em si apropriada em meio ao acontecimento pelo seer, quer dizer: ela só é realizável a partir da insistência no *ser*-aí.

Com tal insistência, já se tomou a decisão de que o homem *não* pensa *mais* o ser adequadamente em *sua* direção - como o sujeito responsável - no sentido de um acessório geral ulterior para o ente (como a entidade), "pensar" esse concebido aí como a representação em geral. Insistentemente, o homem "pensa" de maneira consonante com o *ser*-aí no salto projetivo para o interior da própria clareira; o seer antes de toda e fora de toda coordenação com o "ente" já interpretado. Em tal pensamento, o homem salta por sobre a sua *essência* até aqui (animal *rationale*); pensando para além de si a partir do salto para o interior do acontecimento apropriativo, ele não pensa o seer *para si*, mas *se* pensa de antemão na essência para o interior do seer e de sua clareira. Ele não deixou para trás a transformação de sua própria essência, mas a transportou previamente para os seus sítios ainda infundados, que só se tornam *ser*-aí como história da custódia da verdade do seer (cf. VII. O seer e o homem).

O seer exige agora a conquista de sua mais própria essência. Nesta tranquilíssima coação se encontra velado o início de uma outra história do homem. A decisão resta, quer o homem consiga ou não experimentar a indigência preparada por meio de uma tal coação, quer ele conheça ou não aquela forte e longa coragem, que vai essencialmente além de todo poder, toda violência e todo endurecimento.

17. Ser como φύσις

Do ser como φύσις (do colocar-se emergente na consistência) surge o avanço do presente (da presentação e da constância) e com esse presente a busca por "conservação" e a vontade de "eternidade" no sentido da duração, o privilégio da realidade efetiva e da efetividade que lhe é serviçal.

No campo de visão desta essenciação do ser aparece o homem inicialmente em sua condição corporal como a sua condição duradoura, isto é, como a que é, e, assim, a animalidade torna-se a sua primeira determinação – pensada em termos metafísicos; ela se torna objeto da conservação precisamente no interior da experiência de seu caráter perecível. A referência ao mesmo tempo experimentada ao ente (isto é, presente-constante) é concebida como νοῦς – apreensão e o apreensível mesmo é tomado como o ponto de sustentação e como o apoio possível na mudança.

Por toda parte está em jogo aquela primeira verdade do ser como φύσις – segundo diferentes modulações; o "natural" no sentido coisal permanece aí apenas uma forma da mais próxima *presentificação*, não é o metafisicamente decisivo, mas recebe seu papel da essência do ser da φύσις.

18. "Seer" como "palavra"

Seer – se degrada por fim na metafísica e se transforma em uma palavra gasta, vazia, que quase não revela mais o desprendimento, ele mesmo já irreal, do pensamento em relação a tudo o que é efetivamente real em direção ao cerne do que não possui nenhum efeito e é irreal, o deserto completo da representação desprovida de objeto.

Seer – conquista no pensamento da história do seer a posição hierárquica única da palavra fundamental do silenciamento ab-issal; a sentença nele velada (o fato de a essência da verdade ter de ser fundada e de o "espaço-entre" da exportação resolutora do vir ao encontro mais simples e mais decisivo ter de ser instaurado no ser-aí e como ser-aí) é a ruptura, por meio da qual todo ente cai dura e escarpadamente contra o ab-ismo, que é o único a devolver uma vez mais ao ente o seer e ao homem a determinação para o assinalamento ao seer.

Seer – metafisicamente um mero som indiferente; em termos da história do seer, a tranquilidade, que contém toda tempestade, das decisões incalculáveis.

A palavra enquanto tal pertence em essência à exportação resolutora e só pode ser conhecida como aquilo que obedece ao acontecimento apropriativo.

19. O ser

No primeiro início: *a emergência* (φύσις), a presentação que se desdobra (que se abre).

No fim desse início: a última fumaça de uma realidade evaporada na "*vida*", *a maquinação que se superpotencializa como outorga de poder.*

No outro início: *o acontecimento apropriativo*, luta do vir ao encontro e da contenda como clareira do abismo do espaço-entre.

A emergência e o acontecimento apropriativo ganham a con-frontação marcada pela história do seer.

A emergência torna-se – infundada em seu velamento – causa (a coisa originária)[1] *presente* e constante, condição e algo incondicionado, por fim, "vida" que se desenrola para lá e para cá em si mesma.

O *acontecimento apropriativo é* o fundamento como ab-ismo da clareira, conquistando-se na luta do vir-ao-encontro do deus e do homem com a contenda entre mundo e terra.

---

1. Temos aqui uma vez mais uma peculiaridade da língua alemã que se perderia em uma tradução literal. O termo *Ursache* em alemão, que normalmente traduzimos por causa, significa literalmente "a coisa" (*Sache*) originária (*Ur-*). Como Heidegger hifeniza o termo, a fim de realçar esta composição etimológica, optamos por inserir a tradução literal do termo entre parênteses [N.T.].

20. A "finitude" do seer

A expressão "finitude" é escolhida no quadro de um entendimento e de um isolamento *historiológicos* inevitáveis em relação ao questionamento até aqui. Esta "palavra" está sujeita a muitas interpretações falsas; pode-se pensar com ela na distinção entre o idealismo "relativo" (kantiano) e o idealismo "absoluto". Pode-se inserir aí a representação cristã do caráter de criatura de todo "ente" e pode-se cair ao mesmo tempo como vítima na armadilha da dialética, na medida em que se dá a "considerar" que já sempre se pensa algo infinito juntamente com o estabelecimento do "finito". Toma-se o "finito" aqui por toda parte no sentido de algo restrito e, em verdade, de uma restrição do ente, pensa-se a "finitude" metafisicamente.

A "finitude" do seer, contudo, visa a algo completamente diverso: o caráter abissal do "entre", do qual o caráter-de-negação não é de maneira alguma constitutivo como falta e limite, mas como distinção; a "finitude" do seer, se é que ela é efetivamente pensada como afastamento em relação a algo diverso, não está ligada à *infinitude* do ser, mas à infinitude e, isto significa, à incondicionalidade do *ente*; mas isto quer dizer: ao primado do ente em relação ao ser, de tal modo que o ser é degradado ao nível de um suplemento. "Finitude" do seer já é uma expressão apinhada, que deve dirigir, de uma maneira que induz em erro, a meditação para que ela não vise a uma "dependência" do seer em relação ao ente e de modo algum uma restrição da representação do ser, mas a *unicidade da abissalidade do seer como acontecimento apropriativo*.

A "finitude" do ser-aí, contudo - a insistência na clareira da exportação resolutora do ao encontro de e da contenda -, é uma consequência essencial do acontecimento essencial de sua apropriação pelo seer. Historiologicamente, contudo, não se pode jamais *indicar* com uma reserva suficiente essa finitude do ser-aí por meio da instalação do ser-humano na referência ao ente enquanto tal. Mas *tal* indicação nunca é o pensamento da essenciação do próprio seer, um pensamento para o qual permanece desde o início supérflua e obscurecedora a caracterização do seer por meio da finitude.

A tentativa levada a termo pelo escrito *Kant e o problema da metafísica*[2] de elucidar e de tornar compreensível por uma via "historiológica" um início totalmente diverso da história do seer precisa necessariamente fracassar; ela levou a que se equiparasse historiologicamente a tentativa do pensamento inicial e que se a aniquilasse no essencial. A consequência é, então, uma estranha situação: por um lado, *Ser e tempo*[3] é interpretado como um prosseguimento e um complemento da *Crítica da razão pura* e de sua "antropologia" e, com isto, computado historiologicamente e transformado em algo indiferente; por outro lado, condena-se a interpretação de Kant como unilateral e violenta. Segundo o "efeito" "historiológico" - que é visto em termos da história do seer como certamente desprovido de peso - não se alcançou nem uma elucidação de *Ser e tempo*, nem se realizou uma interpretação da *Crítica da razão pura*. Quem conseguir pensar a partir do saber da questão do ser reconhecerá naturalmente outra coisa e não permanecerá preso ao "efeito historiológico". O que a palavra diretriz "finitude" quer dizer e o que ela nomeia não é uma "propriedade" prontamente constatável do seer e do ser-aí, mas o título inapropriado para o que há de mais questionável daquilo que oculta em si a questionabilidade como distinção.

Segundo Kant, o ser é sempre a entidade no sentido da objetividade do objeto. Mas a "objetividade" não é ela mesma nenhum objeto e, como algo não objetivo, ela também é apenas uma consequência essencial do seer, de tal modo que o seer nunca pode ser pensado em seu caráter *fundamental* a partir de uma tal consequência. A "metafísica" nunca consegue superar a si mesma - ela exige como primeira história do primeiro início do seer um outro início, que a institui ao mesmo tempo em sua verdade histórica.

21. A sentença do pensamento da história do seer

Ela diz: *o seer é, o ente não é*. Só lenta e dificilmente superamos o preconceito de toda metafísica, segundo o qual o ente "seria" a única coisa que "é" e pode "ser". O "é" e o "ser" provêm

---

2. HERRMANN, F.-W. (org.). *Kant e o problema da metafísica* (1929). Frankfurt junto ao Main, 1991.

3. GA, 2.

aqui sempre do enunciado que diz que algo em geral "é" (ocorre e está presente à vista), que ele também "é" (se presenta e se encontra contraposto) sempre assim e assim. O "é" por assim dizer inato ao ente significa o ser no sentido da presentação constante. A inquestionabilidade desse "é" se atribui, sem jamais se deparar com uma resistência, a determinação e a condução de todos os modos de ser e suas variações ("modalidades", por exemplo). O ser como "nome" do "é" habitual desvela-se, porém, como a entidade, que foi projetada a partir do "ente". Esse projeto não conhece o questionamento da verdade do próprio seer, ele se mantém fora de toda experiência de uma necessidade possível do questionamento daquilo que é denominado aqui verdade do seer.

Por força desta ausência de experiência inicialmente até mesmo necessária, o projeto do seer como presentação constante toma o próprio ente como o apoio previamente dado e como os sítios do seer. O fato de que, com isto, o ente mesmo só é aquele que é; à medida que ele vigora fora em meio à clareira não experimentada do projeto é, em certa medida (sob o modo do πρότερον τῆ φύσει - do *a priori* do pensado), contudo, conhecido. Entretanto, o modo de ser desse conhecimento só serve para tornar definitivo o desconhecimento da questionabilidade da verdade do projeto do seer durante toda a história da metafísica. Uma vez que, porém, o ser mesmo é "pensado" e sua determinação é concebida como tarefa, abre-se em seguida três caminhos da metafísica:

1) O ser é elevado ao maximamente ente (ὄντως ὄν), porque ele empresta a cada ente a sua entidade (ἰδέα); o ser é o "aspecto" que empresta ao ente a aparência como um tal; a ἰδέα é neste sentido e neste âmbito δύναμις - outorga do poder ao presente à vista, em meio à presença e à constância; como essa, outorga mesmo o poder da presentação (a ideia platônico-aristotélica não é o mero ter-sido-representado do visar subjetivo no sentido moderno - e, no entanto, o fundamento e o impulso para a idea como perceptio e "conceito").

2) O ser é - o que já é almejado do mesmo modo na ἐπέκεινα τῆς οὐσίας[4] - explicado a partir de algo que o torna apto (a partir do ἀγαθὸν ἀκρότατον) para o seu poder (distribui-

4. Frase presente na *República* de Platão 509b: para além do ser [N.T.].

ção de faculdades). O *summum bonum* é pensado em termos cristãos como *ens entium creans* (*Deus creator*). O ser é "explicado" a partir do ente supremo.
3) O ser é transferido para o ter-sido-represetado e é interpretado como objetividade do objeto. Neste momento, o "sujeito" ora desempenha o seu papel de "origem" como condicionado, ora como incondicionado.

A metafísica deduz com isto o ser a partir de um ente supremo, ou ela o transforma em um produto do ente e de sua mera representação, ou ela articula essas duas explicações do ser a partir do ente.

(Para Hegel, a *ideia* absoluta é o pensamento do *Deus criador* antes da criação e para essa criação, um Deus que é ele mesmo pensado como *sujeito* incondicionado. Depois dele, no interior do processo de mera inversão, aparentemente livre de toda metafísica, da consumação definitiva da metafísica, todas as formas de explicação do ser retornam a partir da ideia, a partir de Deus, a partir do sujeito em alguma confusão e mistura. O pântano originário, que mantém coesa esta efervescência irrefletida, é indicado por meio da recondução de tudo à vida onipresente ("a vida"). Agora, mesmo a última clareza que distingue de qualquer modo todo pensar essencial se apagou definitivamente em meio ao caráter turvo da autoevidência própria às massas.)

O seer é, o ente não é. Esta sentença quer dizer, ao mesmo tempo, que a partir do ente, como quer que ele possa vir a ser dado previamente, só conduz um caminho aparente para o ser, cuja verdade só pode ser experimentada no salto como clareira e como abismo clarificador.

Já apenas pelo modo do questionamento, o seer é liberado no questionamento da verdade do seer de cada e de toda vinculação ao ente, uma vinculação que é essencial à metafísica.

O seer é – quer dizer: o seer e apenas o seer propicia o essenciamento de sua própria essência, acontece apropriativamente como acontecimento apropriativo no ab-ismo da clareira, que cria como espaço-de-jogo-temporal para o seer os sítios com os quais ele deixa a exportação resolutora entre o vir-ao-encontro e a contenda se tornar o instante e o fundamento da história.

O seer não se desfaz de sua essenciação junto ao ente, mas a preenche como ele mesmo e se coloca, assim, na clareira como o ab-ismo, no qual *aquilo* que o homem então denomina o ente pode elevar-se, cair e permanecer em um plano.

O ser-aí não constitui e não vincula o seer ao homem; não apenas porque ele mesmo se torna pela primeira vez o fundamento do homem da história do seer, um homem que se inicia para além da história da metafísica, mas também porque ele mesmo acontece apropriativamente em sua essência por meio do seer.

O ente, porém, não pode ser jamais considerado em parte alguma como o mero reflexo e brilho derivado do seer; ele é incomparável com o seer e se acha apartado do seer – somente a intromissão[5] histórica do homem na verdade do seer impõe e possibilita uma referência, por meio da qual o homem se comporta em relação ao ente enquanto tal, que é custodiado na constância e presentação, porque isto parece fornecer o próximo e único fundamento resistente contra o ab-ismo. A forma mais elevada da constância e da presentação é buscada no "devir"; inicialmente, ele aparece como a oposição e a exclusão do ser, mas na verdade ele busca a permanência do sempre diverso e ainda quer a salvação da mudança e do escorrimento no ser.

Na época da consumação da metafísica, uma época que traz consigo ao mesmo tempo uma completa perturbação da metafísica, é quase impossível dizer a sentença da história do seer e escapar aí da má interpretação, cuja forma mais rígida consiste no fato de algo pensado ser explicado e se tornar compreensível a partir do que se disse até aqui.

Por isto, o pensar da história do seer pode tentar se contentar com uma sentença intermediária: o ente é, o seer se essencia. Mas essa sentença intermediária fala ao mesmo tempo da metafísica segundo o sentido da metafísica, na medida em que atribui o ser ao ente e pensa a essência como consistência da essenciali-

---

5. É preciso ler o termo aqui em seu sentido quase etimológico para que ele possa ser colocado como uma tradução de *Dazwischenkunft* que significa literalmente: a chegada de algo que se coloca entre duas coisas [N.T.].

dade (ἀεί da ἰδέα); quer isso seja visto de uma maneira platônica ou teológico-cristã ou mesmo subjetivo-transcendental.

Por isto, a sentença intermediária não consegue elevar aquilo que ela propriamente pensa e precisa pensar no nível do saber decidido; por isto, ela precisa cair.

É a estranheza da sentença propriamente dita da história do seer que fornece, mesmo o mais breve possível, um aceno para a necessidade de um salto pensante, junto ao qual o ente da metafísica e o homem metafisicamente experimentados só continuam se mostrando historicamente como ocasião para o lançamento e perdem todo critério para o salto da clareira do seer e de sua essenciação, retornando, por outro lado, porém, em meio às fundações essenciais dos pensadores metafísicos, pela primeira vez para a sua unicidade e incontornabilidade históricas.

O seer – pensado como acontecimento apropriativo da exportação resolutora do vir-ao-encontro e da contenda para o "entre" abissal do espaço-de-jogo-temporal – não pode ser nem elucidado, nem se tornar compreensível por meio de nenhuma correspondência aqui buscada ou de ressonâncias vagas. A compreensibilidade é a sua mais acentuada ameaça.

O seer, como o acontecimento apropriativo da exportação resolutora ab-issal do cruzamento de vir-ao-encontro e contenda, não pode ser pensado nem a partir do ente como o seu resto e suplemento, nem com vistas ao ente como a sua causa e condição.

O pensar da história do seer transcorre fora da via da "metafísica" antiga, da cristã, da moderna e de toda e qualquer "metafísica".

A partir de onde se toma a decisão entre o primado do ente e a fundação da verdade do seer? Ela é tomada apenas a partir do seer, a partir do modo como esse se nega e se doa. O seer, ele mesmo, *é* como o acontecimento apropriativo dessa decisão e de seu campo-de-jogo-temporal.

De maneira mais originária do que o segredo da terra, mais mundano do que o mundo instalado, mais essencial do que o deus e mais fundante do que o homem *é* o seer – e, contudo, "apenas" o instante do entre para o ente na totalidade.

22. O fundamento (Seer e ἀλήθεια)

O entre, como abismo que clareira para o ente, sobretudo o circunfunda.

(Na tentativa do ensaio "Da essência do fundamento"[6], o fundamento é concebido a partir da "transcendência" e esta como o fundamento; transcendência, naturalmente, ainda no campo de visão do transcendental e, com isto, sob o princípio da "consciência" que, por sua vez, é substituída pelo *ser-aí* – um claro recurso provisório para aproximar algo que era questionado pela primeiríssima vez do saber até aqui do ser; assim, tudo aquilo que possui o modo de ser do fundamento permanece *edificado sobre* o ente, ainda que sobre o modo do *exceder*, com o que ele continua sendo estabelecido, contudo, como um nível.)

A *espacialidade temporal do aí* não chega como o "entre" no lugar atópico fundado pela primeira vez por ele mesmo.

Apesar de tudo, a essenciação do seer ainda se encontra, ainda que outra coisa seja inteiramente questionada, na aparência do *a priori* e, com isto, do "suplemento".

O seer essencia-se não como fundamento, ele não é o basilar que prepara para todo ente no ab-ismo da clareira aquilo para onde o ente *não* pode se precipitar, porque ele é "leve" demais; o respaldo ante a precipitação oriunda da leveza da ausência de precipitação constitui o ser do ente, ele é o fundamento fundado a partir do ab-ismo de sua *consistência*, uma *consistência* em virtude da qual ele pode se encontrar em meio ao simples e fácil e, assim, precisa permanecer o *sem fundo*, nele mesmo sem "entre".

O seer, porém, pode se tornar o não basilar e, como tal, ele só é conhecido e cognoscível por meio da lembrança, própria à história do seer, da (genitivo objetivo) metafísica.

Pois o abandono do ser do ente é a não basilaridade do ser, de acordo com a qual ele pode ser elevado a um mero comple-

---

6. "Da essência do fundamento" (1929). In: HERRMANN, F.-W. (org.). *Marcas do caminho*. GA, 9, Frankfurt junto ao Main, 1976, p. 123-175.

mento. A não basilaridade emerge da derrocada da ἀλήθεια que *ainda não* é ela mesma abissal.

A ἀλήθεια só consegue alcançar a essenciação do *des*-velamento, a-parição no aberto; a abertura mesma não se essencia como clareira e essa clareira não se essencia como o seer.

A ἀλήθεια é por último ainda "jugo" e "ponte", mas a *instauração de uma ponte* sem abismo, isto é, também não ponte e jogo, razão pela qual ela precisa perder sua *primeira* posse essencial e se transformar em correção.

O elemento fundacional-basilar do seer - o seer de uma tal essenciação apenas quando ele é questionado como o entre do acontecimento da apropriação.

Saber: A não basilaridade do ser do ente sem fundamento. Por isto, a explicabilidade e a planificabilidade desprovida de meditação de tudo. O "espaço" do pleno despaçamento[7].

Somente onde o elemento fundacional do seer é sondado de maneira fundante - no pensar da história do seer - torna-se uma vez mais possível o elemento construtivo (O "elemento construtivo" da mera instalação e planificação é o constantemente apenas *traçável*, mas o traço é o plano (estendido de maneira vazia) da superfície não basilar do sempre mesmo).

Na superfície do não basilar é impossível uma essenciação da divindade a partir da réplica da humanidade.

Toda *explicação* é negação do fundacional. Ciências confirmam e empreendem o sem fundo do ente.

---

7. Heidegger cria acima um neologismo a partir da palavra alemã *Raum* (espaço) e do verbo correlato *räumen*, que é normalmente traduzido por "evacuar", "desobstruir", ou, seguindo uma metáfora análoga no português "limpar a área", mas que possui, certamente, no campo semântico do pensamento heideggeriano, o sentido do "espaço se fazendo espaço" ou da "espacialização". *Enträumung* designa exatamente o movimento contrário ao movimento do "espaço se fazendo espaço": ela descreve a supressão (*Ent-*) de um tal movimento. Para seguir esse campo significativo do original, optamos pelo neologismo "despaçamento" [N.T.].

23. O seer

é no início da história ocidental e como o seu início a emergência (φύσις), a vigência emergente (a presentação que clarifica). Todavia, por meio do primado da presentação, essa emergência já é o encobrimento do ab-ismo do seer e a referência ao próprio ente. A emergência inicia-se com o ab-ismo e isto quer dizer: com o *ocaso*. Quando é que "veremos" o ocaso nesse início, quando vislumbraremos a unicidade desse primeiro início, quando nos libertaremos das falsas interpretações que nos são impostas pela longa e cada vez mais extensa pós-história do primeiro início, por meio da longa demora da consumação dessa história? A φύσις se mostra inicialmente como o ente mesmo e é em seguida capturada no ter-sido-visto da ἰδέα. A emergência não se torna a erupção do abismo, que se precipita como o *entre* através de todo ente, de modo que todo ente, somente em meio ao aberto infundado do abismo para ele e ao mesmo tempo por toda parte por ele *sobrefundado*, é arrebatado para a contenda da terra e do mundo e cerrado e elevado ao ardor tranquilo do simples.

O ser primeiro é emergência e, assim, já ocaso, porque a clareira desmorona sobre ele, infundada e não prometendo mais nada. Aquilo que a emergência foi e que permanece como o seu ocaso anterior a toda história do seer precisa ser experimentado *como acontecimento apropriativo do abismo*. No entanto, é difícil experimentar isto, porque o ente, conhecido e esquecido ao mesmo tempo, sufocou demais o ser e agora se opõe ao ser, sem deixá-lo se fazer valer como "mais" do que como um conceito vazio e indeterminável.

Essente *demais* é o ente e, tendo se tornado uma oscilação errante entre poder e impotência, ele se refugia sob a proteção da realidade efetiva, que assegura para si um prestígio antes ainda como eficácia no delírio calculador do homem.

Como, para além de poder e impotência, o seer como recusa é sobretudo a indigência da coerção para o interior da divindade dos deuses e para o interior da guarda do homem, o homem precisa vir ao seu encontro de uma maneira diversa da que se deu durante todo o seu primeiro início; não como se pudesse arrastar para si algum dia o seer e sua verdade – *a vinda-ao-encontro* é apenas preparação da prontidão para o abalo que quase não estremece, com o qual o ab-ismo se coloca entre todo ente e exige a decisão entre deuses e homens. A vinda-ao-encontro tem como sinal discreto a força que se mantém em si de só querer o pouco do que há para saber. Será que a humanidade ainda está apta para uma tal vinda-ao-encontro? A recusa já não precisa ter se tornado aqui anteriormente a doação abstinente para o interior da tempestade dos projetos poetantes, pensantes?

A *eficácia* desatada do ente abandonado pelo ser continua superpotencializando por toda parte o seer: a *abstinência* da recusa que, *acima de todo poder e impotência* para a mais livre decisão, prontifica o incontornável do salto para o interior da longa profundeza do ab-ismo.

A abstinência da recusa, o fato de que ela "funda" como fundação abissal, porque só ela impele para a indigência da fundação poetante, pensante da palavra, clareia o aberto, que nunca é o aberto do vazio, mas certamente da profusão que, de maneira inapreensível certamente com as medidas e tenazes do ente, só deixa sua conjunção estrutural se tornar diferenciável para o ter-se-decidido para o seer e para a *sua* lembrança, uma lembrança que não deixa esvaecer-se o que precisa ser lembrado, mas o eleva à unicidade como a sua junta fugidia mais acentuada[8]. A conjunção estrutural da profusão é, contudo, o simples do que possui menos, conforme apenas ao abstinente; essa profusão não conhece a afluência do múltiplo, mas possui sua plenitude a partir daquilo unicamente que não pode ser removido no aberto; e isto é o acon-

---

8. Esta é mais uma passagem de difícil tradução. Heidegger vale-se aí de dois termos polissêmicos na língua alemã. Em primeiro lugar, temos a palavra *Gefüge* que é normalmente traduzida por "estrutura" ou "encaixe". Nessa palavra, temos a presença do verbo *fügen* que designa uma "junção ajustada", um "encaixe". Desse verbo, surge a outra palavra usada no texto: *die Fuge*, que significa tanto "junta" quanto "fuga" no sentido musical do termo. O que Heidegger pretende com um tal jogo de palavras é, por sua vez, acentuar a conjunção e a junção fugidia que têm lugar justamente por meio da fundação da verdade do seer. Junção, conjunção que se fundam na tensão entre determinação do ente na totalidade e retração no abismo da diferença. Para não perder o campo semântico presente no original, optamos por traduzir *Gefüge* por "conjunção estrutural" e *Fuge* por "junção fugidia" [N.T.].

tecimento da apropriação que se expande pela primeira vez para a sua abertura em meio à indigência do júbilo da decisão entre a divindade e a humanidade, uma decisão na qual a história já sempre se iniciou. A história é assinalamento para a verdade do seer e recebe, por isto, sua altitude do ocaso daqueles que fundam o aberto e podem ser os precursores da fundação.

Mas como o dizer pensante é um renunciar[9], só raramente ele consegue o parco de sua palavra essencial.

24. A transição mais tranquila para o outro início

O seer, até aqui ainda um suplemento em relação ao ente e sombreado por ele, é experimentado como o ab-ismo do ser-aí para a essenciação como espaço-de-jogo-temporal da decisão da humanidade e da divindade a favor e contra a sua essência e inessência.

A ex-periência do seer é impelida para a primeira indigência, na qual o seer se clarifica como recusa (daquela sua essência) e exige para si a unicidade, com a qual só pode se conformar uma travessia pelo instante na tentativa de fundar a verdade de tal essência e de preparar para o ente um sítio do aparecer a partir da simplicidade e do peso de si mesmo.

O que na essenciação do *seer* acontece apropriativamente para o homem de maneira única e abissal, vindo de muito longe, em meio à guarda da verdade do seer nunca pode ser produzido pela gigantesca maquinação *do ente*, porque a maquinação inunda o homem com as correntes de sua própria inessência desencadeada e assoreia toda divindade.

25. O seer

Ser é o acontecimento apropriativo da verdade.

Verdade é a clareira da recusa, que na recusa e como recusa é origem – o es-garçamento do clareamento.

---

9. Traduzido literalmente: um desdizer [N.T.].

Acontecimento apropriativo é assinalamento originário (proveniente do salto originário) da essência do homem à verdade (do seer) e, com isto, ao mesmo tempo, à necessidade indigente da divindade dos deuses.

No acontecimento da apropriação para o acontecimento apropriativo emerge a contenda de mundo e terra e, a partir da *contenda*, pela primeira vez, os próprios contensiosos em litígio.

26. Ser: o abismo

O seer é o abismo, o fosso do entre clareado, cujos "muros" e des-penhadeiros se mantêm velados. Só às vezes o homem salta no *salto* do questionamento essencial (na questão acerca do estar assinalado ao seer e acerca desse seer mesmo e de sua clareira) por sobre o ab-ismo e se torna como ser-aí a ponte e a transição para uma travessia do acontecimento da apropriação da humanidade para a con-testação da divindade dos deuses.

O seer não está fixado, engatado, apoiado e sedimentado em parte alguma e em momento algum – o seer é o "fundamento", que já sempre rejeitou tudo o que é assim, porque ele, como *acontecimento da apropriação*, é o assinalamento que a si mesmo se recusa ao sem apoio e sem proteção, porque seer significa apenas isto.

27. O seer é o abismo

Como ab-ismo, o ser "é" o nada e o fundamento sobretudo.

O nada é o *diverso* ab-issal do seer, o não a todo fundamento (a todo apoio, a toda proteção, a toda medida, a toda meta), e, assim, acontecimento da apropriação para o aberto da recusa e, por isto, apropriação *pela essência* do ser, mas nunca "o mesmo", porque nunca a plenitude essencial, isto é, sobretudo não porque, deste modo, ele não é *fundamento.*

O fundamento é, de modo negador, o acontecimento da apropriação para a indigência da fundação – como a indigência do questionamento e da elocução da verdade da recusa, a fim de conquistá-la como o entre no qual se decidem divindade e humanidade uma contra a outra e uma em relação à outra.

28. Seer – indigência – cuidado

Indigência – o pensar da história do seer não a compreende como carência urgente[10] e como mera falta ante um "ideal" metafísico, mas de acordo com o nada – como abismo: a liberdade do júbilo e do luto, mas esse luto mesmo não como sentimentos, mas como tonalidades afetivas fundamentais.

A voz – *clareira e junção* (anúncio e direcionamento) para o fundamento e sua fundação.

Tonalidade afetiva – *própria ao ser-aí* (nem psicológica – nem biológica – nem "existenciária").

Por isto: o "cuidado" – a guarda da indigência do seer.

De onde provém a constante penetração do *pensar* apenas *psicológico*? E ao mesmo tempo do pensar *valorativo*?

Por que ao mesmo tempo o olhar fixamente que é próprio ao carrancudo? Porque aqui também sempre se calcula a partir da explicação do ente.

29. O seer é acontecimento apropriativo

No acontecimento apropriativo se essencia

- o seer como a *liberdade*;
- o seer como o *ab-ismo*;
- o seer como a *recusa*;
- o seer como a *verdade* (tempo-espaço).

Toda palavra diz o acontecimento apropriativo e o que ele diz se essencia nesse acontecimento; nenhum conceito estranho e nenhum conceito usual oriundo da metafísica podem ser pensados em acréscimo a essas palavras.

Na recusa o seer excede a si mesmo, é sempre mais essencial do que si mesmo e se oculta, assim, na primeira simplicidade que não é sondada por ninguém.

A clareira do seer é a sua própria essência e ela o volta ao mesmo tempo para a obscuridade.

---

10. Traduzindo literalmente: a carência indigente [N.T.].

O aberto da clareira nunca é algo público, mas algo retido na solidão única do seer.

O seer permanece intangível para tudo aquilo que apenas é.

O homem, porém, tem a distinção de poder ser aquele ente que não somente é um ente. Seu "é" funda-se antes no acontecimento da apropriação do seer.

Somente aquilo que como o seer - se essencia - se retrai no velado impera infinitamente acima de todo poder e impotência. Esse imperar não carece da eternidade.

30. Seer e liberdade

Seer é acontecimento apropriativo e, assim, o ab-ismo e, como esse ab-ismo, o "fundamento" do fundamento e, por isto, *liberdade*.

Liberdade não é, por exemplo, a "essência" do seer, como se o seer pudesse ser coordenado e subordinado àquela "liberdade", que é visada aqui de maneira mais originária do que a "liberdade" metafísica e de todo até mesmo do que a "liberdade" moral.

(O conceito de liberdade de Schelling permanece um conceito metafísico. É isto que mostra a transição para o "sistema" da filosofia negativa e positiva.)

O ab-ismo, contudo, é o "fundamento" do fundamento, porque só ele pode ser a *indigência* da fundação - da criação do fundamento - e determinar as necessidades do fundar.

31. O espaço-de-jogo-temporal

O fato de só estarmos tomando contato há muito tempo com o "espaço" (lugar) e com o "tempo" como formas vazias presentes e fluentes para algo presente à vista e de não os continuarmos admitindo senão como meios de objetivação (da objetivação produtora e representativa) - por que é assim? Como aconteceu de não sabermos nada sobre a sua unidade originária - sobre o espaço-de-jogo-temporal, cuja abissalidade pertence ao abismo do seer.

Por que é que tempo e estado se reduzem a algo apenas repelido do "ente" e não se confundem com a inatacável profusão intimamente se essencializando do *entre*, que funda de maneira ab-issal toda proximidade e toda distância, toda recusa e doação, todo encobrimento e toda clareira e que não cabe ao homem nem como um produto da representação, nem ao ente de outro modo como quadros fenomenais? Por que é tão difícil para nós nos libertarmos da desertificação tradicional do espaço e do tempo, nos quais só continuam graçando o cálculo e a planificação; por que permanecemos cegos e insensíveis frente a essa desertificação? Porque só buscamos ou bem a nós mesmos como animais racionais, ou bem o ente na totalidade ou bem a interação dos dois, aspirando a "explicações" (dedução produtiva uma vez mais a partir do ente presente à vista). Porque nós, ignorantes, na fuga em relação ao seer, não pressentimos nada da essência da verdade.

32. Ser e espaço

Confira a essência do espaço indicada na espacialidade do ser-aí (*Ser e tempo*)[11].

Espaço apenas a partir da clareira; para tanto, porém, é preciso superar de antemão a interpretação metafísica do espaço.

Aqui, o espaço é considerado como o "vazio". Evacuar (Espacializar[12]) significa esvaziar, entregar, abandonar.

Visto de uma maneira mais profunda, o espaço é precisamente aquilo que precisa ser ocupado, aquilo que tem de ser assumido, porque ele é o acolhedor, o retentor e o que garante o fechamento.

O espaço espacializa sob o modo do inserir no espaço (arrumar), da concessão de uma intensificação dos êxtases e assim *encantando* na concessão.

---

11. GA, 2, § 22-24.

12. Heidegger parte aqui de uma peculiaridade da língua alemã. O verbo *räumen* que possui uma relação direta com o termo *Raum* (espaço) significa em alemão "evacuar", "esvaziar". Heidegger cita essa peculiaridade como uma repercussão da compreensão metafísica do espaço. Para que este contexto particular ao original não se perdesse, optamos por apresentar uma tradução literal de *räumen* entre parênteses [N.T.].

O χάος como a abertura bocejante também não é o ímpeto do vazio, mas ab-ismo.

33. O seer e o deixar-ser[13]

O deixar-ser do ente como e o que ele é. Acha-se que se alcança algo assim da forma mais pura possível por meio da indiferença, do não fazer nada para tanto e do não retirar nada daí.

Mas o deixar-ser pressupõe inversamente a insistência mais elevada na verdade da essência do seer.

Insistência como a persistência íntima na fundação da verdade do seer, para cuja fundação o homem é indicado quanto mais essencialmente sua essência é arrancada da animalidade e da espiritualidade.

O deixar-ser do ente precisa permanecer o mais amplamente possível afastado de toda insinuação naquilo que é agora efetivamente real como o eficaz e como aquilo que é dotado de êxito.

34. A palavra da história do seer

é plurissignificativa. E, em verdade, ela não "visa" imediatamente a "objetos" diversos, mas diz de modo não objetivo o seer que, como acontecimento apropriativo que resolve em meio à ex-portação, se essencia sobretudo e constantemente de maneira multifacetada e, contudo, exige a simplicidade de sua palavra. Assim como um discurso indeterminado e imagético, "definições" explicativas também não conseguem fazer nada aqui.

Esse dizer multifacetado das palavras da história do seer cria tranquilamente contextos, que uma sistemática calculada nunca consegue encontrar, uma vez que esses contextos retêm em si, além disto, como contextos históricos, sempre e necessariamente em si o seu velado e ainda indecidido; esse indizível, contudo, não é o ir-racional da "metafísica", mas aquilo-que-precisa-ser-primeiro-decidido da fundação da verdade do seer.

---

13. Conferência sobre a verdade de 1930: *Da essência da verdade* (In: GA, 80).

V
Verdade
(Clareira) "Instante"
e
saber
(Insistência no sim)
Proximidade e lonjura

35. Uma referência à questão sobre a verdade

1) A essência da verdade (Conferência de 1930[1]); além disto, preleção de 1931/1932 – interpretação do mito da caverna[2].
2) A origem da obra de arte (Conferência em Friburgo em 1935)[3].
3) A origem da obra de arte (Conferências em Frankfurt em 1936)[4].
4) A essência da verdade (Preleção de 1937/1938)[5].
5) A fundamentação da imagem de mundo moderna por meio da metafísica (Conferência de 1938)[6].

6) Observações à Segunda Consideração Intempestiva de Nietzsche, Seção VI, Verdade e justiça, Exercício 1938/1939[7].

---

1. In: *Vorträge* (Conferências), GA, 80.

2. MÖRCHEN, H. (org.). *Vom Wesen der Wahrheit – Zu Platons Höhlengleichnis und Theätet.* [Da essência da verdade – Sobre o Mito da Caverna e o Teeteto de Platão]. GA, 34. Frankfurt junto ao Main, 1988. [Preleção de Friburgo do semestre de verão de 1931/1932].

3. In: *Vorträge* (Conferências), GA, 80.

4. In: *Caminhos da floresta*. GA, 5, p. 1-74.

5. HERRMANN, F.-W. (org.). *Grundfragen der Philosophie* – Ausgewählte "Probleme" der Logik [Questões fundamentais da filosofia – Problemas "seletos" da lógica). GA, 45. Frankfurt junto ao Main, 1984 [Preleção em Friburgo no semestre de inverno de 1937/1938].

6. Versão impressa sob o título "A época da imagem de mundo". In: *Caminhos da floresta*. GA, 5, p. 75-113.

7. *Nietzsches II. Unzeitgümässe Betrachtung* (Segunda consideração intempestiva de Nietzsche). GA, 46 [Preleção de Friburgo (Exercício), Semestre de inverno de 1939].

7) Preleção do semestre de verão de 1939 (Nietzsche. Vontade de poder, III. Livro, A vontade de poder como conhecimento)[8].
8) *Beiträge zur Philosophie* (Contribuições à filosofia), 1936, Seção: Fundação[9].
9) Sobre Aristóteles, Física B 1 (φύσις), I. Trimestre de 1940, p. 22ss[10].

36. A clareira[11]

É aquilo que precisamos fundar no outro início do pensar e do dizer.

A clareira, porém, na dupla essenciação: *como brasa obscura* da tonalidade afetiva que afina a partir do abismo do seer e *como claridade simples* da suma conceitual sapiente para a insistência no entre.

As duas coisas ainda não foram conquistadas, e, em verdade, ainda não foram conquistadas em sua unidade originária.

As duas exigem a transformação essencial do homem no ser-aí.

A dignidade da verdade do seer frente ao primado do ente e ao suplemento por ele tolerado e utilizado da "entidade" ("ideia" e "valor").

A essencialização abissal do caráter de aí do aí, como o qual se funda a insistência do *ser*-aí em meio ao ente.

O *ser*-aí significa fundar sobre o acontecimento apropriativo e em meio ao entre do ente a clareira em sua essência ambígua em relação à história.

---

8. *A doutrina nietzscheana da vontade de poder como conhecimento*. GA, 47 [Preleção do semestre de verão de 1939].

9. HERRMANN, F.-W. (org.). *Beiträge zur Philosophie (Vom Ereignis* – Contribuições à filosofia [Do acontecimento apropriativo]. GA, 65. Frankfurt junto ao Main, 1989, p. 293-392.

10. O conceito prévio de "metafísica" explicitado a partir do conceito de φύσις de Aristóteles. In: *Metaphysik und Wissenschaft* [Metafísica e ciência]. GA, 76.

11. Cf. acima p. 79ss.

Caráter de jogado e projeto são traços da clareira já concebidos a partir da verdade do seer, mas ainda não descobertos a partir da proveniência da transição da metafísica para o pensar da história do seer.

A clareira não é nunca o vazio, mas a transessenciação mais originária do acontecimento apropriativo como a exportação resolutora do vir-ao-encontro e da contenda – o entre ab-issal.

E cada aí do ser-aí histórico só conquista um fosso do abismo.

37. A verdade como clareira

Clareira significa abertura extasiante, que encobre ao mesmo tempo em si o encanto e o aberto do obscuro.

A clareira acontece apropriando-se do luminoso e exorta à luz e ao seu luzir, a irradiação da claridade.

A luz e o luminoso são ao mesmo tempo a brasa tranquila.

Clareira significa, por isto, concebida em termos da história do seer, sempre também o arder do aberto, a afinação total. O dizer da clareira é afinado.

A clareira como abertura ardente é clareira do seer, que silencia de maneira ab-issal a indigência do fundamento e se apropria em meio ao acontecimento da fundação do dizer com respeito à necessidade, uma necessidade que deixa emergir a liberdade como história no sentido da luta entre decisões essenciais.

O projeto essencial da verdade com respeito à *clareira* teve em seu primeiro início, em sua identidade com a circunscrição essencial da verdade à *correção*, aquele elemento não desdobrado que os primeiros gregos designaram no nome e na figura da deusa ἀλήθεια: algo que traduzimos de maneira simples e pertinente como *desvelamento* e que, contudo, ainda não vislumbramos minimamente em sua inicialidade, desprovidos como estamos do distanciamento histórico adequado.

"Ter-sido-decoberto" e "decisão" se mantêm, em verdade, (em *Ser e tempo*) no âmbito essencial da ἀλήθεια, mas não conseguem alcançar o pleno saber – um saber próprio à história do seer – do inicial, daquilo que permite à ἀλήθεια e à φύσις permanecerem essencialmente unidas.

E de maneira correspondente já se encontra no mito da caverna de Platão (e na tentativa de interpretação de 1931/1932[12]) uma defecção em relação ao início; o translado da ἀλήθεια para a "representação" da alma, ainda que o mito (caverna e ascensão à região da luz) remeta essencialmente à ligação entre ὄν – οὐσία – ἰδέα – ἀλήθεια.

No ἀληθεύειν τῆς ψυχῆς de Aristóteles (apesar de *Metafísica Θ 10*), o desvelamento transformou-se em desencobrimento da alma – a ζωή e o νοῦς dispõem e erigem o desvelamento; e, com isto, se perdeu definitivamente a grande fundação, uma fundação que, porém, nunca – a partir dos primeiros pensadores – chegou a ter sucesso, a fundação da alma e do homem no desvelamento: como a possibilidade decisiva da conservação do início. Desde então, o avanço da *correção* tomou o seu curso e apoderou-se da determinação essencial do "pensamento" e da "razão" e, com isto, também da interpretação da entidade do ente no sentido do ter-sido-representado.

Correção é adequação do re-presentar ao "ente" ou disponibilidade do "ente" no e para o "re-presentar".

A adequação *assegura* com respeito ao ente torna, na medida em que diz respeito ao homem como *subjectum*, o homem certo do ente. A verdade tornou-se certeza e, por meio dela, asseguramento da consistência do *subjectum*; esse asseguramento mesmo precisa se transformar na fixação e na consolidação do ente, mas agora também não é tão essencial saber *o que* o ente a cada vez é, como ele se mostra, mas que ele nos envolve e nos as-segura como algo firme.

A questão acerca da adequação no sentido da concordância e da re-stituição perde em peso e sentido; o elemento assegurador fixado é válido, por mais que não restitua nada – avaliado se-

---

12. *Vom Wesen der Wahrheit – Zu Platons Höhlengleichnis und Theätet* [Da essência da verdade – Sobre o Mito da Caverna e o Teeteto de Platão]. GA, 34. [Preleção de Friburgo do semestre de verão de 1931/1932].

gundo o critério anterior da *adaequatio* - do ente (isto é, daquilo que vem a ser).

Considerado sob este aspecto, precisamente o firme é uma aparência - imaginação - ilusão - falsidade - erro. Mas este caráter se desprendeu da essência da verdade. Se Nietzsche caracteriza por fim a verdade como um "erro", então o decisivo não está, por exemplo, no fato de ele transformar a verdade no seu oposto, mas no fato de a *essência* da verdade, de acordo com um primado da maquinação, ter se transformado uma vez mais da segurança em fixação. A caracterização como "erro" é, por assim dizer, apenas o realce histórico e de modo algum o saber desperto na "vontade de poder" acerca da própria verdade. A veneração da verdade não venera uma "ilusão" enquanto tal, mas a "verdade" que "aparece" no campo de visão do conceito de verdade até aqui como ilusão. Desse modo, contudo, ela também se revela para a vontade de poder como elevação, poetização e transfiguração, razão pela qual, porém, nessa concessão de poder, ainda permanece poderosa a mensuração a partir do "ser", a saber, a partir do "devir" como vontade de poder. Apesar de tudo, Nietzsche se mantém inevitavelmente na via da verdade como *adaequatio*; a consolidação é apenas uma variedade de uma tal verdade.

De maneira pensante, Nietzsche leva metafisicamente a verdade como correção e certeza à sua consumação, mas não pensa e é mesmo aquele que menos pensa de modo inicial. Assim como o pensar inicial, porém, o pensar *derradeiro* também tem a sua própria essencialidade e grandeza.

Por isto, a verdade não pode ser mais o "poder supremo" (Vontade de poder, 853[13]), apesar de ela permanecer incontornável para a vontade de poder. Em contrapartida, veladamente no primeiro início, φύσις e ἀλήθεια "são" o mesmo e único.

A verdade como correção, como fixação é exigida, apreciada, venerada, desejada, porque o homem como *subjectum* se

---

13. *Nietzsches Werke (Grossoktavausgabe)*. Segunda seção, vol. XVI. A vontade de poder. Livros III e IV. 2. ed. Leipzig (Kröner), 1922, p. 272.

comporta em meio ao ente em relação a esse ente e em tudo primeiramente se comporta em relação a si mesmo.

A vontade de constância e presença é até mesmo o fundamento mais velado e próprio para o projeto do ente como "devir" (cf. acima p. 27s., p. 88, abaixo p. 328), na medida em que o devir deve permitir os dois em uma unidade: a permanência da superação e, com efeito, como superação do rígido e do inerte, de modo que na superação constante se essencia uma constância (a saber, do superar) e a *presentação* (a saber, do que precisa ser superado).

Com isto, a vontade de verdade (como correção) ainda não está naturalmente fundada, porque a correção mesma carece do fundamento. Esse fundamento, contudo, é o ab-ismo da clareira no sentido da abertura ardente do entre (do "em-meio-a" e do "entrementes") do instante.

Aquilo que no primeiro início (φύσις - ἀλήθεια) mesmo apenas emergiu e veio à tona como ente em geral, transforma-se aqui no outro início em *acontecimento apropriativo do abismo da decisão.*

Agora no outro início, o ser não se essencia apenas como um ente "em si", mas, essencialmente mais distante e livre de toda subjetividade e objetividade, ele é o domínio da tranquilidade de toda história originária: *a verdade do seer é o seer da verdade, e só o seer é.*

38. Verdade

A verdade - a clareira do seer como recusa que acontece apropriativamente (acontecendo apropriativamente no cruzamento de vir-ao-encontro e contenda) - é o seer da errância.

O erro no sentido da in-constância na clareira emerge da errância. Essa, porém, provém da verdade. A errância não é nenhum resultado de erros, equívocos e confusões, ela pertence à essência da clareira e se funda em sua dignidade que, ao mesmo tempo, está eclipsada pela recusa do seer, uma dignidade que um ser-aí só muito dificilmente consegue suportar.

O verdadeiro como o correto já degradou a errância na incorreção, transformando-o em um construto do homem; a correção (a essência metafísica da verdade, poderosa em múltiplas formas) é a perturbação da essência inicial da verdade, da essência que precisa ser primeiro iniciada; por meio daí, ela é o soterramento de todas as sendas para o questionamento do seer.

39. A clareira do seer e o homem (o "instante")

Por que esse instante abrupto é uma "história mundial" de um modo essencial e abissalmente diverso de todos os "milhões de anos" de transcurso desprovido de mundo? Porque esse abrupto clareia a unicidade do seer e porque aquilo que nem era nem não era fora de ente e não ente recebe o abismo de uma fundação para o ente. Mais iníquo do que o elemento mais fugidio desse instante é a suposta duração do "ente" sem ser, que se gostaria de fixar ulteriormente a partir da clareira desse instante como o já presente à vista e denominar "natureza", a fim de calcular previamente aí o seu caráter fugidio e a sua aparência. Mas mesmo a aparência e o aparecer são clareira, são seer, o único a doar o homem para a sua essência e a retirá-lo de toda comparação com o animal e com o apenas vivente.

Mas decisão[14] *é*: se nós auscultamos e dizemos ou se nós nos arremetemos primeiramente, em um estranho esquecimento do ser, em direção à tarefa de extrair o homem do ente por um cálculo, ainda que por meio da hipótese de catástrofes; pois "catástrofe" permanece apenas uma locução se, desconhecendo acontecimentos apropriativos abissais das origens essenciais, procuramos deduzir tudo do mesmo caldo original chamado "vida".

Mas decisão é: se conservamos a insistência no seer como abismo de todas as fundações do ente e recusamos a nossa essência ao cálculo razoável.

Decisão é isto; quer dizer: já acontecimento da apropriação por meio do seer. Nenhuma mera escolha, mas de-terminação

---

14. O conceito *inicial* de decisão, um conceito marcado pela história do seer, e o caráter de ser-aí insistente em verdade determinado pela história do seer, mas que já aconteceu apropriativamente.

por meio de tonalidades afetivas fundamentais, graças às quais a essência do homem é arrancada à animalidade, a fim de deixá-lo vir-a-ser pela primeira vez em meio à contenda de terra e mundo. Esse arrebatamento é o acontecimento da apropriação a partir do seer. O instante da história do mundo, isto é, do acontecimento apropriativo da verdade do seer, não pode ser avaliado com a cronologia técnico-historiológica. Essencial não é a duração e o caráter fugidio, nem tampouco a mera profusão e o vazio, mas a ab-issalidade como o fundamento do vir-ao-encontro do assinalamento alternante dos deuses e do homem em sua decisibilidade essencial a cada vez fundável.

O "instante" é o repentino da queda de tudo aquilo que é fundável e que ainda resta sem ter sido jamais fundado na clareira do seer.

O "instante" é o repentino do levante do homem em meio à insistência no entre dessa clareira.

O "instante" não possui nada em comum com a "eternidade" do ente no sentido da metafísica como o *nunc stans*, que porta em si todos os sinais e não sinais do tempo calculado.

O "instante" é a origem do próprio "tempo" - esse tempo como a unidade extasiada, que só se submete à clareira e, *por isto*, pode ser assumida como o âmbito projetivo da primeira interpretação do ser, apesar de desconhecida enquanto tal.

O instante não carece da "eternidade", que permanece ela mesma apenas a fuga do perecível em direção ao cerne do sempre-finito sob a aparência do primado do ente presente à vista como o "propriamente" ente, porque de qualquer modo o "permanente".

O instante, porém, também não pode ser degradado ao nível do que há de mais perecível no perecível, algo que permanece claramente apenas como o reverso afirmado de modo aparentemente heroico da "eternidade", apenas como a inversão da metafísica, uma inversão por meio da qual o inevitável é falsificado e transformado no essencial; todas as meras doutrinas do destino, incluindo aí o amor fati, são expedientes da metafísica, tentativas de dizer algo sobre o ente sem perguntar pelo ser. Assim como o tempo originariamente ("ekstaticamente") concebido não é senão o próximo da clareira do seer, o "próximo" que se abate sobre nós na meditação sobre a interpretação metafísica do ser, o "instante" permanece apenas a denominação temporal, feita no sentido daquele tempo, *do repentino* da clareira do seer.

40. Clareira[15] – Proximidade e lonjura

Estamos acostumados a considerar algo assim sempre apenas de modo calculado, à distância, reportando-nos ao "corpo vital" corporeamente[16] estabelecido. O elemento espacial assim apreendido é transferido por nós ao mesmo tempo para o "elemento temporal". Trata-se de uma trans-ferência? Ou será que os dois provêm da mesma raiz – só que o espaço obtém uma preferência e isto não por conta de seu caráter espacial, mas com base na essência temporal do espaço, de sua presentação "simultânea" em todas as suas extensões? A *presentação*, porém, tem a preferência temporal, porque *ela* parece desdobrar o seer em primeiro lugar e de modo extremo. Mas por que isto? De onde provém a irmanação inicial de seer e presentação no sentido duplo de permanência e "presente"? (cf. VII. O seer e o homem). Depois que ele ganha o primado através do tempo, o "espaço" apodera-se do próprio tempo com vistas à concepção *essencial* e isto significa em seguida com vistas à interpretação: o "tempo" como "linha", o "agora" como "ponto", a chegada e o desaparecimento do tempo e, de maneira correspondente, uma alteração de lugar, sem que se apresente a pergunta acerca do "espaço" desses lugares temporais.

---

15. Clareira: é clareira "da" exportação resolutora do vir-ao-encontro e da contenda.

16. Há uma nuança presente no original que tende a se perder em uma tradução mais literal. Na verdade, há duas palavras em alemão para corpo: *Leib* e *Körper*. A primeira palavra designa o corpo em sua dinâmica vital de incorporação e possui mesmo uma relação com o termo alemão *Leben* que significa "vida". *Leib* é o corpo vital em sua dinâmica de corporificação, em seu vir-a-ser próprio. *Körper*, por outro lado, é uma palavra utilizada para falar do corpo físico, inanimado, do corpo como unidade de massa. Para acompanharmos essa nuança do original, optamos pela inserção do adjetivo "vital" para traduzir a palavra *Leib*.

Por isto, o próximo é aquilo que pode ser alcançado em um *curto* período de tempo (espaço de tempo), isto é, como algo imediatamente presente a produzir e representar; de modo análogo se mostra o que está longe. Os dois são computados com vistas aos meios a cada vez disponíveis para a superação da distância. No entanto, na medida em que desta maneira tudo se torna com o tempo próximo, tudo perde simultaneamente o caráter da "proximidade". Neste contexto, a *proximidade* visa àquela "lonjura" que não pode ser alijada por nenhuma superação de um distanciamento e que se funda na essenciação do seer: o manter-se-em-si que emerge da recusa e que, contudo, é retido por ela, algo que é diverso da presença à vista vazia, o outro como o aceno do abismo do seer.

Nos primórdios essenciais, proximidade e distância não são apenas e não são antes de tudo determinações de medidas relativas a distâncias espaçotemporais, mas essenciações do próprio seer e de sua clareira, que empresta pela primeira vez ao "espaço" conhecido e ao "tempo" habitual o aberto; um aberto que, em verdade (concebido a partir do seer), não é aberto algum, mas é algo preenchido e dissimulado pelo cálculo do re-presentar e do pro-duzir desencadeados e apreciados a partir de si. O desaparecimento da "proximidade" e da "lonjura" mesmo no distanciado, o nivelamento dos dois em termos de diferenças numéricas e quantitativas, é já a *consequência* velada do domínio incondicionado do ser no sentido da maquinação da produtibilidade e da representacionalidade do ente.

Proximidade e lonjura precisam ser concebidas em sua essência apenas de maneira *ab-issal*, a partir da essência do seer e para essa essência, elas precisam ser concebidas como acontecimento apropriativo.

Proximidade é o abismo da lonjura, e essa o abismo da proximidade – as duas são o mesmo, o abismo da clareira do seer.

Mas toda tentativa de um cômputo conceitual "dialético" trituraria aquilo que precisa ser pensado e o transformaria em um mero movimento superficial que oscilaria de cá para lá em meio a diferenciações e ligações, destruindo o pressentimento do salto na essenciação do seer.

Proximidade e lonjura pertencem à clareira do seer como acontecimento da apropriação; mas elas não são propriedades palpáveis, apreensíveis para a descrição e úteis para um acordo sobre a essência da clareira. Ao contrário, elas se mostram como *iniciações à decisão* sobre a verdade do seer contra a maquinação do ente abandonado pelo ser, *os sítios atópicos do vir-ao-encontro* da divindade dos deuses e da humanidade do homem no seer, um vir-ao-encontro que retrojeta a divindade e a humanidade para a sua essência abissal.

A origem do espaço-tempo do aí, do qual a espaçotemporalidade da metafísica se arrancou de antemão e de saída como de algo totalmente velado, para então, tendo se tornado obstinada, interpretar tudo a partir de si e expor o não interpretável como supraespacial e supratemporal.

Proximidade e lonjura não estão submetidas a nenhuma medida, e um ente nunca consegue fornecer a medida para o seer.

Proximidade e lonjura são em sua unidade ab-issal o impulso intermediário de todo vir-ao-encontro e a barreira abissal de toda mistura, da qual necessitam o cálculo e a maquinação.

Proximidade e lonjura são a conservação da recusa como a mais elevada doação, clareando o seer, que só se apresenta no entre, mas nunca a partir do ente.

41. O entre do aí[17]

precisa ser considerado de modo *pré*-espacial e *pré*-temporal, se é que "espaço" e "tempo" designam o âmbito objetivo do presente à vista e de sua re-presentação espaçopontual e tempo-pontual. E, em verdade, o "entre" significa o duplamente íntimo de *em meio a* e *entrementes* (instante do abismo).

Esse entre é a clareira no sentido do ardor completo que abre (tonalidade afetiva).

A insistência no aí é a livre-permanência em relação ao ente e, com isto, também pela primeira vez em relação ao homem como aquele, que pode se apropriar de si e ser como um si mesmo.

---

17. Cf. abaixo p. 259ss.

A mesmidade funda-se na insistência. O si mesmo é o fundamento de tu e eu, de nós e eu.

O *subjectum*, porém, é de origem meta-física e subjetividade significa: presença à vista do pura e simplesmente assegurado para o re-presentar.

42. Verdade

Sua essência não reside na correção e na restituição do ente, não reside na certeza e segurança no ente, não reside no elemento firme-válido-obrigatório como o "ente", não reside na incondicionalidade do pensamento, sua essência reside na *clareira do ser* como a indigência abissal da fundação e da divindade apropriadas em meio ao acontecimento. Manifestabilidade do ente *só como clareira do seer*. Clareira do seer – acontecimento apropriativo do ab-ismo.

Com isto, é *exigida* de nós uma relação totalmente diversa com a *verdade*. E qual é a consequência essencial que tem essa exigência? A insistência no entre.

43. A verdade e o verdadeiro

Será que o verdadeiro é apenas extraído das coisas e do ente tal como a nata do leite?

Será que o verdadeiro e aquilo que algo é são apenas impostos ao ente como uma opinião e endossados por meio de um ponto de vista humano?

Será que o verdadeiro é apenas um resíduo do objeto ou um adendo do sujeito? Ou será que ele é em parte objetivo, em parte subjetivo, ou nenhum dos dois? Será que a essência do verdadeiro em geral se movimenta na relação sujeito-objeto?

Por que nos reportamos justamente na determinação da verdade do verdadeiro – de uma maneira correspondente ao comportamento junto à demarcação do ser do ente – ao que é corriqueiro e visado por todo mundo diretamente? E por que ao *efetivamente real*?

44. Seer e verdade e ser-aí

Insistência no ser-aí é a constância do dizer-sim fundado à essência da verdade como clareira do velamento de uma recusa do âmbito da decisão sobre o vir-ao-encontro da humanidade e da divindade.

Dizer-sim e concordar não são, contudo, a mesma coisa. Concordar implica entregar-se e é uma salvação.

Dizer-sim é liberação para a liberdade ante o incontornável e sabido em sua necessidade a partir da subsistência de uma indigência, à qual a concordância precisa ser negada, porque ela fica infinitamente atrás dela.

A concordância tem por consequência o fanatismo como a forma mais extrema da fuga em direção a uma possibilidade de salvação oferecida.

O dizer-sim aponta para o ainda-não-cumprido de decisões que ainda precisam vir a ser tomadas.

As concordâncias podem ser confortavelmente suportadas e os que concordam se sentem como a massa.

Os que dizem sim permanecem necessariamente desconhecidos em sua futuricidade propriamente dita e estranhos até mesmo entre os seus iguais.

O elemento autêntico, que faz jus à essência, só se acha entre os que dizem-sim; eles guardam origens (saltos originários), ainda que não sejam sempre eles mesmos que as levam a saltar.

Os que concordam mentem, porque precisam antes mentir a si mesmos, na medida em que sua concordância se faz passar por uma afirmação, como a liberdade para a libertação da qual, contudo, eles precisam precisamente se desviar.

O dizer-sim é o sim para o fazer-se-não do ab-ismo, é assunção da de-cisão como a qual o próprio seer é e impõe a indigência da fundação do homem e da divindade dos deuses.

Amor *fati* é ainda concordância com o *ente* na totalidade e ainda não se mostra como a vontade essencial, que é apropriada pelo seer mesmo em meio ao acontecimento, da verdade do seer; amor *fati* ainda é predileção pelo obscuro, não a ousadia da unicidade do clarear da clareira, do seer como recusa.

45. Saber e verdade

é a insistência questionadora na essência da verdade do seer, do *ser*-aí propriamente dito.

O saber é mais originário do que qualquer tipo de "conhecimento" e do que todo tipo de "vontade".

Saber é encontrar-se-no-interior da clareira, que é agitada inteiramente pelo encobrimento do seer.

Saber é o único que pode ser afinado propriamente pelas tonalidades afetivas fundamentais.

Saber não tem nada em comum com "consciência", que se mantém total e exclusivamente no aceno de primeiro plano da relação-sujeito-objeto e pressupõe o homem como o animal pensante que se tornou sujeito.

Essa consciência pode se desenvolver como "autoconsciência" e se transformar em consciência incondicionada, abarcando *tudo aquilo que é* consciente e determinando-o em seu ser consciente, convertendo cada ente no ser-consciente incondicionado da razão incondicionada. Assim, a entidade é interpretada com o auxílio do ser-consciente e levada à posição conjunta do copertinente (consonante com a consciência).

Nunca se chega com isto a uma interpretação mais originária do ser e da verdade; ao contrário, a aparência do incondicionado encobre e impede todo e qualquer outro questionamento; a verdade do ser é decidida por meio do estabelecimento da entidade como o ser-consciente e, em verdade, de maneira tão definitiva que essa determinação não pode ser nem mesmo questionada e pensada como uma tal determinação da *verdade do ser*. Ser-consciente é aqui a determinação mais elevada de uma forma tão incondicionada, que pode ser equiparado ao "seer" mesmo e, por isto, para Hegel (na *Lógica*), assumir a denominação inicial "ideia": o ter-sido-visto do "ver" incondicionado que se examina, isto é, a apreensão da razão: a "ideia absoluta"; na medida em que se fala aqui de "saber", tem-se em vista a re-presentação da entidade do *ente*, não o encontrar-se-no-interior, o estar-afinado na clareira do seer.

Saber é o sim para a questionabilidade do que há de mais questionável; dele emerge sempre a cada vez a concordância com o "ente". Su-portar a questionabilidade na insistência significa: sustentar a *essência* do homem e a decisão para ele em meio à prontidão para um assinalamento à fundação da *verdade* do seer; esse su-portar é o esperar pelo acontecimento da apropriação: que a essência do homem encontre no seer o espaço-tempo da exportação resolutora.

46. Verdade e feito

Onde o "feito" é considerado como o verdadeiro e o feito como ação, isto é, como intervenção de um fazer humano em meio ao presente à vista, é preciso ter se dado previamente um longo tempo no qual o feito possa se desdobrar e se transformar em algo útil. Para um presente curto, comprimido ao diário e surpreendente, "sucessos" e "vantagens" podem se tornar claramente visíveis e, a saber, não deixando se destacar ainda no caráter público de suas consequências a nocividade neles oculta. Assim, a utilidade não segue de maneira alguma passo a passo o feito; e permanece em aberto, se mesmo a utilidade explicitamente contestada comprova o verdadeiro de um feito. Talvez, porém, não se possa omitir a pergunta de saber se a essência do feito pode ser algum dia preenchida por toda "ação" e "fazer", por mais abrangentes e impressionantes que eles sejam. O feito só é um feito quando, ao invés de trazer consigo algo verdadeiro, que precisa permanecer atrelado à utilidade, deixa reluzir a essência da verdade como algo questionável em meio ao indecidido. O autêntico feito libera para a liberdade, isto é, para a insistência do pertencimento ao seer.

47. Verdade e utilidade

"Não há nenhuma postura que não possa encontrar a sua derradeira justificativa na utilidade dela procedente para o conjunto". Adolf Hitler 30. I. 39[18].

---

18. Discurso do Führer diante do primeiro aniversário do grande império alemão no dia 30 de janeiro de 1939. Imprensa do Banco Imperial, 1939, p. 19.

Quem é o conjunto? (Uma forte massa humana de 80 milhões presentes à vista? Será que esse conjunto é transposto para o interior do direito de exigir sua subsistência por meio de sua presença à vista?)

Como é que esse conjunto é determinado? Qual é sua meta? Ele mesmo é a meta das metas? Por quê? Em que consiste a justificação para o estabelecimento de uma tal meta?

Quando é que a utilidade de uma postura é fixada? Onde se acha o critério para a utilidade? Quem fixa a utilidade? Por meio do que se justifica a cada vez essa fixação? Aquele que assume uma "postura" também pode ao mesmo tempo julgar sua utilidade e nocividade?

Por que a *utilidade* é o critério da legitimidade de uma postura do homem? Em que se funda esta sentença? Quem determina a essência da humanidade?

De onde é que a remissão à utilidade como critério de verdade retira a sua inteligibilidade? Inteligibilidade é um fundamento de direito.

O que é o "conjunto", senão a ampliação quantitativa de uma determinada concepção do homem como um indivíduo singular?

O que significa *postura*? Já se alcança com ela o elemento essencial do ser humano – se não, o que significa, então, a justificação da postura por meio do conjunto e da utilidade para o conjunto?

Já não reside neste conceito de "postura" a recusa a toda questionabilidade essencial do ser humano com vistas à sua relação velada com o seer?

O homem não é aqui fixado de antemão de maneira definitiva com vistas ao empreendimento e ao domínio do ente (e esse no abandono do ser)? E o que são "ideias"? Elas não são consideradas como nomes para a derradeira antropomorfização de tudo aquilo que o homem ainda continua conseguindo criar para além de si, de modo que ele é necessariamente degradado por meio das "ideias" a um ponto abaixo de sua própria essência? "Ideias" não são fantasmagorias, que só servem a um eterno desenrolar e revolver-se da "vida" e que encerram o homem como "ser vivo" completamente em sua animalidade?

Todas as “posturas”, juntamente com o conjunto de um “povo”, não são jogadas nas goelas do “ente”, na medida em que postura e conjunto sempre giram apenas em torno de si mesmos?

E não reside em um tal jogar-se-fora no ente a derradeira recusa ao apelo inicial essencial feito ao homem para lutar pela *essência* dos deuses e pelo tempo-espaço de sua essenciação por meio do salto sapiente no *seer*?

VI
O seer (Ab-ismo)

48. O seer

Ainda que o conceito literal e sua delimitação permaneçam em um âmbito provisório e esse âmbito seja uma vez mais passível de uma má interpretação, na medida em que se desperta a aparência de uma mera dissecação conceitual, é preciso de qualquer modo que, em meio à indiferença geral do pensamento, se empreenda algo primevo sobre o significado da palavra "seer". A observação sobre tal necessidade ainda se movimenta totalmente no interior da concepção usual da linguagem, segundo a qual essa é a expressão elocucionável e fixável por meio da escrita de um "significado"; enquanto no fundo mesmo a linguagem só se determina a partir da essência do seer (cf. 71. Deuses e o seer, p. 195).

Ser é compreendido desde o início do pensamento ocidental a partir da contraposição com o "devir". Uma consequência e, ao mesmo tempo, a determinação definitiva dessa essência do "ser" como o "permanente", constante, uma determinação que repercute ainda uma vez em Nietzsche, é a "metafísica" de Platão, sim, a própria metafísica.

Em meio a essa concepção, porém, separa-se algo do ser que, contudo, não "é" um nada, ou seja, algo que *é* – o que vem a ser – (como aquilo que surge e perece, in-constante). O seer não pode ser de modo algum determinado a partir da oposição em relação a "algo"; nem mesmo como oposição ao nada, porque ele mesmo é também a origem do nada – e isto não incidentalmente, mas em essência.

Só quando começarmos a pensar o seer de um modo tão originário, estaremos de forma questionadora fora de toda metafísica e, com isto, de todo primado de um ente.

Mas ao mesmo tempo também se mostra que este ponto de partida junto à elucidação vocabular não é suficiente; em verdade, essa elucidação também já é essencialmente abandonada, sem que possamos dizer ao mesmo tempo o que aconteceu. Apesar disso, não se necessita de nenhum outro âmbito de questionamento. Ao contrário, basta a meditação sobre a palavra e o seer. Mas isso é certamente o mais difícil.

49. O seer

A determinação metafísica do ser como entidade compreende essa entidade como presença e constância; à luz desta interpretação, o ente é considerado como o ἀεὶ ὄν e, em retroreferência ao ser, esse ser mesmo se torna o maximamente ente, com isto, o que há de mais constante e presente. As coisas ainda se dão desta maneira precisamente com Hegel, no momento em que ele concebe o ser como o imediato e indeterminado, um "conceito" que não é alijado no conceito absoluto, mas apenas suspenso, de modo que o conceito absoluto é codeterminado *a partir* do imediato e o puro ente presente à vista se mostra ao mesmo tempo como o vazio.

De acordo com essa interpretação metafísica do ser, é preciso que nos choquemos com todo o hábito do pensamento e da representação, quando pensamos o ser em sua unicidade e singularidade. Mas não se trata aqui de uma simples oposição ao conceito metafísico de "ser", uma oposição que é estabelecida pelo "devir" e copertence como oposição ao âmbito de instauração do pensamento metafísico.

A unicidade e singularidade do seer não são propriedades propostas ou mesmo determinações consequentes, que podem ser alcançadas a partir da relação do ser com o "tempo", mas o seer mesmo é unicidade, singularidade, que sempre deixa o seu tempo, isto é, o espaço-de-jogo-temporal emergir a cada vez; essa unicidade não exclui um uma-vez-mais, mas ao contrário o inclui.

Tampouco se tem em vista aqui, contudo, o "repentino" e o "instante", todos eles ainda pertencentes à região da determinação metafísica do ser.

A verdade do ser na interpretação metafísica já é, porém, a referência a algo único, cuja unicidade não é tocada pela duração e tenacidade do pensamento metafísico. Assim, no entanto, fala apenas a defesa.

Todavia, não a defesa de “opiniões”, doutrinas e pontos de vista, mas a repulsa de uma história do próprio seer, uma história por meio da qual o seer mesmo caiu sob a predominância do *ente* em sua essência marcada pelo caráter do primeiro início, mas não retida.

Essa repulsa já é apenas o reverso de um questionamento que ousou se projetar em direção a algo inquestionado. Nós denominamos esse inquestionado o “aí”, a clareira na qual não se pode encontrar mais nenhum *apoio* no ente (para a determinação do ser), mas também nenhuma *fuga* para a entidade como algo há muito fixado para sempre (a autoevidência do ser).

A clareira do aí, uma clareira na qual o sem apoio e sem refúgio vigoram, não é, contudo, o vazio. Se a tomarmos assim, então *voltaremos a olhar de soslaio* para o ente e para a entidade; não *perguntaremos*, então, e não ousamos o indecidido e o que vem ao encontro a partir de si. Mas se questionarmos, se nos colocarmos totalmente à escuta e obedecermos a essa clareira, então também já *teremos sido* apropriados em meio ao acontecimento por aquilo que na clareira se essencia - *a recusa*.

O que aconteceria se o seer mesmo fosse isto - o acontecimento apropriativo, que *se* (ao seer) assinala ao homem, na medida em que o remete para o encontrar-se questionador no aí, para que ele questione aí, então, a essência de sua humanidade histórica - o assinalamento ontológico como guarda para a verdade do seer - e subsista em meio ao questionamento?

O que aconteceria se o seer mesmo fosse isto - o acontecimento apropriativo como recusa, que se superapropria assim ao mesmo tempo do homem remetido de volta à sua fundação essencial e o lança para o interior do caráter indecidido daquilo que carece dessa recusa clareada para deixar chegar até si acenos do velado da divindade dos deuses, de sua proximidade e lonjura sem sítios.

O “*sem* apoio” e “*sem* refúgios” da clareira do aí não se mostram como nenhuma falta, mas também como nenhuma posse.

Eles são aquele estar atraído por todo ter e não ter (produção representacional), que se torna um aceno para a recusa que o transessencia, uma recusa que doa por um lado o homem para a questionabilidade de sua essência e os deuses por outro para a penúria do seer.

O ser como entidade do ente *encontra* o homem em seu curso por meio do usufruto representativo-produtivo do ente, a fim de logo esquecê-lo (o ser) e em seu esquecimento ter a referência suficiente (como não referência) a ele. A determinação do ser respectivamente ulterior que provém de um tal esquecimento estabelece, então, o ser necessariamente como o prévio (*a priori*), um estabelecimento por meio do qual o ser se torna cada vez mais indiferente e, na *in*diferença, cada vez mais constante; e isto até ser fixado, por fim, como o pura e simplesmente presente à vista, imediato – o vazio ao qual, contudo, com base na metafísica, o homem colocado no centro do ente não honra mais nem mesmo com um desprezo. É só com esse voltar as costas para o ser que se consuma o esquecimento do ser, um esquecimento que se transforma em um "estado" da humanidade que simplesmente *não* parece se dar.

O ser como seer, porém, como abismo para todo ente, nunca é *encontrado* pelo homem, porque o seer só ganha o aberto, na medida em que se apropria do homem em meio ao acontecimento sob o modo da superapropriação junto ao assinalamento digno de questão àquilo que é como recusa (como ele mesmo) a penúria dos deuses.

O seer como o acontecimento apropriativo da recusa preserva a sua unicidade na singularidade de sua clareira. Por meio dessa clareira, o essencialmente *impotente* se transforma no estranhamento em relação a todo ente "como de costume" (atuante). Esse ente é disperso em sua ausência velada de fundamento e se arranja para os deuses o tempo-espaço de uma proximidade e lonjura.

O inabitual do seer nunca se confunde com o apenas incomum e insólito no interior do ente, mas tem o todo do ente contra si. Para dizer de modo rigoroso, o discurso sobre o *in*-habitual não é suficiente, na medida em que o seer se essencia fora daquilo com o que estamos acostumados e desacostumados e requisita a partir de sua unicidade aquela raridade que se subtrai a todo cálculo historiológico. Se levarmos em consideração o fato de, *tão somente uma vez* na história do ser, o ser ter se iniciado e de a história ser de qualquer modo apenas uma sucessão e uma imitação do início, então apreciaremos mais ou menos qual é a requisição que o próprio seer faz ao homem que ousa colocá-lo em questão, para que a sua verdade se torne o fundamento do ser humano.

50. O seer: o ab-ismo

Assim, pensamos o seer a partir do fundamento e por meio do ab-ismo, que temos de pensar para o fundamento. Mas como alcançar algo assim, sem, contudo, pensar antes de mais nada o ser? Mas "*nós*" pensamos o seer? Ou o seer "*é*", na medida em que se apropria em meio ao acontecimento do pensar (não uma representação qualquer, mas o seu questionamento[1]) e em que se dá, com isto, uma essenciação do homem?

O questionamento do seer não é nunca um "engendrar" o ser, de tal modo que esse se tornaria somente algo pensado.

O questionamento é o alcançar, que se apropria em meio ao acontecimento, a clareira da recusa, uma clareira que, *como* clareira da *recusa*, se amplia sem apoio e sem refúgio até o ab-ismo, que *é* a essenciação do seer mesmo como sua verdade.

Não somos nós que "produzimos" no ser uma rup-tura, não somos nós que o interpretamos "como" fundamento. Ao contrário, na essência do seer como recusa abre-se pela primeira vez *com o ab-ismo*[2] o elemento fundacional e o nada que emerge com a origem (o salto originário) e transpassa de maneira imperante todo vir-a-ser da negação.

Nunca encontramos um "lugar" (por exemplo, como "defronte" e "acima" do homem) para o seer; ele nunca se deixa classificar no interior de uma "ordem".

---

1. Questionar: a insistência que se apropria em meio ao acontecimento na clareira da exportação resolutora.

2. Em que medida?

Pensado como ab-ismo, ele não é interpretado a partir do outro de si mesmo, mas *ele* doa pela primeira vez a essência do ab-ismo, ao qual pertence certamente o pensar do seer sempre de um modo a cada vez diverso segundo a sua orientação e a amplitude de seu risco (O espaço-de-jogo-temporal do aí como primeiro plano do abismo e só a partir dele uma vez mais o "tempo" na unidade de sua essência extasiada, projetada assim, porém, como verdade do ser e historicamente experimentável na verdade da οὐσία – φύσις).

VII
O seer[1] e o homem[2]

51. O seer e o homem

Se o seer ganha inicialmente a palavra como φύσις e se φύσις e φάος dizem o mesmo em sua multiplicidade: clareira emergente no diálogo de abertura e ardor, então a experiência metafísica inicial do homem como ser vivo que possui o λόγος também traz consigo a experiência do homem como o ser que "tem" a brasa, o fogo – o único ser que pode fazer "fogo" –, então o "fogo" não é apenas um "meio" da τέχνη (cf. 63. A técnica) como incêndio e claridade, mas como clareira – ἀλήθεια – o fundamento de sua essência. Neste caso, Prometeu não trouxe pela primeira vez o "fogo" aos "homens" como um adendo, mas o homem só se tornou homem por meio desta ação do titã, do deus mais antigo contra os mais jovens; neste caso, decide-se desde o início na τέχνη a possibilidade da maquinação como a ausência de fundamento da clareira[3]. Então, o primeiro início da *história* do homem precisaria retomar plenamente a sua inicialidade não desdobrada a partir do dizer do outro início. A referência da essência do homem ao seer e a essência do próprio ser precisariam ser pensadas de maneira mais radical do que a metafísica conseguiu fazê-lo até aqui com vistas ao seu próprio início.

Todavia, isto não seria apenas um aprimoramento do conhecimento historiológico, mas o impulso para uma lembrança essencial do homem, por meio da qual ele chegaria a se encontrar na lonjura próxima em relação ao seer e à sua recusa e poderia assumir a partir deste estado do ser mesmo uma insistência na verdade do ser.

---

1. φύσις – φάος
\ /
(Clareira)

2. Cf. 54. A fuga da essência do homem; "Antropomorfismo" – "Subjetivismo": concebido em termos da história do seer; palavra e linguagem.

3. A verdade do seer como metafísica.

Em termos da história do seer, portanto, essa insistência é a dominação impotente da maquinação, cujo poder só rui, quando ela alcança aquela concessão de poder à sua superpotencialização, que não passa mais como irrestrita ao largo da única coisa que está subtraída à sua violência: a ausência de fundamento da verdade *do* ser, que é ela mesma maquinacional.

52. O seer e o homem

O ser (entidade) é algo feito e posicionado pelo homem. O homem? O possível acontecimento da apropriação do seer (como ser-aí).

O seer? O acontecimento apropriativo da recusa livre de poder, da recusa clareante, do fundamento – o ab-ismo como entre, como aquilo a partir do que “entrementes” o aberto é portado como ente para o interior da contenda.

Por que tudo está colocado, porém, nos termos *desse* ou – ou? Ele é o próprio?

Ou tão só o seguinte: *o seer ou o ente. O homem* como *guardião do entre*, não antes, não acima, mas *su-portando-o*.

A palavra.

Não mais de modo moderno: sujeito – objeto, mas *ser-aí – seer.*

A cada vez o homem está em jogo, a cada vez de uma maneira “diversa”; em verdade, incomparável, porque o sujeito não é substituído pelo ser-aí e o objeto tampouco pelo seer; porque em geral uma tal contraposição de fórmulas literais induz em erro e aqui precisamente se entulha ou se cobre o abismo que há entre os dois “modos”.

Sujeito – objeto: aqui o homem é posto em cena e assegurado no empreendimento de sua segurança.

Ser-aí – seer: aqui o homem é colocado em jogo como guardião do que há de mais questionável.

O “puro” “objetivismo” do emergir no oni-vitalismo é a consumação mais velada do “subjetivismo” no sentido do domínio incondicionado do poder do homem como “sujeito”. Agora, o objetivo e o subjetivo são igualmente óbvios. A completa ausência de questão como a máscara da impotência.

Por que o ou - ou, assim perguntamos uma vez mais, entre ser como produto e o homem como apropriado em meio ao acontecimento?

Não poderia haver uma relação do tipo em parte - em parte, o ser em parte como algo feito - em parte como "algo" por *si*? De onde provém esta possibilidade de uma divisão em partes?

Por que em geral: o seer e o homem?

Abandonemos de qualquer modo tudo ao "ente"! E essa entrega - não se trata, por exemplo, de nenhuma decisão?

Portanto, algo assim está em jogo - uma necessidade da decisão? E essa decisão pode ser considerada como incondicionada ou só sob a condição de que o homem ele mesmo seja e, com ele, o que ousa e *o que irrompe* - seja o que foge, seja o que ataca - ou o *deixado sereno*[4] do deixar-ser do seer.

*

A antropomorfização do ente na totalidade a partir da antropomorfização do homem, essa antropomorfização fundada no estabelecimento do homem como animal; o esquecimento do ser do homem - o abandono do ser do ente, mas só em seguida se desenvolvendo.

O *perguntar-diante-de-si* do homem, um perguntar por meio do qual ele é portado para o interior da transformação de sua essência, não de volta a si como ao situacional; mas *como* diante de si? O comportamento "humano" (significa?), o para que do próprio comportamento? Também "humano". O *sobrepujar - sobre o quê*? Abismo - Algo *entre*! *O seer*!

---

4. Há um jogo de palavras no original que se perde na tradução. Em alemão, o verbo *lassen* (deixar) forma no particípio o adjetivo *gelassen* (sereno, solto, relaxado). *Der Gelassene* é, assim, tanto "o deixado" quanto "o sereno". Para acompanharmos esse jogo de palavras, optamos por acrescentar o adjetivo sereno ao lado de deixado.

53. O ente – o seer – o homem

Tenso no (ente) que lhe é desprovido de clareira "é" tudo apenas "ente".

Um nunca pertence ao seer; nem é acessível para o ente enquanto tal.

E onde o ente *parece* se abrir para o ente como no animal, tudo permanece coberto apenas pelo ambiente, que se chama assim porque nunca consegue dar nada a um tal que jamais consegue pegar ou carecer; pois um tal bem só se essencia na clareira do ser, clareira essa que doa ao ente o aberto.

Só ao homem é própria a pertinência ao seer, porque ele é apropriado em meio ao acontecimento pelo seer e ele (o seer) mesmo é o acontecimento apropriativo e "apenas" isto.

E por isto o longo acontecimento da desapropriação, por isto a aparência que chama constantemente a atenção de que o seer seria o vazio da entidade, degradado no nível do suplemento da mera representação de objetos.

54. A fuga da essência por parte do homem (Corpo vital – espírito – alma)

Mesmidade não retrorreferência a si – egoidade ou determinação-do-nós.

Mesmidade – insistência na verdade do seer. "Referência" ao seer. Todo discurso sobre a referência ao seer é errôneo, logo que e na medida em que sempre se tem em vista aí algo do gênero de um *objeto (de algo contraposto)*, algo apartado.

Fuga da essência. A partir de onde conhecemos a essência do homem? E nós podemos conhecê-la? E em que vemos e posicionamos a essencialidade da *essência*? Nem *conservação*, nem elevação, nem superação "do" homem (até aqui), mas pela primeira vez um saber acerca de sua essência e a história das consequências essenciais; o homem como animal, por isto corpo vital – alma – espírito; espírito apenas consequência e agregado da animalidade.

Muita coisa com certeza daquilo que é legado como realmente experimentado e apreciado movimenta-se no espaço, que é atravessado de maneira mensuradora pela fuga da essência.

O seer apenas a partir do ser-aí. Como é que acontecia, contudo, até aqui? Em que medida a *entidade* é de qualquer modo um rastro do sem rastros; mas um rastro ininterpretável. A dispersão consolidada no ente. O continuar se mantendo nele. A aparência da liberdade desta postura. Essa liberdade como ramificação no que se encontra soterrado da clareira.

O fato de o homem passar sem o seer, desprezando-o, o fato de o seer não atentar para aquilo que é totalmente des-necessário (desprovido de indigência) e, por isto, o fundamento da ausência de indigência.

A solidão do vir-ao-encontro. O silenciamento da tonalidade afetiva. O impotente do acontecimento da apropriação.

Só o homem é evasivo em relação à sua essência e essa fuga determina sua história.

À fuga da essência não pertence apenas o desvio ante si mesmo no sentido do mero esquecimento de si. O si mesmo pode ser muito mais buscado e resguardado, cuidado e elevado e, contudo, o homem pode continuar na fuga em relação à sua essência.

55. O seer e o homem

O seer é dependente do homem; isto quer dizer: a essência do seer alcança a si mesma e recai na perda da essência, sempre de acordo com o fato de a *essência* do homem - a referência ontológica do homem - ser essencial para o homem e o fundamento da "humanidade". O seer é, por conseguinte, entregue ao homem - à respectiva essencialidade do homem. Mas como isto se dá?

O seer chega por meio daí à serviçalidade em relação ao homem ou será que é apenas o homem que cai vítima de sua in-essencialidade, uma contrapartida do seer - da recusa?

Mas como se dá, então, a dependência do seer em relação ao homem? Ela é tolerada pelo seer, na medida em que ele concede como acontecimento apropriativo ao apropriado em meio ao acontecimento (àquele que é assinalado a ele (ao seer)) ser em uma tal liberdade que só é fundada pela referência ao ser. A liberdade transforma-se aí em autodeterminação, enquanto o si mesmo, contudo, é considerado como o já presente à vista (a saber, como o racional, o que representa e produz o ente) em meio ao exercício da vontade e do planejamento. Liberdade, portanto, é ao mesmo tempo e definitivamente abandono da liberdade; pois a *renúncia* a interrogar a essência do si mesmo no sentido da pertinência ao ser decide tudo. O homem opõe-se à verdade do ser e à sua questionabilidade.

O opor-se, porém, sem que se saiba, é falsificado e transformado no destacar-se e desprender-se para o empreendimento do ente ("mundo"), cujo (estabelecido como fundamento) centro deve se tornar e continuar sendo o sujeito.

Quanto mais se considera o ente como efetivamente real, tanto mais eficaz também precisa se tornar o "sujeito", tanto menos ele ainda pode se manter como "espírito", "saber" e conhecimento, tanto mais ele precisa se arrogar como cheio de vida ("corpo vital" e "alma"), de modo que um dia a "vida" acaba por se equiparar ao ente na totalidade e a essência do homem se determina como vida e a partir da "vida".

A animalidade do homem (ζῷον, animal) conquista agora a sua vitória; o que não significa que agora tudo é pensado "animalescamente". Por ser inequivocamente tosco, algo deste gênero também permaneceria inofensivo. Dizer que a *animalidade* vence significa: "corpo vital" e "alma" como as determinações iniciais e constantes (como quer que venhamos a concebê-las) do *animalesco* assumem o papel da essencialidade no interior da essência do homem. Tão antigo quanto a animalidade do homem é também o *pensar* – a razão, νοῦς, ratio, o "espírito" como determinação essencial do homem. E há muito tempo impera a ordem hierárquica *corpo vital – alma – espírito*; e, em verdade, por diversas razões: em última instância, porque o espírito como a "alma" do entendimento e da razão é suposto como o mais efetivamente real e o mais eficaz na produção e representação (*actus purus*), até que, com a inversão do platonismo por meio de

Nietzsche, o espírito pôde ser despotencializado e transformado no adversário da alma (da "vida"). A vitória da animalidade receia, em verdade, depôr pura e simplesmente o "espírito" e expô-lo como um epifenômeno da "vida". Por isto, atiça-se um pseudo-embate entre aqueles que defendem o "espírito" e aqueles que gostariam no fundo de negá-lo. Em verdade, porém, as pessoas já chegaram há muito tempo - sem saber por que - a um acordo; os negadores do "espírito" o querem ver apesar disto protegido e os defensores o negam, contudo, na medida em que procuram se salvar por meio de um truque e reorganizam aquela hierarquia acima mencionada, para que o "espírito" seja bem assumido agora no ponto central entre o animal, o corpo vital e a alma; diz-se agora: corpo vital - espírito - alma. Todavia, tudo permanece a mesma coisa, ou seja, o esquecimento do ser há muito concebido em uma marcha acelerada impele à sua consumação; pois cada vez menos se consegue saber o que significa propriamente "espírito", depois de ele ter se tornado há muito tempo a concepção anímica da *ratio* e ter fundado essa *ratio* no sujeito.

Acredita-se que se está movendo em uma "luta" pela essência do homem e da "vida", não se vislumbra o fato de essa "luta" não ser outra coisa senão a fuga ante a questionabilidade do seer.

A luta contra o "espírito", assim como também a "mendacidade" do sim e não simultâneos a ela é o empreendimento do esquecimento do ser.

Mas mesmo a defesa do "espírito" imerge no esquecimento do ser, na medida em que o "espiritual" é apenas uma região da "cultura" e do gosto, da eticidade e da crença. Aqui como lá, o "espírito" retira a sua determinação da animalidade do homem.

A fórmula essencial usual para a determinação animalesca do homem é: unidade de corpo vital - alma - espírito; o espírito tem a posição hierárquica mais elevada e também determina, por isto, ainda que de maneira bastante indeterminada, a "unidade" (ou será que essa unidade reside *antes* desta triplicidade? E como o quê?).

Nessa fórmula essencial, a animalidade do homem está aparentemente subordinada e refreada, apesar de, segundo a sua *es-*

sência, o "espírito" só permanecer de qualquer modo experienciável *em consideração à animalidade*.

A fórmula atual: corpo vital - espírito - alma é mais clara no que diz respeito à animalidade e, com isto, mais decidida na recaída do que se tinha até aqui. *Corpo vital e alma* - o animalesco enquanto tal abarca, domina e delimita o "espírito".

Ao mesmo tempo, contudo, essa fórmula que, expressando uma recaída, gostaria de ser justamente "nova" é necessariamente mais ambígua e isto significa ainda mais indecisa e cheia de covardia ante uma decisão pensante. Ela é, apesar de estar aparentemente dirigida contra o cristianismo e o catolicismo, católica no sentido mais autêntico do termo, na medida em que se pode fazer tudo com ela e em que se permanece ao mesmo tempo protegido contra tudo com ela. Trava-se aqui o predomínio do espírito (ao mesmo tempo, então, ainda mal interpretado como "intelecto") e prega-se o "caráter", o animal e o instinto. Mas não se alija efetivamente o "espírito". Ao contrário, ele é colocado no ponto central, o que dá a impressão de que ele se acha agora protegido e defendido. Considera-se naturalmente como necessário se proteger contra a repreensão por barbarismo.

Agora, tudo está em ordem - sob o teto protetor da animalidade (corpo vital - alma) pode-se acolher de maneira jovial e alegre (assim o parece) todas as conquistas espirituais de toda a história, ou seja, é possível se entregar agora ao historicismo em uma tal medida, que o historicismo do século XIX parece anão.

Há agora uma gigantesca satisfação nas "ciências" - sobretudo nas ciências do "espírito" (ciências humanas) - quanto as possibilidades recém-oferecidas de descobertas e refutações da ciência até aqui. Há um sentimento de que se está ratificado e requisitado em sua "espiritualidade", de que é um prazer "viver" - e, não obstante, não se trata aqui senão do desabrochar dos impulsos selvagens e longos de uma ausência de decisão do homem no interior do crescente abandono do ente por parte do ser. Seu triunfo extremo é a ausência de pressentimentos quanto a si mesmo: a fuga da essência por parte do homem torna-se um "pânico" mais ou menos velado.

56. Ser-aí e Ser e tempo[5]

"O ser-aí do homem"

poderia designar o estar-presente-à-vista aqui e agora do animal racional, *o fato* de "haver" um ente assim; também poderia designar o mesmo, em verdade, mas em uma distinção conceitual: o modo como o homem é, a propriedade de sua *existentia* em contraposição à *essentia*.

O homem é aqui sempre o sujeito, ao qual é atribuído um modo de ser.

A denominação do ser-aí em *Ser e tempo* e mais tarde, contudo, está cindida de tudo isto por um fosso impassível de ser suplantado.

O ser-aí é o fundador de uma transformação essencial do homem, daquilo que é "do" homem possivelmente em um sentido totalmente diverso e ainda a ser fundado deste "genitivo".

O ser-aí – o sítio de sua essência resguardado para o homem a partir da fundação inicial da verdade do seer.

*

O que é assim denominado e na denominação é fundado não é

1) *nem* em geral um "resultado" no sentido de algo presente-à-vista previamente encontrado; ele é muito mais algo que chega a essenciar-se no projeto que salta e no salto projetante e somente assim (designa-se *hermenêutico-fenomenológico*; não se compreende como visão "platônica" das essências, mas como projetar questionadoramente interpretativo – dirigido por uma *concernência* e por uma conceptualidade prévia; é "*filosófico*", ou seja, "ama" a verdade do ser e essencialmente *histórico*);
2) *nem*, porém, como tal projeto apenas um projeto do *ser* humano; (neste caso, o homem estaria – por alguma razão qualquer, por exemplo, seguindo intenções consonantes com o tempo (intenções "antropológicas") – separado por si e se-

---

5. Cf. 79. *Ser e tempo*.

ria considerado "filosoficamente"). O projeto mais amplo e mais inicial com vistas ao ser-aí é muito mais o projeto do homem *com vistas ao* assinalamento à verdade do seer e *a partir* dele; o *seer*, porém, é o *que há de mais questionável*; ("*Pode*-"se ler e utilizar *Ser e tempo* - desconsiderando tudo aquilo que há aí de decisivo - como "antropologia" e como uma espécie de "ética existencial" e coisas do gênero; tudo isto, contudo, não possui nada em comum com a *única vontade pensante* deste ensaio: com o desenvolvimento questionador da questão do ser como a questão acerca da verdade do ser).

3) O *ser*-aí é a fundação da verdade do ser em uma transformação do homem a partir da decisão pelo *seer*; toda dignificação é voltada apenas para o seer, apesar de ele não ser o "derradeiro" e "primeiro", mas o único no "entre" como ab-ismo. - Por isto, "o *ser-aí*", *não é comparável em parte alguma; não é o objeto de uma doutrina* ("Pesquisa" significa em *Ser e tempo questionamento* essencial, não "explicação" de algo presente à vista). - Ser-aí - ele mesmo apropriado em meio ao acontecimento no acontecimento apropriativo - nada que façamos, mas apenas em meio à dignificação do que há mais de mais questionável a-ssumir *venerando* e na a-ssunção "encontrar" pela primeira vez.

Como ainda não se compreende a questão do ser e, com isto, também não o ser-aí, como se continua considerando o ser-aí como "sujeito", chega-se à estranha exigência de que o sujeito particular (em *Ser e tempo*) precisaria ser substituído agora pelo sujeito popular. Pobres diabos!

O essencial da resolução não reside em uma suposta "atividade" "subjetiva" do indivíduo particular, mas na fundação marcada pelo caráter de ser-aí do homem transformado, na abertura essencialmente outra, isto é, primeira para a verdade do ser enquanto tal, na destruição da relação sujeito-objeto como a relação normativa e fundante, na superação de toda metafísica.

Ela é a insistência no encontrar-se-exposto para o aí: o *ser*-aí; a assunção do *caráter de aí* como a clareira do ab-ismo do ser; esse ser, porém: o *entre* em relação a todo "ente".

A insistência "do" homem - que precisa ser compreendido como *genitivus essentialis* - quer dizer: nós tomamos na mais próxima captação a insistência como uma propriedade atrelada ao homem e pressupomos o homem como o "sujeito" já determinado. Na verdade, isto é, no sentido *deste* pensamento, a *insistência* é a determinação saliente do fundamento da essência "do" homem, na qual apenas ele pode ser experimentado em sua essência - *insistente*. A insistência constitui a *essentia*, da qual somente o nome "homem" extrai a sua força essencial de nomeação.

Apesar de toda aparência *moral* superficial e *de acordo com* o questionamento único em *Ser e tempo* acerca da verdade do ser, a *propriedade* precisa ser concebida exclusivamente e a cada vez antes com vistas a essa verdade como "modo" de ser o "aí", um modo no qual acontece apropriativamente o acontecimento da apropriação do homem para a copertinência ao ser e à sua clareira ("tempo").

"Propriedade" é uma determinação que supera a metafísica enquanto tal, correspondente à *im-propriedade*, que pensada "existencialmente" com vistas à questão do ser e a partir dela visa ao perder-se no *ente*, isto é, ao predomínio do ente mesmo e de seu sombreamento do ser, e de tal modo, em verdade, que a indigência da questão acerca da verdade do ser precisa permanecer excluída.

Toda captação dessa determinação que venha a ser empreendida a partir de um lugar qualquer (a partir de qualquer antropologia e "filosofia da existência") encontra-se isenta de todo arbítrio - só que não se mostra jamais como um *co*pensar, o que sempre significa um pensar *prévio* que se lança em direção à única coisa a ser questionada (na melhor das hipóteses o empreendimento erudito do cômputo - o historicismo como ocupação).

*

Ser e tempo

Vindo de fora, podemos tomar o seu ponto de partida como uma interpretação do homem *como ser-aí*. Todavia, já essa intepretação não oscila senão no projeto do homem como ser-aí.

O ser-aí essencialmente na "compreensão de ser" e isto significa, por sua vez, como projeto do ser com vistas à sua verdade ("tempo"), por mais que essa verdade não precise se encontrar enquanto tal no saber.

Como sempre - pergunta-se em *Ser e tempo a partir da verdade do ser* e *apenas* assim pelo homem. Essa pergunta pertence totalmente ao *questionamento do que há de mais questionável* - como se dá esse questionamento, porém, acerca do seer?

A experiência fundamental - transformada *essencialmente* no "o que" e no "como": o ser não é resíduo de algo maximamente universal e vazio que se preenche, então, de maneira categorial, ele não é "suplemento", admitido ainda provisoriamente como ideia, mas: *o ser do ab-ismo como acontecimento apropriativo.*

Por isto, *Ser e tempo* não é

1) *nem* uma espécie de "antropologia" (o homem enquanto tal em meio ao ente, seja ele *como um* ente entre outros, seja como centro de referência);
2) *nem* um tipo qualquer de "metafísica" (o ser como entidade com vistas *ao* ente).

Por isto, porém, *Ser e tempo*, que não pode ser senão *um* caminho de emergência entre outros possíveis, também *precisa* ter inevitavelmente o aspecto da "metafísica" e da "antropologia", sim, ele precisa até mesmo atravessar a metafísica e, com o seu auxílio, fazer-se compreensível, isto é, acolher todas as incompreensões possíveis e naturais. Não obstante, tudo isto não leva, nem conduz a parte alguma (cf. 61. O antropomorfismo).

57. A experiência metafísica fundamental

Posição fundamental, *experiência fundamental*, necessidade (indigência) fundamental.

Experiência fundamental:

1) não é realizada por *indivíduos quaisquer*, mas por "singulares", dis-tintos. Esses singulares, porém, pertencem como traçados ao seer, ainda menos do que toda e qualquer "comunidade" eles nunca são "por si" "de maneira ego-ista".
2) A experiência fundamental, por isto, também não é "*realizada*" no sentido de que seria ideada, imaginada e levada a termo a partir de fragmentos soltos pelo "singular", mas

3) ela acontece apropriativamente, (é) e arrebata um singular para o interior do fundamento por ela aberto.

4) A experiência fundamental também é consequentemente diversa – sempre de acordo com a essenciação originária, inicial e não inicial do ser. Na era da metafísica, a experiência fundamental só pode se fazer valer como visão prévia do ente na totalidade e como projeto de sua entidade enquanto φύσις que se fixou.

Em termos modernos, essa experiência fundamental é dirigida expressamente pela visão voltada para o sujeito. Ela experimenta o ente na totalidade como "vida" – os idealistas, Schopenhauer, Nietzsche; (*Leibniz*).

Experiência fundamental é um *acontecimento apropriativo do homem*. O homem acontece apropriativamente e é desapropriado nela de sua essência em meio ao acontecimento.

Por isto, contudo, temos a aparência inevitável no interior do domínio do animal *rationale*, de que esse domínio seria um "modo de vivência" e uma "coisa" *do homem* – "antropologismo".

Com a essenciação do seer, acontece apropriativamente na experiência fundamental a *verdade* do seer. Sua fundação e demarcação essencial é a indigência. Como e em que necessidade ela é satisfeita? O que, à guisa de exigência, é estabelecido e requisitado humanamente como "ideal"?

58. A pergunta ao homem[6]

1) O que ele é?

2) *Quem* ele é? As próprias perguntas já são respostas, isto é, decisões.

O que é o homem? Esta pergunta procura determinar o elemento quididativo e o determina como animalidade.

Quem é o homem? Esta pergunta deve estabelecer o quem e – ? O *quem* só pode ser pensado propriamente no *singular* – o

---

6. Reflexões X, 70ss. (In: *Überlegungen B*. GA, 95).

que isto significa? A re-ferência à *mesmi*dade do homem, e essa mesmidade se funda na a-propriação para-"si", porque a a-propriação se funda no acontecimento da apropriação por meio do ser. A pertinência ao ser do homem, determinada como *guarda* da verdade do ser, *não* visa à ocorrência como um ente entre os entes restantes!

A questão acerca da quididade entra no âmbito do explicável e constatável.

A questão acerca do quem transporta para o interior da pertinência ao velado, para a referência ao ser.

59. Seer e homem

Seer (acontecimento apropriativo) o centro *voador* reunidor e o fundamento de um e de todo em-meio-a. *A investigação mediadora desse centro* (isto é, do ser-aí) é o seer como acontecimento apropriativo.

O acontecimento apropriativo como acontecimento da apropriação e a origem (salto originário) como conquista contenciosa da contenda de mundo e terra, ou seja, *esses em sua essência.*

Aqui temos a proveniência da ousadia, do precisar ousar (a verdade do seer) como essência do homem. D*aí* pela primeira vez toda *essenciação* e assinalamento a essa essenciação.

O homem como uma ocorrência no interior da natureza (ente na totalidade). Esse ente na totalidade mesmo uma re-presentação do homem?! E *de onde*? E a *verdade* dessa representação do homem pelo homem na *natureza*? A partir da natureza? Ou uma *decisão*, e essa a partir de onde? Ou seja, a natureza perde a primazia tanto quanto o homem.

É na *verdade* que o homem se "move" *e a natureza.*

A decisão entre verdade do seer (seer) e a primazia do ente (da "vida"); mas de tal modo que não é mais possível o retorno ao antropomorfo, nem o apelo à "natureza", mas o homem é o decisivo. *Que tipo de decisão*? Quanto à sua *essência*, que não está estabelecida na humanidade, se essa se mostra como animal *rationale*. *Ser-aí*.

*

O sombreamento do ser por meio do ente. A *questionabilidade* do que há de mais questionável (do seer) como a verdade inicial. A indigência da *dignificação*, o atrever-se ao próprio arriscado.

Píndaro: ἄνθρωπος σκιᾶς ὄναρ[7] – o sonho que uma sombra sonha ou (o que faz sombra – o sonhador) ou: a sombra sonhada por um sonho; a sombra – o sonhado.

7. Pindari Carmina cum Fragmentis Selectis. Iterum edidit O. Schroeder. In: Aedibus B.G. Teubneri Lipsiae 1914. Pythia VIII, vol. 95ss.

VIII
O seer e o homem

60. O seer e o homem

Toda determinação da essência do homem está suspensa na questão: como é que concebemos o ente na totalidade ao qual o ente – chamado homem – está enquadrado? Assim, a tarefa de demarcação essencial desse ente é salva e transportada para uma interpretação do ente na totalidade já realizada ou pouquíssimo pensada em suas condições de realização. Contudo, se essa interpretação deve emergir de uma meditação, então se anuncia ao mesmo tempo como repercussão dessa meditação a questão: *quem* somos nós que determinamos aí justamente o ente na totalidade e o tomamos até mesmo por suficientemente determinado por meio de uma explicação a partir de uma causa suprema? Deste modo, a questão acerca do homem retorna uma vez mais. O problema é que ela se transformou ou se encontra à beira de uma transformação incontornável; incontornável com certeza apenas para a vontade de meditação. Se renunciamos a essa meditação, então tudo permanece em meio a uma oscilação infrutífera entre uma interpretação do ente na totalidade e uma interpretação do ente "particular", que nós achamos conhecer como o homem.

Para a meditação, porém, emerge a experiência: o homem só pode determinar o ente na totalidade e a si mesmo como o ente que ele é com base no assinalamento à verdade do seer. O seer mesmo precisa ter se superapropriado do homem segundo o fundamento de sua essência para a verdade do seer. Somente este acontecimento apropriativo porta aquela clareira na qual o ente na totalidade e o homem podem se encontrar, a fim de medir o quão longe se encontram.

Se o homem se subtrai àquela meditação – e quem pretenderia detê-lo –, então ele se salva por fim na explicação de todo ente como um construto da "imaginação" humana; a antropomorfização do ente em geral é a primeira e última sabedoria: o antropologismo. E quanto mais livre se arroga a humanização do homem, quanto mais exclusivamente o homem se explica a partir daquilo que se encontra nele situacionalmente presente à vista e previamente dado de maneira objetiva, a partir do animal como o animal racional que aparece, tanto mais incondicionada e tenazmente se afirma a antropomorfização do ente na totalidade.

A humanização do homem, contudo, é apenas a nuvem de poeira que segue o redemoinho da fuga velada e selvagem do homem ante a sua essência, uma fuga que porta a máscara de uma vitória, que se anuncia como libertação da completa e específica autodeterminação do animal "homem" e requisita a autoevidência como a característica de sua verdade.

A humanização do homem, porém, não é apenas o fundamento da *antropomorfização* do ente na totalidade, mas ao mesmo tempo a deificação do mundo. Nesta figura fatídica, o "antropologismo" alcança sua essência metafísica irrestrita.

Como é possível, no entanto, superar a humanização do homem? Somente a partir da decisão pela fundação da verdade do seer. Com ela, o homem não é apenas distinto como ente em relação a um ente. Ao contrário, ele também é transposto por ela na clareira *do seer* e reunido de antemão com o seer com base no acontecimento de uma apropriação do *ser* do homem pelo seer, uma apropriação que já aconteceu, mas que ainda não foi sondada de maneira fundamental.

Por meio da composição e contraposição acentuada e exclusiva de seer e homem já não se decidiu a distinção do homem, na medida em que *ele* se essencia na pertinência à verdade do seer e, de acordo com isto, se interpreta de um modo ou de outro como o ente que ele é, ou seja, se coloca em uma relação com o ente na totalidade?

Com que direito se toma essa decisão? Ou será que não se toma aqui absolutamente uma decisão? Anuncia-se antes simplesmente um resultado? E quem descobre esse resultado? O homem encontra o seer ou o seer afina o homem para que ele o encontre?

Para onde o homem deve se voltar e ao que deve se referir, para que haja uma garantia de encontrar efetivamente sua essência? Quem retira aqui o limite das referências incontornáveis? Em que medida o homem é um ente inserido em relações referenciais?

Será que o homem chega afinal a saber em algum momento de maneira efetivamente "imediata" algo sobre si mesmo? Ou será que toda "auto"consideração imediata é precisamente o primeiro e mais frequente desvio, no qual o homem em verdade muitas vezes se encontra e no qual, contudo, ele se distancia cada vez mais de sua essência?

O homem não gira constantemente em torno da aparência de si gerada por ele mesmo? Mas como aparência?

Por que não entregamos simplesmente ao homem a primazia da opinião cada vez mais dominante sobre ele mesmo?

Mas quando e como ele é *ele* mesmo?

Ele é um si mesmo, quando a-propriado para a sua essência. Essa a-propriação, porém, acontece apropriativamente no acontecimento apropriativo do seer, que se funda e é preservado na propriedade do ser-aí.

Todavia, estas sempre parecem ser apenas determinações arbitrárias - *insights* talvez, que não conseguem nada ante o poder da humanidade "*efetivamente real*" que agora começa a se colocar na posição de "domínio" do planeta e que anuncia essa sua essência efetivamente real diariamente de modo enfático. Com certeza - mas a partir de onde está comprovado e fundamentado que o "efetivamente real" também seria o essencial e que ele garantiria até mesmo a essência do ser? Este fato não permanece menos questionável do que os *insights* anteriores. No entanto, se temos uma mera contraposição entre duas coisas questionáveis, como é que podemos e quem é que pode, então, decidir? Ou é preciso experimentar antes de toda decisão que há aqui algo *questionável* no qual o ente na totalidade e sua pretensão à "verdade" e à determinação essencial da mesmidade do homem se mostram como igualmente questionáveis? Por exemplo, por que os dois ainda precisam se copertencer alternadamente de modo essencial no velado e por que essa copertinência é o aceno para o essencialmente questionável - o próprio seer? De modo que nós não podemos jamais contornar o seer em parte alguma, a não ser que imerjamos no esquecimento do ser, um esquecimento que precisa se conformar naturalmente com uma ação e uma postura que, em verdade, aparentemente se coadunam com o apelo ao eficaz como a realidade efetiva do que é efetivamente real, mas que pensam em verdade o ente, na medida em que a "realidade efetiva" é pensada.

O perturbador aqui não é o fato de um tal esquecimento do ser bater constantemente em seu próprio rosto e se "contradizer" e de o "contraditório", porém, não poder ser tolerado na opinião habitual segundo a regra da lógica. Quem é que fundamenta afinal um tal papel de critério de medida próprio à "lógica" e ao "lógico"? (Ou, o mais primevamente possível aquele apelo ao efetivamente real como o racional, isto é, como o que corresponde à finalidade da utilidade.)

O perturbador não é o "contraditório"; as pessoas não se deixam perturbar por ele. Mas poderia muito bem ser que ele levasse a termo entrementes uma *destruição*, que equivaleria a uma desertificação, de tal modo que essa destruição seria o mínimo possível visível lá onde o esquecimento do ser ameaça se tornar completo. A imersão no esquecimento do ser é o empreendimento da desertificação, por meio da qual se assoreia para o homem aquele fundamento, no qual apenas seu domínio sobre o ente consegue se erigir: a insistência na verdade do ser.

O homem é aquele ente que, para pensá-lo em sua essência, o pensamento precisa pensar *apartando-se* dele – mas para onde?

Mas esta questão: para onde? *pertence* ao pensar apartando-se. Ela não o torna aporético e infundado, mas ratifica o homem mesmo como *o questionador* como o qual ele pode ser pela primeira vez forte o suficiente para o sim e o não à decisão, que impera antes de toda concordância e anuência.

É somente como o questionador daquela questão que o homem pode ser o verdadeiro guardião da verdade do próprio ser que se doa a ele, e somente a ele o questionador, como o que há de mais questionável. E isto que há de mais questionável é o fundamento abissal de toda "criação" – não como produção de construtos, mas como fundação dos sítios e vias do *ser-aí*, por meio de cujo, entrementes, combate do vir-ao-encontro e da contenda conquista para si em meio à luta o seu "instante" (cf. verdade – clareira – "instante").

IX
O antropomorfismo[1]

61. O antropomorfismo[2]

O antropomorfismo é a convicção expressa ou inexpressa, assumida ou inconscientemente acolhida de que o ente na totalidade *é* o que ele é e como ele é por força e de acordo com a representação que transcorre no homem, isto é, no animal dotado de razão, como um transcurso vital entre outros. O ente, e aquilo que assim se denomina e conhece, é algo feito pelo homem. O antropomorfismo se pretende menos como uma doutrina acabada que careceria de uma apresentação fundamentada. Ele assegura muito mais para si imediatamente a concordância como uma "crença" elucidativa antes de todo elemento doutrinário, uma "crença" que é incessantemente suportada e fortalecida pela opinião de que aquilo que o homem seria em essência não poderia se tornar de maneira alguma objeto de uma questão. O antropomorfismo pode se reportar a qualquer momento e para qualquer um ao seu princípio primeiro e último, ao fato de que tudo aquilo que é representado, dito e questionado seria "humano". E, não obstante, a antropomorfização do ente não é o seu elemento essencial, mas a resistência que se revela nas figuras as mais diversas a toda e qualquer possibilidade de uma transformação essencial do homem. Por isto, ele também gosta de assumir o papel de uma evasiva em relação a *toda* exigência de um questionamento decisivo.

Isto deve significar aqui: a questão acerca da verdade do ser permanece desconhecida e inquestionada. A relação do homem com o "ser" é considerada de antemão como decidida por meio da explicação da referência humana (antropomorfizada) ao ente. Por isto, o apoio propriamente dito do antropomorfismo é a me-

---

1. Cf. 60. O seer e o homem.

2. SCHÜSSLER, I. (org.). Schelling: Vom Wesen der menschlichen Freiheit (1809). GA, 42. Frankfurt junto ao Main, 1988, § 28, p. 282ss. [Preleção, sobre Schelling, do semestre de verão de 1936 em Friburgo].

tafísica enquanto tal. Ela concede o espaço para a sua afirmação e para a sua recusa. Este fato ganha evidência na contraposição que logo se degenera e se torna completamente infrutífera entre o "subjetivismo" e o "objetivismo" na metafísica moderna. Com certeza, o "subjetivismo" precisa ser compreendido aqui em sua essência plena, isto é, metafisicamente. Ele é o estabelecimento do homem (seja como "eu" ou como "nós", como "indivíduo singular" ou como "comunidade", como "espírito" ou como "corpo vital", como mero ser vivo ou como "povo") no sentido do su-jeito, isto é, daquele ente, a partir do qual e com vistas ao qual todo ente é "explicado" em sua entidade. O "objetivismo", considerado uma vez mais de maneira metafísica, se revela necessariamente como o reverso do "subjetivismo", no momento em que esse "subjetivismo" se torna completamente turvo e óbvio em sua essência. O homem, isto é, o sujeito *esquecido enquanto tal*, pertence ao ente na totalidade no sentido do "âmbito objetivo" e é no interior desse âmbito um grão de poeira fugidio. A elevação do homem à essência irrestrita do poder e a entrega do homem ao destino incognoscível do transcurso do ente na totalidade se copertencem, *são* o mesmo. As diferenças entre o "antropomorfismo" antigo e o moderno transcorrem *no interior* da posição metafísica fundamental do homem ocidental até aqui. Apesar de elas serem essenciais para os estágios particulares e para os transcursos do pensamento metafísico, elas podem ficar sem ser consideradas pela presente meditação sobre o antropomorfismo.

Como não é próprio ao antropomorfismo uma "sistemática" passível de ser desdobrada, na medida em que ele nunca se mostra senão como uma retirada em direção a uma tese, a meditação precisa buscar sempre, por meio de suas questões e segundo diversos "ângulos", encontrar tão somente a mesma posição fundamental, isto é, tornar essa posição em todos os aspectos dignos de questão.

1) Será que o comportamento humano em geral e o "pensamento" humano em particular podem ser algum dia aquilo que eles são de um modo diverso do constante enraizamento no "homem"?
2) Com o fato de dessa maneira o homem continuar sendo estabelecido como solo de realização de seus comportamen-

tos também se acha ao mesmo tempo decidida a antropomorfização de tudo aquilo *ao que* o comportamento e o pensamento a cada vez se referem – o ente? A aparência do contrário é apenas uma mera aparência no interior deste estado irremovível?

3) E o que é considerado aqui como propriamente irremovível? Não se trata da obviedade há muito poderosa que vem se tornando cada vez mais vazia do estabelecimento do homem como animal racional? A antropomorfização do ente na totalidade já não é, então, a consequência da *humanização* precedente irreconhecível do homem? Com essa humanização, estar-se-ia designando inicialmente a reconstrução daquilo que distingue o homem como homem (no sentido de uma distinção *no interior* do âmbito do ser vivo) em meio à animalidade. Essa animalidade, porém, circunscreve ao mesmo tempo os seres-vivos e, com isto, o homem como um ente que pode ser previamente encontrado, que é a cada vez dotado com capacidades inferiores e "superiores" ("órgãos"). Portanto, a humanização significa: o homem é reprimido e transformado em um ser animal presente à vista, que também se mostra entre outros seres animais; a avaliação diversa das capacidades e desempenhos humanos não altera nada em relação a esta fixação metafísica da essência humana.

4) Ora, mas se o antropomorfismo consiste em uma tal humanização e não primeiramente e apenas na antropomorfização de todo ente, então a meditação sobre o antropomorfismo não precisa levantar primordialmente a questão acerca da essência do homem? A exigência soa óbvia. E, contudo, ela oculta em si as decisões mais questionáveis, porque não está decidido como, afinal, a partir de que propósitos e segundo que aspectos se precisaria perguntar pelo homem e de que maneira uma decisão poderia ser tomada aqui.

5) A pergunta acerca da essência do homem precisa ser certamente estabelecida de tal modo segundo a sua direção e alcance, que ela permaneça competente antecipadamente para tudo aquilo de questionável que uma meditação sobre o antropomorfismo possa tornar visível.

6) No antropomorfismo, afirma-se a antropomorfização do ente na totalidade, ou seja, do ente *enquanto tal*. Como o que é representado graças ao representar, o ser é um produto do animal racional. No antropomorfismo reside uma decisão prévia quanto ao ser como um produto do homem humanizado. Como, onde e quando *essa* decisão é a cada vez tomada *enquanto tal* – como uma decisão sobre o ser? Mas se ela nunca foi tomada em parte alguma, então uma tal decisão sobre a essência do ser mesmo não precisa ser anteriormente colocada em decisão? A pergunta acerca do homem não tem de levantar a pergunta diante de si: como é, afinal, que o homem pode ser efetivamente assinalado à verdade sobre o ser, para que tais decisões possam se tornar para ele um dia uma indigência, e as questões neste âmbito de decisão possam se tornar para ele uma necessidade? Como, se esse assinalamento questionável do homem à verdade do ser já anunciou antes de tudo a sua essência? Por que é, contudo, que precisamente este aceno permaneceu até aqui sempre sem ser apreendido?
7) O que é esse assinalamento do homem à verdade (clareira) do seer? De onde ele emerge? Ele é uma invenção e um arbítrio do "homem" e o que ainda significa, então, "o homem"? Ou será que o homem só é apropriado em meio ao acontecimento para a sua essência por meio do seer? E o seer se essencia como esse acontecimento apropriativo e somente como ele?
8) Para salvar sua essência, isto é, para se configurar de um modo que faça jus à sua essência, o homem não precisa se tornar, então, o fundador da verdade do seer? A salvação da essência do homem é, então, uma transformação naquela atividade fundacional, cuja essenciação nós denominamos o ser-aí. A humanização do homem desmorona em si mesma. A antropomorfização do ente é sem fundamento.
9) O saber "sobre" o ser-aí, o que significa aqui o próprio *ser*-aí, é em si necessariamente o saber sobre as múltiplas condições em termos da história do seer capazes de assegurar ao antropomorfismo a sua aparente "naturalidade", indestrutibilidade e facilidade; essas condições são:

a) o primado integral do ente em relação ao ser na metafísica e, em verdade, precisamente com base no questionamento metafísico acerca do ser (como a entidade);
b) a experiência, assentada no campo de visão desse primado, do homem como animal racional;
c) a consolidação da "essência" presente à vista do homem no modo cristão de pensar (o *ens creatum - homo* - como "peregrino da terra");
d) o aguçamento da presença à vista do homem por meio da interpretação como "sujeito";
e) o atrelamento final do homem à maquinação desatada do ente (técnica - historiologia).

10) Mas se a essência do seer se funda no acontecimento apropriativo, no acontecimento da apropriação do homem para o ser-aí, o seer - e não mais apenas o ente - não é determinado agora com maior razão com vistas ao homem, isto é, a partir dele? Não! - Pois o acontecimento da apropriação para o ser-aí já é em si a superapropriação em meio ao acontecimento para o seer como aquele entre ab-issal, em cujo espaço-de-jogo-temporal o vir-ao-encontro do deus e do homem se cruza com a contenda de terra e mundo.

X
História[1]

62. História

Precisamos alcançar na subsistência da verdade do seer aquela historicidade originária, por meio da qual toda historiologia é superada.

Não domesticação da historiologia, mas superação. Quando é que a "historiologia" se torna desprovida de fundamento e des-necessária? Quando a história se torna essencial; e isto se dá, quando a fundação da verdade do seer ocorre em virtude do seer, é apropriada pelo seer em meio ao acontecimento.

Uma época que ainda precisa da historiologia para a sua "história", isto é, que já misturou as duas de antemão uma com a outra, comprova que lhe permanece vedada uma história essencial; e por isto impele à a-historicidade (à deserti-ficação).

As decisões essenciais, quer realizadas, assumidas ou transmitidas, jogam o sofrimento e o acometimento contra o declínio estabelecido no início em meio ao ente; *na fundação da verdade do seer* (ser-aí), *história é* essenciação do seer (exportação resolutora) que acontece apropriativamente. Somente ela estabelece em um povo a conjunção estrutural e a cunhagem de sua essência. "Espaço" e "país", região e sangue nunca possuem a força pregnante e a vontade de destinação. A tradição das decisões e do que foi decidido cria o traço fundamental do questionar e do comandar futuros, o modo da insistência no ente, a capacidade do destino e a determinação para o declínio; somente onde algo assim impera, há história – o que não é assim permanece barulho historiológico que relata as consequências das vivências e faz o relatado passar por "história".

*

---

1. Cf. 64. Historiologia e técnica; cf. em relação à Segunda consideração intempestiva de Nietzsche: o homem – historiologia e história – temporalidade (*Nietzsches II. Unzeitgemässe Betrachtung*. GA, 46. Preleção em Friburgo (Exercício) Semestre de inverno 1938/1939).

História e historiologia

Será que a historiologia é a única possibilidade essencial da referência à *história*?

E o que é "história"? Conquista árdua da verdade do seer para a guarda em meio ao ente[2] e, com isto, o trazer-o-ente-à-aparência como vir-a-se-encontrar-no-interior da *clareira*.

Ou será que o homem só se torna essencialmente histórico, quando supera a historiologia e, em verdade, a historiologia de todo e qualquer tipo?

O que pressupõe uma tal superação? A superação da humanização do homem.

A transformação no fundador do ser-aí.

História é o rastro traçado na clareira do seer das decisões que aconteceram apropriativamente a partir do seer sobre a sua distinção em relação ao "ente".

"Cultura", no sentido de cultivo e realização[3] de "valores" e isto uma vez mais como "meta" ou como "meio" da humanidade populista ou nacional ou humana, ou ainda como "expressão" da vida popular, pressupõe a cada vez a concepção do ser como maquinação (produtibilidade representada) e é constituída apenas com base no domínio do homem como sujeito; o pensamento valorativo é a manifestação mais extrínseca do ser como objetualidade (a "crítica" à "cultura" *enquanto tal* realizada em *Ser e tempo* funda-se na determinação essencial da historicidade, na distinção entre história e historiologia, na interpretação da verdade como *re-solução* do ser-aí enquanto ser-no-mundo). O domínio da consciência cultural e, de acordo com ele, o domínio da política cultural empreendem uma consolidação crescente da Modernidade na direção do esquecimento do ser por ela posto em ação; não uma determinada configuração e degeneração da cultura e da consciência cultural, mas a "cultura" enquanto tal é o desenraizamento do homem e significa o desatamento de sua essência, de todo modo

---

2. Fundação do seer no ser-aí.

3. ("Cultura") ("Historicismo).

infundada, da história; esta rejeição da "cultura" não é nenhuma "intercessão" em favor do estado de "natureza"; a distinção entre "natureza" e "cultura" se torna muito mais caduca por meio dessa rejeição, uma vez que a cultura sempre pressupõe a natureza[4]. A exclusão da história, contudo, não pode ser superada imediatamente por meio da "política", porque a política, por sua vez, tomada completamente por uma pretensão total de domínio, significa apenas a virada da cultura para a essência maquinacional técnico-historiológica consumada do homem moderno.

Ela – a concepção político-historiológica do homem moderno – também tem por fim por consequência o fato de o *historicismo* apenas se consumar com o seu auxílio. Historicismo é o completo domínio da história como cômputo do passado com vistas a um presente, um cômputo marcado pela pretensão de fixar por meio daí, de maneira definitiva, a essência do homem como um ser *historiológico* – não histórico. Um dia, o fim do historicismo precisa vir a ser levado a termo por ele mesmo, na medida em que ele deduz historiologicamente, isto é, analisando psicologicamente e explicando "biologicamente", tudo a partir da "vida" e atribui a si mesmo essa proveniência, aparecendo, assim, como uma "expressão" "da vida". O historicismo político é apenas em sua inversão a vítima do historicismo histórico-cultural. Uma vez que cai assim nos braços de seu inimigo, ele ratifica o fato de pertencer à essência moderna do homem, levando a termo a *condição* do historicismo que, como representa a forma mais elevada de historicismo, se encontra o *mais* distante possível de uma *superação* do historicismo. O domínio da historiologia só é superado pela história, por uma nova decisão e por um questionamento singular da verdade do seer; sim, essa "superação" já é algo essencialmente diverso e próprio, de modo que o efeito da superação pode ser e permanecer indiferente para ela.

A "cultura" possui metafisicamente a mesma essência que a "técnica". A cultura é a técnica da historiologia, o modo como o cálculo historiológico dos valores e a criação de bens se instaura e, com isto, se propaga o esquecimento do ser.

---

4. φύσει ὄν e ποιούμενον, πρακτόν – o modelo aristotélico.

XI
A técnica

63. A técnica[1]

O êxito na descoberta de seu espaço essencial se dá o mais imediatamente possível, se soubermos que a τέχνη é uma palavra relativa ao "saber", se concebermos "saber" como o insistir na verdade e se compreendermos a verdade como abertura do ente na clareira do seer. Assim, escapamos do perigo de perguntarmos por uma "finalidade" da técnica e de explicarmos a partir daí a sua essência. A *téchne* não consiste na fabricação de um instrumento e de máquinas; ela também não é a mera utilização e manuseio desse instrumento e dessas máquinas no interior de um procedimento, ela tampouco se mostra como esse procedimento mesmo e como apenas o saber lidar com um tal procedimento (cf. abaixo, p. 150s.). Em verdade, o modo de denominação inicial da palavra τέχνη diz respeito exatamente a isto, sem penetrar ela mesma de maneira mais originária em sua essência. O fato de algo assim não se dar tem o seu fundamento no fato de, na época do domínio da palavra τέχνη, a essência da verdade, à qual o que é por ela denominado pertence, ter permanecido infundada, o que continua acontecendo desde então; a partir daí fica claro por que toda metafísica nunca pode fazer frente à essência da τέχνη e da técnica. Pois ela – a metafísica – compartilha com a "técnica" o mesmo espaço essencial, ela não dispõe de nenhum âmbito que pudesse emprestar à técnica como para a sua fundação e superação; a técnica torna-se o destino da metafísica e sua consumação.

Todo domínio moderno da técnica, toda pretensão a querer se assenhorear dela, é, por isto, apenas uma aparência, que encobre muito mal a sua escravização – compreendida metafisicamente.

Técnica é a produção do próprio ente (da natureza *e* da história) na factibilidade calculável, a maquinação que se apodera in-

---

1. Cf. acima, p. 123.

teiramente daquilo que é passível de ser feito. Mas a maquinação como essenciação do ser atualiza a técnica; seu empreendimento é subtraído à vontade e à falta de vontade do homem, na medida em que o homem está decidido em sua essência como "sujeito"; a subjetividade da humanidade configura-se da maneira mais pura possível nas nações; a comunidade de uma nação leva ao ápice a individuação do homem na subjetividade. Somente onde o ser do ente é concebido a partir da representabilidade e da produtibilidade do que se encontra contraposto e pode ser fixado em um estado, a *técnica* chega ao domínio; e, por sua vez, não como uma região cultural entre outras ou como uma forma da civilização, mas como aquela "insistência" na verdade do ente, que esquece a verdade em favor do ente e do domínio incondicionado de sua maquinação, abandonando e entregando a si mesma à maquinação enquanto um membro estável da própria maquinação. Toda invenção, descoberta, toda criação, instalação e contribuição interpretada a partir daí emerge dessa "insistência" abandonada e nunca fundada na "verdade" como a segurança da re-presentação e da pro-dução do ente na totalidade, em cada aspecto, segundo todo arbítrio e seguindo o caminho "mais simples" (o que significa aqui o mais curto, mais rápido e mais barato).

A partir da essência da técnica como uma forma fundamental do desdobramento da verdade como asseguramento da objetualidade do ente, uma forma fundada pela metafísica ocidental e determinada por meio de sua história, a essência da "máquina" se torna pela primeira vez compreensível. Na máquina (como essência, não como coisa particular), a natureza se torna pela primeira vez natureza assegurada, e isto significa "efetivamente real"; da mesma maneira a história por meio da *historiologia*, cuja forma moderna mais elevada consiste na propaganda; da mesma maneira o próprio homem, que é adestrado por meio da criação e da instrução para a instalação de todo ente na factibilidade calculável.

A técnica é a "insistência" que não está certa de si no esquecimento do ser, que permanece sombreado pelo ente maquinacional até a sua inexperienciabilidade. Isto entrega à abertura tecnicamente fundada do ente a transparência do instalável e adestrável, o caráter da simplicidade no sentido da calculabilidade única do sem fundo - vazio.

Na época da técnica surgem inúmeros "símbolos", muito mais do que jamais aconteceu; isto é, eles são agora "feitos" e produzidos, porque o ente na totalidade e o homem se tornaram inteiramente carentes de símbolos. Os símbolos são a convenção expressamente instalada com vistas ao fato de não fazer sentido buscar um sentido (uma verdade do ente em seu ser). Necessita-se dessa convenção como aquela forma de asseguramento (isto é, técnica), na qual a técnica se assegura em relação a si mesma, ou seja, em relação à irrupção da verdade, de que ela não poderia ser apenas, por exemplo, destruição do ente, mas também a *desertificação* do seer, algo por meio do qual cada iniciar e fundar precisa se assorear no sem fundo do abandono do ser do ente. A paisagem técnica, que se acha hoje e que se continuará achando no futuro com razão, isto é, de acordo com a medida da "verdade" dominante do ente, "bela" não é nenhuma destruição da natureza, porque com a técnica e por meio dela a "essência" da natureza se transforma imediatamente na conformidade maquinacional das máquinas e, por isto, vem à tona agora pela primeira vez nas instalações técnicas *totalmente* com a *sua* "beleza". Aquilo que *ainda não* é dominado de maneira puramente técnica aparece, em contrapartida, como discrepante e desprovido de gosto, merecendo, portanto, ser relegado à destruição e ao alijamento. A técnica também leva pela primeira vez ao domínio pleno a concepção "estética" do belo; e resta simplesmente uma incompreensão alimentada por ressentimentos, quando se acredita ter superado o belo "estético" característico da fruição burguesa por meio do "belo" técnico; ele não é superado, mas apenas instalado de maneira planejada com vistas à vivência de todo mundo que é própria ao povo.

A técnica contém e instala no domínio incondicionado a decisão há muito tomada sobre a essência da verdade como segurança e sobre a essência do ser como maquinação. O asseguramento da maquinação é o construto do domínio da verdade como segurança daquilo que se encontra contraposto e pode ser estabelecido em um estado. A técnica é o triunfo mais elevado e mais abrangente da metafísica ocidental, ela é a própria metafísica em sua propagação através do ente na totalidade. A fé eclesiasticamente instituída na intermediação institucional da graça é apenas um prelúdio e um jogo paralelo em relação à têcnica moderna, para a qual, por sua vez, o ser maquinal não representa senão a forma prévia unilateral, uma vez que ele se distingue *aparentemente* da historiologia, da propaganda e das outras formas de "mobilização". A "mobilização", contudo, não põe em movimento apenas aquilo que não foi até aqui utilizado e que ainda não serviu à maquinação, mas ela transforma o ente pela primeira vez na totalidade e, de antemão, no maquinacional. O homem, porém, nem domina a "mobilização", nem é simplesmente por ela dominado - a humanidade já estabelecida como sujeito é que é antes cunhada e ao mesmo tempo marcada na maquinação do ente na totalidade. A distinção do homem como vida "vivencial" em relação ao ente na totalidade como a *oni-vida* é apenas a confirmação claudicante da unidade do ser do factível (no sentido amplo do mecânico) e daquilo "que faz", isto é, das forças "vivas". O fato de, na era da "organização" de antemão incondicionada, da instalação palpavelmente disponível de todo ente, justamente o "orgânico" precisar se tornar o unicamente desejável a ser convocado e propagado mostra apenas que, agora, o "mecânico" no sentido amplo do factível planejável *e* o "vivente" abandonaram a aparência há muito apresentada de uma diferença entre si. Os dois são originariamente um e o mesmo no sentido da essência maquinacional de todo ente; por isto, assim como as asserções de que se estaria inclinado a reconhecer ainda ao lado do "físico" algo "anímico", todos os esforços que procuram explicar todo "vivente" em última instância de modo "mecânico" impelem para a superfície. O não vivente e o vivente, sua "unidade" possível e seu paralelismo são pensados de antemão de maneira metafisicamente técnica. "Materialismo", "vitalismo", "espiritualismo" são metafisicamente o mesmo: suposições a cada vez material e objetivamente seletivas e distintivas de um ente para a "explicação" do ser ele mesmo inquestionado e indigno de questão que, não obstante, ao menos desde a ἰδέα de Platão, já é interpretado na direção da essência maquinacional.

(O que é além disto mais claro, apesar de quase não ter sido pensado em sua amplitude, do que o nexo interno entre εἶδος -

μορφή – ὕλη e a τέχνη no interior da "metafísica" de Aristóteles, que foi normativa para todo o Ocidente (não apenas para a Idade Média)? Em que outro lugar a distinção quase incontornável entre "forma" e "matéria" possui seu enraizamento senão na interpretação consonante com a τέχνη do ὄν como οὐσία? (cf. quanto a isto as conferências de Frankfurt sobre a obra de arte, 1936[2].))

Já a essência da τέχνη não consiste na fabricação, mas na pro-dução re-presentadora, de tal modo, em verdade, que o a-portado e a-portável asseguram a disponibilidade calculadora não apenas quanto ao já aduzido, mas anteriormente e sobretudo quanto a tudo e à totalidade daquilo com o que ele se encontra em conexão de acordo com a sua produtibilidade. A produtibilidade contém uma proximidade insigne (presentação) do presente-constante do ente.

O âmbito da produtibilidade projetável no campo de visão da τέχνη (que é sempre μετὰ λόγου) torna-se normativo para a interpretação posterior de toda a entidade do ente. A produtibilidade alcança um de seus ápices na determinação hegeliana do "ser" como a "ideia absoluta", a presença que traz a si mesma para a presentação no presentar. Com esta referência não se está, por exemplo, interpretando a metafísica hegeliana de uma maneira "técnica" no sentido tosco. Ao contrário, o importante é conceber a amplitude metafísica da τέχνh a partir daí e mantê-la decididamente fora da diferença superficial entre "mecânico" e "biológico" (Aquilo que se mostra aqui como a essência da arte metafísica do Ocidente – e toda a sua arte é metafísica, com maior razão ainda a "explicação" e a "estética" correspondentes – não pode ser acompanhado aqui de maneira detalhada).

Costuma-se apontar de bom grado para o fato de a máquina permanecer impotente sem o poder do homem, e se costuma argumentar também com igual prazer que por meio daí já se teria levado a termo em essência a superação da técnica por meio do homem. Em primeiro lugar, porém, a máquina não é a mesma coisa que a técnica, o controle da máquina ainda não significa de modo algum um domínio da técnica. Por outro lado, contudo: o

---

2. "A origem da obra de arte". In: *Caminhos da floresta*. GA, 5, p. 1-74.

que é esse poder do homem, que põe a máquina a seu serviço? Ele não é outra coisa senão a outorga do poder à essência maquinal e a transformação dessa essência na forma essencial de instalação do ente. Essa outorga, porém, funda-se na vinculação do homem ao ser, na medida em que ele é determinado como maquinação (cf. 9. A maquinação).

XII
Historiologia e técnica[1]
(ἱστορεῖν – τέχνη)

64. Historiologia e técnica[2]

O historiologismo. Conceito. "Superação" apenas por meio da exclusão da historiologia.

Historiologismo – a opinião de que o passado é visto a cada vez a partir de uma situação presente, de modo que ele se altera com essa situação – "relativismo". Historismo como concepção do conhecimento histórico – mas essencialmente a relação com a história em geral, o fato de essa relação ser determinada por meio da *historiologia* (de maneira pré-científica – científica). História a partir da historiologia – ao invés de? A partir e *como* verdade do seer. De que modo uma libertação em relação a uma história *historiológica*? Historismo, proximidade e lonjura.

Historiologismo é aquele domínio da historiologia, por meio do qual a historiologia se apodera da consumação essencial do homem moderno como sujeito e desenvolve o *animal rationale*, transformando-o em *animal historicum*. O animal historiológico não visa, por exemplo, ao animal que se tornou "historiológico" e que pertence ao passado, mas ao animal que a tudo pro-duz, para o qual o ser do ente desponta na [...][3] produtibilidade e se oculta ao mesmo tempo em seu caráter maquinacional.

O historiologismo *consuma*-se na "*construção orgânica*". "Consumação" – não inserção de uma peça que falta! Ao contrário, a outorga de poder essencial irrestrita e, por isto, simples.

O historiologismo. O nome tem em vista muitas coisas que são deduzidas do domínio da historiologia na humanidade mo-

---

1. "Historiologia" no sentido mais restrito visto a partir daí. "Técnica" no sentido moderno visto a partir daí. "Historicismo".

2. Cf. 62. História.

3. Duas palavras ilegíveis no manuscrito [N.E.].

derna. De início e propriamente a postura dada com tal domínio e que se mantém nele.

*

História e historiologia

A historiologia no sentido amplo é o produzir representativo da "história", daquilo que passou e se mantém respectivamente atual para o hoje e para o futuro, a objetivação do passado em meio ao situacional do presente.

História – acontecimento da humanidade, na medida em que essa se dá com base no assinalamento velado ao seer – ela mesma como ente se "comporta" em meio ao ente na totalidade em relação a esse ente e a si mesma.

O fundamento da historicidade da humanidade é o seu *assinalamento à verdade do seer*, um assinalamento que pode imperar durante muito tempo como domínio da *ratio* e, com isto, também da "vivência" "irracional".

Somente onde se tem o comportamento em relação ao ente enquanto tal, se tem história e não história.

O homem também pode ser a-histórico? Se ele se torna "animal", sem jamais poder sê-lo.

A historiologia funda-se na história. Somente o que é essencialmente histórico *pode* – não precisa – ser historiologia, ser histórico.

Somente o que é historiológico pode ser tabém a-historiológico. O a-historiológico mantém-se essencialmente diverso daquilo que é sem historiologia, porque é sem história, tal como, por exemplo, o animal e toda "vida".

A historicidade da humanidade, porém, se funda no caráter de acontecimento apropriativo *do seer*. Por isto, a *historicidade* do homem (não primeiramente a sua história) sempre se mostra como uma historicidade diversa de acordo com o pertencimento ao ser (esquecimento do ser ou fundação da verdade do ser). Por isto, o domínio irrestrito do animal historiológico pode caminhar lado a lado com a a-historicidade da humanidade, com um modo de ser para o qual tende de maneira cada vez mais tenaz o ser humano moderno.

*

Historiologia e técnica[4]

As duas são o mesmo; a *aparência* superficial de sua extrema *oposição* é gerada por elas mesmas; por quê? Porque a entidade do ente na totalidade impõe, assim, a partir de todas as regiões centrais, sua essência maquinacional; pois essa essência é empreendida da maneira mais segura possível, quando pode se reportar *a si* e se defender como diversa.

Que significação fundamental se manifesta a partir daqui na essência de toda "cultura"?

"Historiologia" pode ser concebida, por isto, em um outro sentido essencial que compreende a técnica e pode ser também colocada em um sentido mais restrito em contraposição à técnica.

O mesmo vale para a "*técnica*".

Historiologia – como pro-dução exploradora em geral. Historiologia – como "técnica" do passado enquanto tal para o "presente", para a "vida".

Técnica como "historiologia" da "natureza", da "natureza" não natural. *Técnica* como adução *versada* do ente enquanto tal.

Historiologia – a pro-dução do passado. Técnica – a produção do futuro. Os dois: erigir do presente como objeto e estado.

*

Historiologia

1) Como cômputo do passado com vistas ao *presente*.
2) Como espelhamento (do pre-sente).
3) Como consolidação de todas as referências ao ente no sujeito.

---

4. Cf. *Überlegungen IX* [Reflexões IX], 86s. [entre outras] [In: *Überlegungen, B*. GA, 95].

4) Como afastamento em relação à história (no sentido de uma decisão a partir do seer).
5) Como destruição das tonalidades afetivas fundamentais (cf. *Überlegungen VII*ss.; 40ss., 44ss.[5]).
6) Como exercício - desprovido de saber - do caráter infundado do ser a partir da ausência de fundamento do ente (toda ex-plicação é negação do fundamental).

*

A superação da historiologia

só pode ser realizada, se em seu lugar entrar a meditação; em seu lugar? Não; pois nenhuma mera troca de uma pela outra pode nos libertar porque, de acordo com o mais longo hábito, a meditação logo seria assim tomada como uma espécie de historiologia. A superação da historiologia precisa ser uma libertação da história do círculo da objetivação por meio da historiologia. Mas a meditação só pode ser de qualquer modo levada a termo pelos fundadores, na medida em que a meditação é o questionamento da essência da verdade e significa a decisão do seer.

A meditação cria uma libertação modificada ou pela primeira vez própria da história em meio à verdade do seer e carece ao mesmo tempo das vias firmes da custódia; a historiologia é desprendida em sua produção representacional por meio da *preparação questionante* da *decisão* entre seer e ente.

---

5. In: *Überlegungen B* [Reflexões B]. GA, 95.

XIII
Seer e poder[1]

65. Seer e poder[2]

No sentido mais elevado, "sendo" é, segundo a avaliação habitual, o ente como algo *efetivamente real*. A "realidade efetiva" vale ao máximo. Ela significa o estar-presente-à-vista do que produz um efeito; estar-produzindo-um-efeito e nada além disto. Realidade efetiva (*Wirklichkeit*) é a tradução – não apenas a tradução linguística – de *actus* e *actio*; e esses, por sua vez, reivindicavam, *interpretando-a de maneira falsa*, a ἐνέργεια (A interpretação falsa da ἐνέργεια a pensa a partir de "energia" como força de realização e como actio; ἐνέργεια, porém, visa à presentação no pro-duzido e de tal modo estável e constante. Os termos latinos *agere* e *actus* não conseguem de maneira alguma nomear isto; ou seja, a romanização leva a termo uma reinterpretação total e desenraizante)[3].

Actus purus – ἐνέργεια *com vistas a fazer – realização – criação*; a) Atividade – criar (em movimento), b) *eficácia* – (*êxito*) aduzir.

O objetivo para o comportamento produtivo. *O deslizar* para o interior do ποιεῖν no sentido tosco da mera execução do fazer. *Caráter daquilo que se encontra contraposto* – como *objetividade* – ao invés de volta a si para a *constância e presença*. A partir daí só resta um passo para o *atuante capaz de produzir efeito* (*Poder* – *Vontade de poder*). *Vontade como poder*.

Realidade efetiva como centro de medida da modalidade, o poderoso – o atuante – o ente. Possibilidade como estágio prévio e necessidade como grau supremo da realidade efetiva, mas as duas a cada vez como modos da realidade efetiva.

---

1. Cf. Ser como "realidade efetiva" e como "ideia"; cf. 9. A maquinação.

2. Ser como poder – poder como *êxito* e *eficácia*: o verdadeiro; em seguida: ser e ente e não ente.

3. Cf. 76. O ente como o "efetivamente real".

Gradação: matéria-prima – "espírito", poderoso – impotente, *actus purus* em termos cristãos. A *inversão* nietzscheana!

Seer – o *impotente, para além de poder e impotência*, melhor fora de poder e impotência, essencialmente desvinculado de algo deste gênero[4].

*

O sem poder

O sem poder não é o im-potente, que sempre permanece ligado precisamente ao poder – prescindindo e sentindo falta dele.

Origem do caráter de poder do ente.

(O poder da φύσις – do seer, daquilo que se poderia atribuir a ele como essencial a partir do pensar atual, é sua *falta de poder.*)

A despotencialização da φύσις significa, então, a privação da essência, o não se encontrar em meio ao acontecimento apropriativo como o sem-poder. Ambíguo: 1. Isto, 2. mas a φύσις não deve ser capaz de levar a termo a fundação da ἀλήθεια.

A tonalidade afetiva fundamental ante o *sem poder*. O sem-poder – o que é poder, não poder? Como se precisa compreender o *sem*? A partir da *recusa*. A *consequência essencial*.

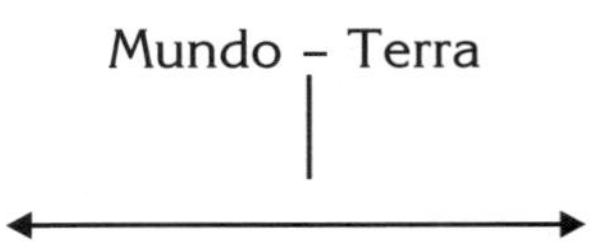

Maquinação como fundamento da supremacia do ente e do próprio *poder* – impotência do ser. Todavia, essa impotência é a *aparência* da recusa.

Em reflexões anteriores (*Contribuições*), fala-se da despotencialização da φύσις[5]. Deste modo, inicial e propriamente de "poder" – em que medida?

---

4. Esta é uma avaliação a partir do inadequado – *detrito*.

5. *Contribuições à filosofia* (Do acontecimento apropriativo). GA, 65, p. 126.

Por que, porém, des-potencialização, se não mesmo outorga de poder, em verdade, não da φύσις enquanto tal, mas como certeza da οὐσία para o *actus*.

Poder - a *capacidade* de *produzir efeito*, asseguramento, cálculo e cômputo dos *êxitos*. O *efeito* como atuando, sem *produzir* imediatamente um *efeito*! Poder a partir de "*efeito*" - precisamente não a partir de possibilidade!

*

Seer e poder

Desde que a "realidade efetiva" é considerada como *a* determinação do ente e a *realidade efetiva* não é mais concebida como representação do constante, mas como *actus*, como "ação" e eficácia; e desde que o efetivamente real é determinado nesse sentido como o poderoso e o poder, passou-se a justificar estranhas opiniões: quanto *mais elevadamente* o ente se encontra na gradação metafísica desde o elemento físico-material até o elemento espiritual, tanto mais desprovido de poder ele se torna; o poderoso seria o inferior, o poderoso no sentido daquilo que consegue *realizar efetivamente* algo - o que, afinal? *Algo efetivamente real*, cujo arquétipo é visto na *matéria-prima* (A exploração erudita posterior desse pensamento nietzscheano surgido da inversão do platonismo e coisas do gênero é insignificante e jamais consegue tornar visível a questão decisiva).

(Do mesmo modo, a doutrina metafísica das "modalidades", realidade efetiva, possibilidade, necessidade, é "erigida" a partir da realidade efetiva e de seu primado, mesmo se se ensina a aparente coordenação entre os "modos". É indiferente saber se esses modos são tratados na "lógica" ou na "ontologia", uma vez que a "lógica" e a "ontologia" já pressupõem a decisão essencial sobre a entidade do ente; e não apenas porque a enunciam a cada vez à sua maneira, e, além disto, estão referidas *mutuamente*, mas porque toda a metafísica ocidental determina a entidade a partir do fio condutor do "pensar", isto é, como a *representatividade*. Apreensibilidade é o campo de visão e de projeto inexpresso e inconcebido, porque necessariamente inquestionável.)

A opinião contrária de que o espírito seria o mais efetivamente real (*actus purus*) pertence, juntamente com a opinião anterior, ao mesmo campo da metafísica, na medida em que essa determinou o ente *em geral* e sem exceção por meio da objetividade, resistibilidade e eficácia. Os mais extensos edifícios "categoriais" não conseguiriam encobrir, ainda que pudessem chegar a receber uma atenção pensante, o descuido fundamental no qual se baseia a metafísica e do qual essa é um desdobramento: o não questionamento da verdade do seer.

Aquelas "teorias" sobre a crescente perda de poder com uma progressiva altura da camada ontológica não conseguem dizer nada sobre o próprio ser, porque elas não estão em condições de dizer nem mesmo a única coisa que lhes é dizível – a proposição metafísica e a interpretação da entidade do ente.

No entanto, o que fornece à figura fundamental dessa doutrina, a saber, à metafísica de Nietzsche como inversão da doutrina schopenhaueriana da "vida", a sua significação para o pensamento da história do seer é algo diverso.

Nesta consumação da metafísica realiza-se uma consolidação definitiva da interpretação do ente com vistas ao atuante-eficaz, e, de maneira correspondente, do verdadeiro com vistas ao êxito efetuado e efetuante. O processo decisivo, contudo, também continua sem ser tocado: a consolidação com vistas ao efetivamente real como o ente e o verdadeiro precisa – o que há muito já está preparado, mas ainda não foi levado ao acabamento – transformar o *ser* em algo nulo, que não é mais nem mesmo digno de ser nem mesmo expressamente esquecido. Na história do homem, o esquecimento do ser chega agora pela primeira vez à sua plena posição de poder. Mas o que aconteceria se esse abandono do ente pelo ser fosse o início de uma história mais originária, na qual o ser é o seer, de modo que o efetivamente real cada vez mais efetivamente real seria repelido de maneira cada vez mais desesperançada do ser, do seer como recusa, à qual nenhum poder e nenhuma superpotencialização poderiam fazer frente, porque eles necessariamente precisam desconhecer de uma vez por todas a essência do *fundamentalmente* sem poder. O sem poder nunca pode ser despotencializado. Mas isto não lhe é imputado como falta, mas é apenas uma consequência, que não lhe é nem mesmo necessária e própria, de sua *nobreza*. Todo elemento poderoso como o efetivamente real, seja ele a matéria-prima inanimada ou o espírito absoluto, é o inferior, tão inferior que ele não pode ser nem mesmo colocado nessa comparação com o ser.

No primeiro início da história do seer, contudo, o ser (φύσις) precisou aparecer como "poder"[6], porque a recusa velada só pôde se manifestar de antemão e em geral abruptamente. A *despotencialização* da φύσις, no entanto, não afastou, por exemplo, o caráter de poder, o elemento superficial que é primeiramente necessário (encontrável), mas apenas o atenuou, de modo que ele pôde, então, passar para o caráter da ἰδέα e da objetividade; foi isto pela primeira vez que teve por consequência o fato de, então, depois da falsa interpretação que logo se estabeleceu da ἐτελέχεια e da ἐνέργεια aristotélicas como a "realidade efetiva" do atuante e eficaz, ter se chegado a tomar o ente inteiramente sob a forma do efetivamente real e de se ter por si prelineado aquilo que futuramente, em toda metafísica ainda vindoura, seria considerado o ser. No interior dessa história, a dourina monadológica leibniziana da substância como a *vis primitiva activa* alcança a sua significação igualmente essencial em termos prospectivos e retrospectivos.

Na medida em que o pensar metafísico - fundando-se no não-ser-possível-preservar o primeiro início pensante - fez passar o caráter de poder, de força e de efeito do ente pelo ser, pôde acontecer de a "vida" ter se posto à frente como o que propriamente é o "efetivamente real" e o ente, exigindo para si a "vítima" da "vivência" como o ser humano supostamente mais elevado. Por isto, contudo, esse ser humano não se experimenta como vítima e sequaz do abandono do ser do ente, mas apenas como aquele que diz um sim "vitorioso" à vida. O primeiro início pensante não concebeu o ente a princípio de modo algum como "*realidade efetiva*", mas antes como a *presentação emergente*, como aquilo em que o ente como um tal se reúne em sua contra-

---

6. Em que sentido? O acontecimento da apropriação cognoscível.

volução, presentando-se e subsistindo como ele mesmo. Poder ainda não era força e eficácia ou *violência*, mas tampouco se mostrava expressamente já apenas como "aparência" incontornável do sem-poder daquilo que não carece de poder. Ele ainda era algo indecidido; e de tal modo, em verdade, que ele foi decidido e transformado no *atuante* e dispensou ao mesmo tempo o maligno e o confuso, sem poder ainda elevar jamais ao cerne do aberto a essência mais originária do χάος. A determinação metafísica do ente como vontade de poder e da entidade como eterno retorno é o fim do início decaído e transformado em começo. Todo início é sem efeito e precisa - retornando a si - permanecer início se quiser se conservar.

O ser e apenas o ser "é" e é, assim, para além de poder e impotência. No entanto, ele não é algo *para-além-de*, porque nem mesmo o aquém do ente poderoso (efetivamente real) precisa ser estabelecido para a sua verdade, para que ele ou mesmo apenas o projeto pensante de sua clareira, um projeto determinado em termos da história do ser, tenha um salto.

Mas como o homem, sobretudo o homem moderno, computa tudo (e mesmo o ser) há muito tempo segundo poder e impotência, utilidade e desvantagem, êxito e inutilidade, ele não consegue ouvir nenhuma palavra do ser e pensar sua verdade sem fazer um cálculo.

65a. Ser e poder

Em seu fundamento essencial, o seer nunca é poder e, por isto, também não impotência. Se nós o denominamos o sem-poder, então isto não pode significar que o ser prescinde do poder. O nome deve indicar muito mais que o ser permanece segundo sua essência desligado do poder. O sem-poder, contudo, é domínio. O domínio no sentido inicial, porém, não carece de poder; ele impera a partir da dignidade, daquela superioridade simples própria à pobreza essencial, que não precisa de um sob-si e contra-si para ser e já deixou para trás toda a avaliação com vistas a "grande" e "pequeno". Por vezes, utilizamos a palavra "poder" no sentido transfigurado da *maiestas*; assim, ele nomeia a mesma coisa que o domínio tem em vista, por mais que essa palavra se perca uma vez mais no indeterminado e se equipare ao consonante com o poder no sentido do violento. Por isto, a partir do uso linguístico particular, não se pode jamais vislumbrar imediatamente a direção essencial do dizer e só se pode comparar a partir de uma meditação histórica a univocidade da escolha da palavra que, não obstante, deixa vibrar concomitantemente uma plurissignificância.

Mas se é fundamentalmente estranho à essência do seer o caráter de poder, como é que se pôde chegar ao ponto de o transcurso da história da metafísica conceber o ser como realidade efetiva? E, de maneira correspondente a essa interpretação do ser, como é que o mesmo se dá com a opinião e a experiência habituais? Segundo a sua avaliação, o efetivamente real é considerado no sentido mais elevado como "aquilo que é". E a última posição fundamental da metafísica não diz a mesma coisa, quando se consuma na doutrina da "vontade de poder", que precisa ser concebida como a outorga de poder ao poder para a sua superpotencialização constante? O que significa aqui poder senão a capacidade da eficácia como algo essencialmente operante? Portanto, a equiparação corrente na metafísica entre "ser" e realidade efetiva e a doutrina da vontade de poder que emerge dessa interpretação do ser considerada como inquestionável não falam a favor do caráter de poder do seer? E a história inicial do seer não foi concebida no *Contribuições* no sentido da "despotencialização da φύσις"[7] e, com isto, não se atribuiu de qualquer modo à φύσις um caráter inicial, ou seja, essencial de poder? De fato, mas o discurso acerca da despotencialização é aqui ambíguo. Ele visa ao fato de, no primeiro início de sua essenciação, o seer nem se doar em sua essência, nem fundar expressamente a essência da verdade (cf. a preleção do semestre de inverno de 1937/1938[8]). O seer inicial entrega, em contrapartida, o domínio para o ente que se transfere pela primeira vez para o interior do aparecer no ser como emergir. O primado do ente, desde então

---

7. *Contribuições à filosofia* (Do acontecimento apropriativo). GA, 65, p. 126.

8. *Grundfragen* der Philosophie. Ausgewählte 'Probleme' der 'Logik' (Questões fundamentais da filosofia. 'Problemas' seletos da 'lógica'). GA, 45. [Preleção do semestre de inverno de 1937/1938 em Friburgo].

normativo e orientador na determinação do ser, leva a que se aliene o emergir e o transforme na essência do mostrar-se e do aparecer. Essa essência do ser é o fundamento para a seguinte interpretação do ser como entidade no sentido do κοινόν da ἰδέα; entidade é "o ter-visto (a face)" - aspecto e visibilidade. Não há nada mais sobre a emergência bocejante e ao mesmo tempo iniciante que, abrindo o aberto para o que se presenta e se volta contra, espacializa a presentação em sua constância. Na medida em que o ser mantém em si inicialmente o domínio de sua essência e recusa desde então a clareira da essência plena da emergência, já fracassando, assim, a possibilidade de saber da recusa, o manter-se-em-si da dignidade essencial do seer no primeiro início atualiza uma consequência histórica, que precisa ser concebida como a outorga de poder ao caráter de poder velado em tal determinação do ser. A φύσις não é despotencializada como se ela mesma fosse no fundamento de sua essência poder; ao contrário, porém, é o seer que se priva do primado em relação ao ente e lhe entrega o destaque no ser que só continua sendo concebido superficialmente. Em verdade, esse caráter de poder só vem à tona inicialmente por assim dizer de maneira cautelosa em sinais irreconhecíveis, até que ele, então, se destaca e prepara aquilo (no pensar da história do seer) que precisa ser concebido como a suspensão do ser à essência da maquinação.

Aristóteles ainda conserva o último resto da essência inicial da clareira do seer como emergência. Na essência da emergência reside retida a constância da presentação. Essa presentação, porém, é denominada por Aristóteles, na medida em que ele concebe a entidade como ἐνέργεια. O que essa palavra metafísica fundamental quer dizer é a presentação que se essencia na obra como obra; a presentação que mantém algo pro-duzido em seu estado e que constitui, desse modo, a sua inserção consistente. A questão é que, justamente essa palavra metafísica fundamental que busca salvar o último brilho da essência da φύσις se torna o impulso para a perda definitiva, que logo se propaga, da essência inicial do seer. Pois a ἐνέργεια não é mais concebida com vistas ao ser e a partir da lembrança da presentação pouquíssimo clareada no sentido da inserção consistente da presença, mas o ἔργον é explicado a partir de um olhar retrospectivo para aquilo que é ele mesmo algo presente à vista: o fazedor e o que o faz (ποιεῖν). E, uma vez mais, a um passo essencial distante do ser como constância da presentação, a interpretação do ποιεῖν decai no realce da realização. A ἐνέργεια é transportada para a palavra *actus*. Essa tradução, que decide de antemão toda a metafísica futura do Ocidente até Nietzsche, não é nenhuma coisa extrínseca de um processo extrínseco e supostamente ulterior na terminologia. Muito ao contrário, essa terminologia é a consequência do fato de o ser velar sua própria essência e entregar a determinação de seu conceito a um pensamento que esqueceu desde então a questionabilidade do seer. É dessa ausência de pensamento que vive de início aquela "filosofia" que se denomina "metafísica cristã" e que estigmatiza tudo aquilo que não possui o seu modo de ser como uma história de erros e presunções.

A palavra latina *actus*, *agere* não consegue denominar de maneira alguma o mínimo que seja daquilo que interpela no dizer grego da palavra ἐνέργεια. A romanização dessa palavra grega metafísica fundamental realiza de tal modo uma reinterpretação completa e desenraizadora do conceito de ser, que a interpretação romana determina ao mesmo tempo a metafísica moderna e subjuga em seu campo de visão a concepção do pensamento grego. Toda interpretação futura da metafísica grega é cristã – mesmo aquela de Nietzsche.

XIV
O seer e o ser

66. O ser – Captado na adjudicação (o elemento "categorial")

O seer é e, *contudo, nunca se torna um ente.* O ser do ente – como *adjudicação* (predicado) de e em relação a esse ente – requisita o seer, na medida em que a sentença enunciativa também já sempre se mantém no aberto e interpela algo descoberto de antemão como ente em seu "que" (ele "é") e em seu ("é") de "tal" e "tal" modo. O que é captado na adjudicação e apenas nela (o ser como entidade) é o "elemento categorial". Como a adjudicação é determinada posteriormente como uma enunciação do "sujeito" sobre objetos e como essa enunciação se move sobre o caminho e sobre a ponte da relação sujeito-objeto, isto que é captado pode e precisa ser apreendido *sobretudo* como "subjetivo" (pertencente ao sujeito) *e* como "objetivo" (como determinação do objeto), e, justamente por isto, logo apenas como uma coisa *ou* a outra. E, por fim, a relação sujeito-objeto pode ser estabelecida como uma relação finita, a partir de uma in-finitude, que supera ao mesmo tempo o i-mediato e unilateral da mera referência ao objeto e da mera referência ao sujeito e os dois, preenchendo em uma tal superação como mais essencial a essência da subjetividade incondicionada.

A própria relação sujeito-objeto funda-se na verdade como *correção,* essa na representação do ente em sua entidade (do homem como animal).

Que, contudo, o seer entregue ao ente, ser denominado por meio da entidade e ser interpretado exclusivamente a partir dessa entidade como ser – o que diz isto acerca do próprio seer?

A *entidade* (constância e presença) exige que se constitua a essência do ser e, assim, que se determine o "ente" e – em oposição a ele – o que vem a ser equanto tal. Mas de onde provém a "oposição", se um outro não é posicionado por meio da entidade? E como é que se dá esse outro, se ela mesma não for uma decisão por uma medida, que ela mesma queira dar (o fato de que só o "eterno" e "presente" "é" propriamente)? E como essa decisão, se ela não cinde entre possibilidades e se ela se subtrai à cisão e ao cindido, na medida em que não atenta para o âmbito da decisão (do espaço-tempo) e se esquece essencialmente de que, contudo, algo temporal é requisitado?

De onde, porém, a decisão pela entidade como essência do ser? O seer exige uma decisão, na medida em que entrega o ser ao ente como entidade – e de quem? Daquele que só chega à sua essência *por meio* dessa decisão e sobre ela como um fundamento, sem apreender e assumir o abismo da essência, mas talvez apenas para, depois, começar uma *fuga da essência* (cf. lá) – do homem como ζῷον νοῦν (λόγον) ἔχον?

Mas de que essência é essa decisão? A decisão pela escolha da essência e pela assunção da essência – mas que "essência", então, pode assumir sua essência e juntamente com isto também fugir dela?

O que precisa "acontecer apropriativamente" aí? O próprio homem não precisa ser superapropriado aí em meio ao acontecimento para o assinalamento à sua essência, e essa essência do homem não precisa ser fundada no assinalamento à verdade do seer ainda indecidida, mas de tempos em tempos a ser decidida e, com isto, ao caráter de jogado na essenciação do seer, de tal modo que esse seer é justamente aquele acontecimento da apropriação da humanidade para aquilo que é imposto como indigência da divindade?

Por que o acontecimento apropriativo (a essência do seer) exige sempre a cada vez uma decisão de sua verdade e isto de antemão de tal modo que até mesmo a verdade, enquanto tal, permanece no esquecimento? E por que essa decisão no primeiro início é uma decisão pela φύσις e, por conseguinte, pela οὐσία enquanto ἰδέα?

Na medida em que o seer entrega ao ente a entidade, ou seja, admite a entidade como o ser, ele se recusa e se encobre como a recusa, preservando-se para a doação única – sem rastros e sem poder.

A recusa impõe a reunião, a concentração em um e a notação da presentação emergente (φύσις). É isto que o seer ainda entrega a partir do encobrimento ao que nota; e isto de tal modo, em verdade, que esse o encontra previamente no que há de mais próximo e mais amplo e o confirma como a determinação "entidade" para o ente.

Desde então, todo "é" e todo ser alça-se a partir do ente; desde então o ente possui o primado do ponto de partida - mesmo lá onde a 'Origem" da entidade (sempre categorial) é transposta para o interior do "eu penso" e de seu ter-sido-pensado.

A φύσις é o seer que acaba de ser salvo como entidade e como ente, quer dizer, ela é o velamento inicial da recusa que é em essência acontecimento da apropriação.

De acordo com isto, a essência do homem movimenta-se mais e de maneira mais segura em direção â animalidade - a divindade dos deuses, porém, torna-se divindade no sentido do primeiro-elemento-causal e condicionante, isto é, no sentido do elemento explicativo que fecha todo cálculo.

Em um último desvanecimento, o próprio ser se torna uma "palavra" e um quadro vazio da representatividade enquanto tal que, talvez, ainda abarque o homem e os "deuses" e todas as coisas como um abrigo, que não é abrigo algum e só é utilizado, na medida em que a re-presentação se afirma como o modo primeiro e derradeiro da referência ao "ser" (e ao ente). A representatividade, por sua vez, permanece empacotada no expresso e expressável da adjudicação (categoria - predicado); a fala e a linguagem, porém, são um instrumento e um meio do animal homem.

Todo ser e toda essência do ser encontram-se assinalados ao caráter do que é ulterior e dependem do *ente* como aquilo que propriamente "é".

Permanece não apenas estranho, mas efetivamente impensado e inquestionado o fato de que apenas o seer *é* - e o ser como entidade é sua aparência inicial e necessária, no interior da qual aquilo que denominamos o ente pode se arrogar a semblância do propriamente "ente", do efetivamente real, daquilo que "é".

Aqui ocorre o espetáculo da metafísica, isto é, da história metafisicamente fundada do homem ocidental. Aqui se chega às inversões alternantes, que ora estabelecem o caráter não sensível da ideia, ora o caráter sensível da não ideia como o propriamente ente e que, com isto, dão ensejo a pontos de vista diversos e, contudo, sempre iguais, ao mesmo tempo em que fazem, porém, com que se esqueça definitivamente o esquecimento inicial do seer por sobre a autoevidência do ser *(no interior* dessa história).

Esse esquecimento conserva aquela indigência que torna necessária uma decisão quanto à verdade do seer e que nega ao ser a sua primeira distinção – a questionabilidade.

66a. O seer e o ente

Nós pensamos que, como o ente é denominado segundo o seer ou mesmo como o seer é apenas o arrancado ao ente, ele (o seer) precisaria se encontrar "no" ente e ser contabilizado a partir dele.

Mas o seer nunca deixa um rastro no ente. O seer é o sem rastros, que nunca pode ser encontrado como um ente entre entes, no máximo em sua aparência inicial – no ser enquanto entidade. Como, porém, o ente chega a esse nome do ser (ou seja, à entidade)?

Porque ele (o que ele "é" afinal?) vem à esfera do seer, mas a clareira se essência apenas como o aberto do acontecimento da apropriação.

Esse "vir" à clareira acontece como *acontecimento apropriativo.* A clareira não está presente-à-vista – por assim dizer como vazio, para o qual posteriormente aflui a cada vez o ente. Ao contrário, a clareira irrompe naquilo que somente por meio daí se torna "aquilo" e se presenta e ausenta como "ente".

Visto a partir de si, o ente permanece sempre na entidade. A entidade é o mais elevado e único que há para dizer, isto é, para pensar a partir do ente sobre o ente; pois ter o ente como ponto de partida já significa satisfazer-se com o produzido e representável, com o presente *e* ausente e, com isto, ao mesmo tempo, com "o que é" (o ente) e o que vem a ser.

Mas por que o seer se solidifica com vistas ao ser sob a figura da entidade? Solidifica-se afinal o seer? Ou será que ele entrega o ente a si mesmo e ao aberto que lhe é intangível?

O acontecimento apropriativo deixa o ente vir à tona como um tal, na medida em que recusa a si mesmo sem deixar rastros e, justamente assim, ri, abandonando, porém, ao mesmo tempo ao ente como reivindicação a denominação com o ser (o fato de que "ele" é e seja).

O sem reivindicação, sem rastro e sem poder dificilmente quer ingressar na representação que só conhece o ente; e se ela admite algo assim, ela precisa ao mesmo tempo avaliá-lo como o fraco e nulo, que se desvia daquilo que distingue o ente como o efetivamente real (eficaz).

O acontecimento apropriativo (isto é, a sua mera semblância sob a forma da aparência representada) aparece tão facilmente como *suplemento* fugidio do ente, um suplemento que não chega nem mesmo a aceitá-lo, mas apenas o suporta como uma sombra (o que é visado é o ser como objetividade) sobre si. Mesmo quando o ser é distinto por meio do "a priori" (subjetiva e objetivamente), ele permanece degradado no nível de um suplemento (anexado).

Por que o homem pensa tão raramente o ser em sua essência como *origem* (*salto originário*) e esgarçamento do abismo, como aquilo que *exporta* pela primeira vez *de maneira resolutora* o ente enquanto tal com o ente?

Porque o homem fixou inicialmente a sua essência de um tal modo que ele se encontra "em meio ao ente" - como um ente entre outros - defronte ao ente como re-presentador e pro-dutor; a partir de um tal *posicionamento*[1], ele determina para si o seu *estado* e o seu "si mesmo" como algo situacional.

---

1. Há aqui uma nuança do original que se perde na tradução. Na verdade, tanto a palavra "representador" quanto a palavra "produtor" se compõem em alemão a partir do verbo *stellen* que significa literalmente "colocar", "posicionar". De qualquer modo, porém, como há um paralelismo ao menos semântico entre representar e produzir, por um lado, e posicionar, por outro, optamos por manter uma tradução direta, explicitando o problema na nota de pé de página [N.T.].

O ser, portanto, ou é considerado como verniz (objetividade, representatividade e vivência representadora), ou é declarado pura e simplesmente "causa" de si mesmo e, com maior razão, "causa" *"essente"* do ente.

As duas interpretações do ser (como verniz e como elemento impulsionador) correspondem-se e revelam, de uma maneira a cada vez diversa, o aprisionamento velado para si no ente como o presente-constante. Mesmo lá onde a representação da entidade (o pensar do ser) se alça para o nível do pensar absoluto, o ser continua sendo determinado como "ideia" - o pensar como aquilo para o que o aparecer-se do ser (objetividade) *aparece;* e isto de tal modo, em verdade, que nele e para ele a consumação da representatividade é levada a termo e as condições da constância do objeto e do seu deixar-contrapor-se são retomadas em sua relação recíproca em meio ao incondicionado que, por seu lado, se determina a partir da anotação consumada do todo do condicionamento - do pensar condicionante.

XV
O pensar do seer

67. O pensar do seer

O fato de uma pluralidade de entes poderem se impor ao homem nas múltiplas e até mesmo gigantescas transformações, encantando-o e levando-o a realizações incomuns, sem que o seer jamais se anuncie no ente ou mesmo vença o predomínio do ente!

O que isto significa? Isto fala a favor do próprio direito e da "verdade" exclusiva do ente ou é apenas o sinal ainda irreconhecível da impotência definitiva do ente sob a proteção da aparência da propagação desenfreada de sua maquinação? Já foi tomada aqui algum dia uma decisão em favor do ente (daquilo que é a cada vez considerado como tal em uma época mesmo sem a fixação expressa)? O ser não precisa se haver, então, com o fato de ser determinado em consonância com o ente, e essa determinação não precisa se satisfazer, como um mero suplemento, com uma tolerância precisamente ainda admissível? Ou será que já se encontra por detrás daquele primado do ente (da "realidade efetiva" – do "feito" – da "vida") uma decisão sobre o ser? Talvez, porém, essa "decisão" seja até mesmo apenas uma ausência de decisão, que deixa o seer acontecer, para entregar o ente temporariamente à ausência de fundamento e, com isto, à consolidação de um erro para o qual nem mesmo se atenta, a saber, o fato de o *ente* "dizer" o que seria o ser?

Mas se o ser nunca pode retirar a sua verdade do ente, ainda que a meditação sobre o modo como o ente justamente agora dominante é visado e compreendido *como* ente só propicie a constatação daquilo que já dirige como entidade toda referência ao ente; se essa entidade, por mais que seja tomada pelo seer, dissimula sua essência e considera como desnecessária a descoberta da essência, porque já a toma de qualquer modo por decidida; e se, por isto, o pensar do ser, na medida em que representa a entidade, permanece tributário do primado do ente, então o pensar precisa finalmente se recordar de sua única determinação, transformando a si mesmo por meio da assunção dessa única determinação. Ele precisa ser a partir de sua necessidade mais própria e *apenas* a partir dessa necessidade o que ele é.

Se o pensar do seer não provém da indigência da experiência da indeterminação da verdade do seer e da ausência de fundamento dessa verdade, se ele não escolhe como a sua única tarefa apreender com efeito expressamente o âmbito projetivo para a compreensão do ser de início apenas como o primeiro plano incontornável para a compreensão da verdade do seer, mas também já pensa aí inteiramente em meio ao espaço em que ele mesmo se essencia, se ele não reúne para si toda meditação pensante com vistas a esse uno, o fato de o ente ser clareado e se encontrar no interior de um aí e de o próprio homem errar através desse aberto, sem confiar na essência dessa clareira e pertencer a ela, então todo empreendimento colocado em curso de "filosofia" permanece ainda mergulhado em infinitas imitações da metafísica, cuja in-essência (indissociável da essência) se propaga no fato de deixar a questão acerca da verdade do seer incompreensível.

A opinião há muito dominante no entendimento comum de que o "ser" (ele visa aí sempre ao ente) nunca pode ser apreendido pelo "intelecto", nem se deixa tampouco produzir, já é sempre a *consequência* daquela propagação da inessência da metafísica. Os dois concordam com o fato de que a impotência do pensar ante o ser (visado é o ente) estaria decidida. Mesmo a metafísica é de uma tal opinião, uma vez que ela efetivamente pretende conceptualizar a entidade do ente, o seu *a priori*, um negócio que lhe é entregue pela "vida" habitual, mas também a única a se mostrar como ativa e como criadora de realidade efetiva.

E onde ainda se tenta um pensar metafísico do ser, permanece-se fora de condições de mesmo apenas refletir sobre o fato de esse próprio pensar outrora, em seu início, só ter conseguido conquistar de maneira pensante aquilo que ele agora só continua representando como o vazio do mais genérico, porque o pensar ainda tinha lutado por sua determinação (direção e modo do projeto, assim como o tipo da primeira custódia do projetado) e a possuíra a partir do ser-afinado pela tonalidade afetiva fundamental do es-panto.

Há muito tempo, sobretudo no interior da Modernidade (a Idade Média permaneceu sem "filosofia", ela só a processou teologicamente), entrou no lugar do es-panto "do" (genitivo "objetivo") e sobre o ser o sorver de vivências do ente. O "pensar" perdeu sua necessidade, que só pode emergir e ser preservada a partir da liberdade do início. Ele passou a desempenhar o papel de serviçal em meio à configuração da "cultura"; e a filosofia é agora computada a partir daquilo que ela pode significar para a "cultura". Foi assim que aconteceu por último com Nietzsche. Por meio daí, porém, a determinação do ser, até onde ela ainda podia importar, recai totalmente sob a dependência da tutela do ente a serviço do asseguramento e do desdobramento da humanidade como *o* ente do centro.

A articulação da filosofia com a "cultura" caracteriza o estado final da metafísica, na medida em que, nesse estado, a inessência se assenhoreou da essência e aniquilou, com isto, uma possível transformação da essência.

É só como pensar da verdade do seer que o pensar retorna para o interior de sua necessidade mais própria. Visto em termos modernos, isto significa: só quando a filosofia, coagida por *sua* indigência, compreende que ela não tem, em sentido *algum*, algo em comum com "cultura", ela propicia para si uma meditação sobre si mesma, que é suficientemente forte, para ousar seu início mais próprio de maneira mais inicial. Esse pensar do seer não *computa* o ser a partir do ente, tampouco "apresenta" apenas a entidade já vigente, mas se coloca no pensar (isto é, no questionamento da *verdade* do seer) naquela clareira em meio ao ente, *a partir da* qual e *na* qual apenas ele pode ser determinado pelo próprio seer, isto é, pode ser inteiramente afinado e, assim, jogado em direção à essência do seer.

O seer mesmo se apropria do pensar em meio ao acontecimento para a história do seer, para o fato de o seer ser *acontecimento apropriativo*. Assim, o pensar se torna pensar da história do seer. O pensar "do" seer nem deixa o ser provir como a determinação mais universal do representável, isto é, como indeterminidade, a partir do pensar como sujeito, e, assim, se tornar aquilo que se contrapõe ("objeto") para esse sujeito (o genitivo na locução nominal "pensar do seer" não é nenhum genitivo "objetivo"); nem, contudo, o seer mesmo é o elemento pensante, isto é, a realidade efetiva, que se determinou como razão e como espírito, a fim de realizar o pensar em si como aquilo que subjaz (*sub-jectum*) enquanto o modo de sua autorrealização (o genitivo também não é nenhum genitivo "subjetivo").

O pensar do seer da história do seer é apropriado em meio ao acontecimento pelo seer mesmo como aquilo que lhe é totalmente estranho e remetido à verdade do seer para a sua fundação. O seer não é nunca objeto, mas o acontecimento apropriativo, em cuja clareira a ele pertencente o pensar é insistente.

Aquilo que o pensar da história do ser conquista para si de maneira pensante é primeiramente o *ser-aí*, na medida em que um tal pensar é determinado a fundar um fundamento para o abismo do seer. O ser-aí, contudo, não é o homem, mas aquele por meio do qual a desumanização do homem (a superação do animal historiológico) é possibilitada, uma vez que o ser-aí oferece de antemão e pela primeira vez os sítios para a exposição do homem ao ente. Aqui, não se está senão nomeando um primeiro salto próprio ao pensar da história do seer. O ser-aí não é, uma vez que ele é apropriado em meio ao acontecimento pelo seer como exportação resolutora, apenas o fundamento do homem.

Somente na fundação projetiva do ser-aí e como essa fundação, o pensar da história do seer consegue ao mesmo tempo "também" "pensar" a cada vez o seer mesmo, isto é, se jogar, nesse campo projetivo, ao encontro da suportação fora do acontecimento apropriativo.

A partir daí já fica claro que a essência do pensar não é mais lógica, isto é, conquistada com vistas ao enunciado sobre um ente. Seu conceito determina-se muito mais a partir da experiência fundamental do pertencimento da compreensão do ser à verdade do próprio seer.

Pensar no sentido acentuado do pensar pensante é fundação projetiva da verdade do seer: insistência na suportação da guarda dessa verdade. Pensar não significa mais o re-presentar do ente em geral. O pensar não é de maneira alguma um instrumento, que é usado para efetuar algo diverso, por exemplo, "conceptualizar" uma visão e algo visto.

O pensar metafísico nunca pode se tornar o pensar do seer por meio de uma troca de seu "objeto", por exemplo, ou por meio de uma ampliação do questionamento até aqui: pois este é o cerne de toda metafísica, o fato de o ser permanecer decidido na demarcação essencial como entidade, por mais que essa entidade possa ser apreendida como sempre de acordo com a determinação do ser pensante (do homem como ψυχή, *ego cogito*, *animus*, *ratio* - razão - espírito - "vida"). A metafísica conecta a si mesma necessariamente na cadeia das "categorias", cuja essência já está decidida desde Platão e Aristóteles e cuja dedução, classificação, número e interpretação ("subjetivo" - "objetivo") é mutável *no interior* da decisão do ser como a entidade e dessa entidade como o categorial.

Por meio dessa decisão pela entidade como a essência do ser, a metafísica permanece como tal inculcada em uma posição fundamental que, sem prejuízo por conta das possíveis modulações, oferece um asseguramento e uma cobertura contra todo impulso para um outro questionamento. Para o pensar metafísico, nunca se consegue ver de modo algum em que medida ainda deve ser possível e mesmo necessário um outro pensar do ser.

E mesmo a tentativa de ainda que apenas dirigir esse pensar metafísico nele mesmo para os seus próprios "pressupostos" e, assim, iniciar a partir dele mesmo uma autossuperação precisa fracassar; pois uma tal tentativa (*Ser e tempo*)[1] é inevitavelmente interpretada *uma vez mais* de maneira metafísica. E, em verdade, não como a conquista, por exemplo, de um ponto de vista mais elevado da metafísica, mas como queda a um ponto mais baixo. Sim, como a essência do ser como entidade se acha firmada e como essa entidade se desdobra e só consegue se desdobrar no "elemento categorial", a referência ao campo projetivo *dessa* compreensão metafísica do ser precisa recair ao mesmo tempo na mais tosca interpretação falsa, que lhe pode ser efetivamente dada. A incursão na "*compreensão* de ser" é, então, apenas um retorno às condições "antropológicas" e, além disto, "unilaterais" de realização de pensamento, dito de maneira grosseira, a uma "psicologia da metafísica" e, com isto, tudo menos a uma contribuição para um aporte à consistência categorial. A

---

1. GA, 2.

metafísica só pode esperar um progresso da "ontologia"; e, na medida em que a "ontologia" investiga efetivamente o "ser em si", a incursão na "compreensão de ser" precisa ser desvalorizada metafisicamente como "subjetivação" e, assim, como uma ameaça à "objetividade" do pensar e à "lógica" em geral.

A tentativa de um início da autossuperação de toda metafísica alcança o contrário daquilo que ela quer, uma vez que sempre recai justamente na interpretação metafísica (o que significa ao mesmo tempo na interpretação antropológica no sentido mais amplo possível).

A autossuperação do pensar do ser no sentido da representação da entidade não significa nada menos do que abandonar *esse* pensar no salto para algo completamente diverso; "autossuperação" não tem aqui o caráter metafísico (por exemplo, hegeliano) de um progresso constante em direção a um ponto de vista ainda não desdobrado, mas de qualquer modo precisamente ainda *metafísico*; autossuperação não é só um manter-se clarificado ao si mesmo vigente até aqui e, com isto, uma reconquista ainda mais pura. Ao contrário, ela é um *abandono decidido* da posição metafísica fundamental enquanto tal, decidido por meio da decisão para um questionamento totalmente diverso.

Esse outro questionamento (acerca da verdade do seer) é determinado, contudo, por meio do pertencimento ao próprio seer, o que visa a algo completamente diverso da entidade em si. *Ser e tempo* emerge do salto já realizado para o interior desse pertencimento ao seer, que não é nem pensado como entidade nem é computado como o "absoluto" (no sentido cristão ou não cristão). O salto tem inicialmente a figura de uma tentativa de fundação e, com isto, da determinação unicamente possível da *verdade* do seer; e isto inclui como o próximo momento o desdobramento essencial da essência da verdade, que nunca pôde ser concebida pela metafísica senão como correção e validade da representação, correção e validade que se degeneram, por fim, na relação sujeito-objeto e que precisaram se instalar nela.

O fato, porém, de o pensar histórico-ontológico "do" seer não poder ser realizado nem no sentido de um *genitivus objectivus* nem com o significado de um *genitivus subjectivus* indica a incomparabilidade como todo pensar metafísico.

XVI
O esquecimento do seer

68. O esquecimento do seer

Ele é o esquecimento ab-issal (isto é, voltado para o seer). O que nele permanece esquecido (conservado em um não conservado distinto) é de início aquilo que é *constantemente* conservado na compreensão de ser e que precisa permanecer guardado sobretudo em uma conservação peculiar; e isto de tal modo, em verdade, que esse conservado em sua conservação entrega ao homem em geral o fundamento, sobre o qual ele pode se manter insistentemente em meio a uma clareira do ente, comportando-se em relação a ela, suportando essa clareira, a fim de, assim, ser um *si mesmo*. O pertencimento à verdade do seer e, de acordo com ela, o estar-exposto ao ente fundam-se concomitantemente em um esquecimento do ser.

No esquecimento cotidiano do ser, contudo, um esquecer mergulha no esquecimento juntamente com o esquecido (ressaca). Esse esquecimento se assemelha, caso ele efetivamente seja visto, ao mero nada.

O esquecer do ser não é nenhum passar desapercebido e nenhuma perda de algo conservado, nehuma separação em relação ao recordável e nenhum alijamento do recordado. O que ele é então? Uma mera desconsideração do ser, que aqui é constantemente pré-compreendido? Apenas um não pensar-nisto -expressamente?

As coisas quase se mostram como se se tratasse de uma indiferença indiferente, uma vez que o atentar expresso para o que é normalmente esquecido como algo de qualquer forma constantemente conservado não resolve nada, a não ser que, por meio daí, a imediatidade despreocupada da referência ao ente, que foi concedida até aqui por meio do esquecimento, seja perturbada, sem oferecer um ganho em termos de uma intelecção essencial; pois esse ser revela-se sempre a cada vez apenas como o vazio e o mais universal, que pode ser equiparado ao nada e sobre o qual não se pode dizer nada mais, algo cujo entendimento equivale à mais adequada captação do ser. Mas, então, o esquecimento do ser não precisa ser denominado o esquecimento mais superficial de todos? O discurso acerca de um ab-ismo do esquecimento revela-se como um exagero infundado.

Com certeza, tudo aquilo que pode ser a princípio dito da constante compreensão do ser e de seu esquecimento se mostra assim. Mas o que nos garante que isto é apenas uma aparência que possui um fundamento abissal: é justamente o fato de o ser ser tomado como o mais vazio e mais universal e mantido de maneira tenaz nessa determinação, sobretudo uma vez que essa determinação se confirma o tempo todo e se mantém no período de consumação da metafísica no mesmo sentido. Em verdade, por mais que tenha se mostrado de diversas maneiras, ela foi sempre conservada expressamente: por Hegel como o imediato indeterminado, por Nietzsche como a última fumaça de uma realidade evaporada.

A metafísica trouxe à tona essa interpretação do ser. A metafísica possui a segurança de sua consistência nessa interpretação; por meio da metafísica, o esquecer do ser é impelido ao esquecimento e, em verdade, *porque* ela enquanto metafísica "elevou" o ser à indiferença do maximamente universal ("do maximamente geral").

É uma *consequência* do domínio da metafísica e, em um sinal que aponta para trás, um aceno para o seu próprio fundamento o fato de o esquecimento do ser, caso sejamos impelidos a ele, não nos "tocar" mais e só continuar no máximo nos ocupando como uma curiosidade facilmente explicável: uma consequência do fato de ele retirar sua consistência de um descaso em relação à questão do ser (cf. semestre de inverno de 1937/1938[1]). Aqui, porém, é o lugar da decisão, da decisão única e mais simples, a partir da qual se decide, concomitantemente, a história vindoura do homem ocidental: quer se permaneça no in-

---

1. *Grundfragen der Philosophie* – Ausgewählte "Probleme" der "Logik" (Questões fundamentais da filosofia – "Problemas" seletos da "lógica"). GA, 45.[Preleção em Friburgo no semestre de inverno de 1937/1938].

terior dessa intepretação do ser, quer essa interpretação abale o homem (em sua essência até aqui como animal *rational*), des-locando-o até mesmo em um abismar-se[2], por meio do qual ele é transposto para a indigência de uma fundação totalmente diversa, uma transposição que, contudo, não pode ser obra sua e sua instalação, mas precisa ser concebida como acontecimento da apropriação por meio do seer mesmo.

O esquecimento do ser seria, então, repentinamente algo diverso, não mais o elemento superficial de uma mera desconsideração do ser (como o vazio), mas o não questionamento da verdade do ser como o fundamento, que ainda porta ele mesmo aquela superficialidade e indiferença do esquecimento do ser. Esse esquecimento seria, então, um mergulho na ausência de questionamento em relação ao que há de mais questionável – o que há de mais ingente a se estender de maneira abissal sob a superfície mais fina do homem esquecido do ser. E, *por isto*, mesmo o esquecimento do ser nunca seria uma mera inadvertência do homem, mas acontece antes apropriativamente por meio do próprio seer e se mostra como um aceno enigmático para a sua essência: a recusa que raramente se doa enquanto tal ao homem, para que sua essência alcance a pertinência ao seer e, nela, encontre a mais elevada necessidade: criar no ente desse seer um sítio de sua verdade, para que o seer auxilie, como o ab-ismo do vir-ao-encontro de humanidade e divindade, os deuses a que eles cheguem à sua essência.

Por isto, o homem nunca pode tampouco alijar o esquecimento do ser. Ainda que ele honre o que há de mais questionável na questão acerca da verdade do seer e precisamente então, ele sempre ratifica o fato de precisar ser aquele que é apropriado em meio ao acontecimento do acontecimento da apropriação, de a recusa permanecer e exigir o voltar-se para o *ente* e a insistência

---

2. Heidegger joga aqui com o sentido etimológico do termo alemão *ent-setzen* que significa, traduzindo ao pé da letra, des-locar, mas que possui o sentido corriqueiro de "espantar-se", "abismar-se", "horrorizar-se". O que se acentua com esse sentido corrente é o fato de todo des-locamento produzir um estranhamento correspondente. Para acompanhar o intuitivo argumentativo do texto, optamos por traduzir literalmente o vocábulo hifenizado *ent-setzen* e usar a tradução corrente para o uso não hifenizado [N.T.].

nele e, com isto, uma vez mais, um esquecimento do ser, que não é atenuado pelo questionamento do seer, mas é comprovado apenas em seu caráter ingente. No pensar da história do seer só se rompe a superfície do esquecimento do ser, mas nunca se supera o próprio *esquecimento*. Ao contrário, o esquecimento é "apenas" aberto em sua abissalidade. Esse esquecimento pertence à insistência na clareira do ente; o *ser aí*, no interior do qual se encontra o ente, significa ao mesmo tempo estar ausente no interior da clareira do aí do ser mesmo e de sua verdade. Esse estar ausente pertence ao ser-aí, possibilitando e obrigando o homem como aquele ser que, na conservação, configuração e descerramento do ente, consegue assumir a guarda da verdade do seer. O estar ausente da recusa velada mantém o homem *afastado* do fundamento de sua própria essência, um fundamento que é, por isto, o ab-ismo que mantém aberto o esquecimento. Esse esquecimento do ser, porém, é ao mesmo tempo o fundamento para a possibilidade e a necessidade de todo aquele esquecimento que impera inteiramente, como a não retenção do ente, através do comportamento do homem. O esquecimento nunca pode ser explicado, portanto, como o resultado de um mero esquecer. Esse próprio esquecer como um não comportamento e uma não relação com o ente enquanto tal funda-se naquele estar ausente abissal, que vibra na essência do ser-aí.

No ser-ausente, o *ser*-aí atesta o mais profundo pertencimento ao aberto da recusa; e isto de tal modo, em verdade, que essa recusa só consegue se esconder com base nessa abertura e nela. Inimaginável *é* o seer e aquele que o pensa.

Isto, contudo, somente se o pensamento já superou a metafísica, para a qual o ser logo precisa se dissolver no que é pensado, de tal modo que não resta nada que pudesse ser impensado ou quiçá inimaginável; pois todas as "categorias" e sistemas de categorias são apenas a ratificação daquilo que já está decidido para a metafísica: o fato de o ser se mostrar como o mais universal e o mais vazio e, por isto, precisar ser completado e abastecido com o "desenvolvimento" das categorias.

Mas será que pensamos em meio ao saber acerca do esquecimento originário do seer (que pertence ao próprio seer) ao mesmo tempo a origem do que possui o caráter de negação? (cf. 78. O seer e a "negatividade").

XVII
A história do seer

69. A história do seer

Se virmos a essência do "trágico" no fato de o início ser o fundamento do declínio, mas de um declínio que não é um "fim", senão a esfericidade do início, então o trágico pertence à essência do seer.

Isto possibilita, contudo, que haja "tragédias" lá onde o ente alcança a origem do seer: na história do ente e, em verdade, apenas daquele ente cuja essência está enraizada na referência ao seer. A grande poetização – essencial – como instauração do seer é "trágica". E, talvez, as "poesias trágicas" até aqui não tenham sido senão antecâmaras, porque, de acordo com a sua pertinência à metafísica do Ocidente, elas poetam o ente e só mediatamente o seer. A denominação "trágico", no entanto, não possui nenhum papel particular no contexto dessa designação, sobretudo não no sentido de que se deveria inventar aqui uma "filosofia trágica". Essencial é apenas o saber sobre o início como o fundamento do ocaso que o arredonda. Se falarmos a partir do pensamento do início do "fim", então isto nunca visa à mera interrupção e relaxamento, mas antes à consumação à altura do início e, contudo, decaída em relação a ele daquilo que o início, saltando previamente à sua história, posiciona e decide como possibilidades.

A primeira história do ser, desde a φύσις até o "eterno retorno", é um início declinante. Mas essa história permanece velada em seu transcurso, o palco para o ente e para a sua representação e produção não a conhece nem mesmo como pano de fundo. Como o início só pode ser experimentado inicialmente, aquele primeiro início e sua história só ganham o aberto – mas nunca o espaço público – a partir do outro início da história do seer.

Se a filosofia é pensar do seer no sentido do pensamento prévio questionador em meio à fundação da verdade do seer, então o nome "filosofia trágica" diz duas vezes o mesmo. A filosofia é em si "trágica" segundo o conteúdo citado dessa palavra. Não há nenhum ensejo aqui para, a partir dos modos usuais de escuta, considerar a filosofia como "trágica". Junto à sobrecarga dessa palavra com opiniões "historiológico-literárias" e "cultas", é melhor deixá-la sem ser usada. Aquilo que é insinuado pela caracterização essencial do início (a inclusão previamente decidida do ocaso e o "início" com ele) também pode ser concebido e mantido sem essa palavra na postura do pensar.

*

A história do seer

O seer como origem (*Reflexões X*, 47ss.)[1] é, enquanto o rasgo clareante, no qual o ente pode chegar a "postar-se", o acontecimento da apropriação do homem ao assinalamento à verdade do seer. O assinalamento é de-terminação, o lançamento que joga o homem em uma tonalidade afetiva fundamental, na qual sua instrução deve se fundar, uma instrução de acordo com a qual ele é instruído à fundação para a verdade do seer.

Raro é o acontecimento apropriativo e, com ele, a possibilidade de que o homem seja lançado para o interior do cuidado com sua *essência* e, com isto, arrancado à aflição consigo mesmo como algo presente-à-vista (isto é, como singular e como comunidade). Raro é o acontecimento apropriativo e, com ele, *a* história, na qual o homem é conhecido juntamente com sua essência como aquilo que ele tem de conquistar a partir do assinalamento ao seer e, de acordo com isto, a partir do seer mesmo e de sua verdade. Assim como a humanidade é jogada no questionamento, para o qual o seer é aquilo que é mais digno de questão e para o qual só é suficiente como resposta um questionamento ainda mais originário, que se coloca diante da essência do ser como recusa (acontecimento apropriativo – origem), também acontece na história velada do seer o elemento único e digno de acontecer, o fato de o seer como origem (salto originário) ser mais originário do que o início, que ele é. Entre esses acontecimentos apropriativos raros, que determinam seu próprio "tempo", se transcorre

---

1. In: *Überlegungen B* (Reflexões B). GA, 95.

como o seu primeiro plano que se estende a partir do ente a cada vez dominante aquela história que só se torna "história" por meio de uma historiologia usada e aproveitada por ela e que alça o próprio homem cada vez mais como "a humanidade" ou como "o povo" ou como "a vida" ao âmbito de sua finalidade.

O homem é entregue a si mesmo, isto é, a ele mesmo em sua rejeição e exclusão do pertencimento ao ser (isto é, da luta pela fundação da verdade do seer) e abandonado à maquinação do ente; e isto de um modo tão decidido, que a exclusão não é mais de modo algum pensada enquanto tal, nem pode ser voltada para a meditação. Ao contrário, a potência própria da humanidade chega a tal ponto que, em sua "história", ela não deixa mais nem mesmo ao futuro o julgamento sobre si, mas já computa e assegura sua própria "grandeza" no presente. O sinal do fato de que *essa* história da humanidade começou é o despontar da "antropologia", a fixação definitiva da determinação do homem como "animal", isto é, como "vida". Esse processo do despontar da "antropologia" está previamente decidido pela determinação do homem como ζῷον λόγον ἔχον e por meio da interpretação dessa determinação no sentido da representação do homem como animal racional.

O processo do despontar da "antropologia" não é visado aqui como a aparição de um determinado direcionamento e de uma determinada corrente na "historiologia" da "filosofia" e da "metafísica", mas é concebido como uma consequência em termos da história do seer do abandono do ser pelo ente. O que é aportado, dito e "escrito" em particular sobre a antropologia, quem é que empreende essa exposição da "antropologia" de uma forma explícita ou implícita: tudo isto é aqui indiferente, porque precisa ser a mais extrínseca ramificação e serviçalidade a um processo, que seus "representantes", "defensores" e "propugnadores" jamais vislumbram e, para a sua "sorte", também nunca podem vislumbrar. O pensar da história do seer, que precisa levar em consideração os processos das consequências do abandono do ser do ente como necessidades da história do *seer*, também precisa sempre saber que uma tal consideração está fácil e inevitavelmente submetida à falsa interpretação, como se se devesse começar uma "confrontação" com esses "direcionamentos" e com essas "correntes", como se o *pensar* pudesse e tivesse o direito de experimentar uma frutificação a partir de uma tal confrontação. O pensar da história do seer já seria atestado por meio de uma "crítica", segundo a qual ele surgiria de sua própria essência, na medida em que não consegue conceber a história da humanização do homem como uma necessidade a partir da recusa do seer, isto é, na medida em que não consegue pensar o seer essencialmente.

XVIII
Deuses
Projeto daquilo que precisa ser anteriormente pensado em cada denominação questionante da divindade dos deuses

70. Deuses – O saber essencial

Pensá-los e dizer algo sobre eles já exige a insistência em um *saber essencial*. Não se necessita de uma certeza. A certeza reside em um âmbito fora de suas requisições essenciais; pois toda certeza é sempre apenas o asseguramento computável, de acordo com o qual o que não sabe pode ser trazido pela primeira vez para a suposição e a defesa do "saber". O saber essencial possui a sua constância não titubeante no questionamento venerador, que normalmente só é marcado pela desconfiança como a consequência da insegurança. A força para a veneração do mais questionável emerge do es-panto, uma tonalidade afetiva fundamental que transpõe o homem para o cerne da liberdade em relação a tudo aquilo que se mostra apenas como ente e que joga a abissalidade do seer à sua volta. Assinalado ao seer, uma essência só pode subsistir como esse pertinente, se está em condição de dignificar o abismo no espanto, uma dignificação que só possui consistência em uma entrega veneradora à fundação da verdade do fundamento velado. Essa entrega não titubeante, porém, é o questionamento do que há de mais digno de questão. Essa "certeza" – pensada em termos calculadores – incerta se encontra fora do alcance de toda ciência. O saber essencial, contudo, também não pode ser jamais confundido e obscurecido por meio de uma insanidade qualquer de um fanatismo ideológico.

Esse saber questiona sobretudo três possibilidades, por meio das quais a diferença do ente e do seer é mantida aberta a cada vez de uma maneira diversa como *a* decisão.

Como essas possibilidades não são possibilidades que se excluem apenas logicamente, mas são antes possibilidades que se encontram imediatamente e por um longo tempo no poder; e como aquele que questiona precisa ser decidido de maneira questionadora para cada uma delas, a ordem de sua denominação não é aqui nada essencial – sobretudo porque só se está tentando agora uma indicação do âmbito, no interior do qual os deuses são nomeados, esquecidos ou lembrados.

Se o ente, fundado inicialmente em uma instauração do ser, aparece ou não uma vez mais na simplicidade de sua essência; se, por isto, a terra suporta ou não à sua volta, a partir de um caráter incólume originariamente inicial, um mundo tranquilo das ousadias nobres e afina na contenda com esse mundo a concordância do homem com as tonalidades afetivas fundamentais do seer, trazendo à linguagem essa voz, a partir da qual surge um diálogo inicial entre aqueles que, como deuses, colocaram sob si sua ausência de deuses e, como homens, deixaram atrás de si a humanização (no *subjectum* e no animal historiológico); se, para que algo assim aconteça apropriativamente, seer e verdade, divindade e humanidade, história e arte se acham ou não primeiramente de modo poético e pensante, por meio da fundação do *ser-aí*, na origem de sua essência; se a lembrança previamente antecipativa da verdade do seer acontece ou não apropriativamente nos poetas e pensadores, que têm de levantar uma carga, cujo peso se subtrai a todo número.

A outra possibilidade, porém, é: se o ente se enrijece ou não nas correntes e familiaridades da entidade entretecida e misturada até aqui historiologicamente de uma maneira cada vez mais inextrincável, impondo uma completa ausência de decisão. Se no espaço de uma tal ausência de decisão o ente sempre se acastela ou não sobre o ente em instalações sempre novas e em uma controlabilidade cada vez mais rápida; se, assim, sob a aparência da "vida" que se eleva, um ente sempre caça e libera ou não o outro, e se paira ou não sobre tudo o ar do divertimento seguro de seu êxito e carente de validação, até que o fim desse domínio do ente (da "realidade efetiva próxima da vida") tenha se tornado sem fim.

Uma outra possibilidade é ainda, porém, a seguinte: se a primeira possibilidade permanece de fora, a segunda, em verdade, se afirma e, de acordo com a única aparência admitida, o ente domina, contudo, todo ser, se ainda assim acontece algo diverso: se no velamento irreconhecível se inicia a história do seer (a fundação de sua verdade) em consequência da luta dos solitários e se o seer se insere na história mais própria e mais estranha, cujo júbilo e luto, cujas vitórias e quedas só despontam no espaço do coração dos mais raros.

Se a primeira possibilidade, que transpõe transitoriamente a partir da segunda essa segunda para o nada, permanece de fora, então seus presságios (Hölderlin, Nietzsche) passam a se mostrar como referências à terceira possibilidade, isto é, ao processo segundo o qual para nós e para os vindouros, na medida em que eles são arrebatados na segunda, a primeira se perde e a ressonância com a terceira é aniquilada.

O saber essencial não conta "com" essas possibilidades para desvendar o "futuro", mas as questiona a fim de se tornar forte nos questionadores ainda vindouros para a lembrança da decisão entre o predomínio exclusivo do ente e a fundação originária da verdade do seer; e isto seja na medida em que essa decisão dignifica uma vez mais o ente na totalidade com um seer inicial, seja na medida em que o seer recolhe a história de si mesmo no velamento do único que só se mantém ainda e uma vez mais silenciadamente - para os raros.

Esse saber essencial apenas atravessa de maneira errante aquele âmbito, no qual os deuses ainda são nomeáveis - ainda que a partir do mais longínquo esquecimento. Os "deuses", porém, não são pensados aqui como o mais elevado no sentido do poetar e do pensar metafísicos até aqui, mas antes como pertencentes à indigência do seer que vibra através de tudo, porque só ele consegue suportar o nada à sua volta, como a mais pura pureza da inserção de um instante da origem.

Se precisa emergir uma meditação sobre os deuses a partir do saber essencial, então essa meditação só pode pensar na direção da primeira possibilidade, porque somente assim o questionamento sobre o seer impele ao mesmo tempo à decisão a distinção entre o seer e o ente e pensa, com isto, juntamente com o seer, aquilo que dá à nomeação dos deuses uma referência primeira e essencial. O questionamento em meio à primeira possibilidade permanece, contudo, no saber das duas outras possibilidades; sobretudo como algo preparatório, ele nunca pode pretender iniciar decididamente a história do seer no sentido de uma superação das outras possibilidades. O pensar "sobre" os deuses e o seer não descreve nada previamente dado; ele apenas questiona aquilo que um questionar originário - deslocado do ente - precisa se deixar assinalar. O des-locamento do ente, isto é, da exclusividade do primado do ente esquecido do ser, no entanto, precisa ser suportado no saber acerca desse primado, sem jamais descambar para a indisposição da indignação ante estados superficiais. O saber essencial já está próximo demais em seu questionamento venerante da proximidade distante do seer, para tolerar uma perturbação por meio daquilo que é apenas ente. Mas esse saber tampouco deve se fechar ante o já "efetivamente real" na segunda possibilidade, porque esse efetivamente real se transforma naquilo para o que se passou, quando a decisão se coloca na primeira ou mesmo na terceira possibilidade. O saber essencial da segunda possibilidade é um saber do seer, mas sob a figura do saber de uma interpretação necessariamente velada para si mesma do ente na totalidade. O saber da segunda possibilidade é a insistência na "época" do começo da consumação da Modernidade e, com isto, da finalização da primeira história ocidental. O saber essencial da segunda possibilidade destrói, em verdade, todas as "ilusões" sobre "progressos culturais", aprimoramentos e sobre uma elevação da humanidade, porque essas ilusões concebem a "cultura" e a "essência de massa" como consequências da humanidade até aqui. Essa destruição das "ilusões", contudo, não seria nenhum saber, nenhuma insistência em um fundamento mais originário da verdade, se ela não abandonasse ao mesmo tempo a época que se encontra em seu começo à sua própria magnificência, se ela não desvendasse o incontornável da maquinação e da vivência da época e se ela não pudesse dissuadir qualquer de suas perturbações. O saber só permanece essencial lá onde prepara o sabido para a transformação em algo a ser fundado de maneira inicial. Por isto, o saber essencial como um saber da história do seer também não conhece aquele cômputo historiológico segundo as noções de progresso e declínio. O que é concebido como consumação de uma era e já é colocado em um distanciamento no pensamento transitório antecipativo em relação ao outro início nunca pode receber a fórmula simplificadora do presente e do sonho de um futuro indeterminado. Do mesmo modo, porém, o saber essencial não pode ser confundido com aquela atitude forçada que reconhece tudo o que acontece, porque acontece, como "bom"; pois essa avaliação também carece do ponto de vista da insistência na verdade da distinção entre ser e ente e só se mantém na comparação entre ser e ente. O saber essencial da segunda possibilidade é o mais difícil de ser realizado tanto na execução quanto na sustentação, porque aqui facilmente se imiscui involuntariamente a perspectiva cotidiana historiológica que degrada toda meditação a um mero julgamento que toma conhecimento. O saber essencial da Era Moderna que se acha em seu começo já é uma lembrança daquilo que nela se deu. Essa lembrança, contudo, conserva do ente a verdade de seu seer e a entrega às decisões da história do seer. Essa lembrança traz pela primeira vez para o cerne daquilo que é historiologicamente presente e que se mostra como extremamente auspicioso o futuro propriamente dito, porque o futuro mais antigo; um futuro que, ao invés de arrojar-se de lá para cá no vazio daquilo que é apenas imaginado, desejado e planejado, se retém tranquilamente no que já foi e continua sendo e haure sua reunião a partir da proximidade das decisões simples, mantendo disperto em si como um questionamente venerador a inquietude do originário.

Para o saber essencial da segunda possibilidade, o ente se mostra do seguinte modo: logo que o homem se transforma em sujeito, colocando a si mesmo em toda a extensão da presença-à-vista na posição do centro presente-à-vista do ente na totalidade e interpretando a sua "vida" como a desconstrução dessa posição, a historiologia no sentido essencial da sondagem explicativa precisa constituir a forma fundamental de toda representação. A historiologia desdobra-se, assim, em técnica da produção da "história" necessária para uma tal humanidade (do passado e do atual, a partir do qual surgem os outros planos). A técnica, por sua vez, é a historiologia da natureza como a exploração da terra que transcorre em si não apenas para a satisfação das necessidades, mas também para a direção comedida das necessidades, correspondente à técnica da representação histórica.

A história como técnica da re-presentação do que passou e do que é atual e a técnica como historiologia - pro-dutiva - da exploração da natureza também são, por isto, os dois procedimentos unos em si, por meio dos quais o homem particular alija cada vez mais sem exceção como inoportuna e supérflua a questão acerca do para-onde e do para-quê. A historiologia só continua tolerando e suportando a si mesma como a sondagem daquilo que é de antemão óbvio.

Por isto, visto em termos ocidentais, o *common sense* das democracias e a planificabilidade racional da "autoridade total" se encontrarão um dia e se reconhecerão como o mesmo.

O animal "homem" tornou-se sujeito por meio da historiologia: ele tornou-se o sujeito para o qual o mundo se transformou apenas em um único objeto da produção representacional - um objeto que inclui, por sua vez, o sujeito. Aquilo que até bem pouco tempo ainda era considerado temporiamente como "superestrutura ideológica" das relações materiais de produção ("cultura" e "espírito") é agora a "expressão" da vida que flui continuamente em si. O decisivo no fato de o homem encontrar a cada vez na presença-à-vista de algo presente-à-vista (matéria-prima, "vida", "raça") sua primeira e última justificação e de o âmbito exclusivo dos estabelecimentos de suas metas e da criação de suas condições de realização continua a mesma coisa, por mais que o presente-à-vista, o que permanece, possa ser interpretado de maneira material, anímico-vital ou espiritual. A verdade do ser que se encontra à base de todo ente, mas não é passível de ser sabida enquanto tal é decidida no sentido da presença-à-vista e da objetividade. Aqui - em relação a esta época - só resta a possibilidade da transição para o outro início e para o início mais antigo, ou, quem sabe, a terceira possibilidade, da qual ninguém consegue vislumbrar algo a partir daqueles que esqueceram o ser e que estabelecem até mesmo a historiologia como cálculo com vistas ao planejamento do futuro.

A segunda possibilidade, contudo, exige para que seja levada a cabo a segurança do gigantesco em todo e qualquer empreendimento e atualiza um "otimismo" em verdade cada vez mais superficial, mas tanto mais inflexível. A possibilidade da flexibilização tornou-se impossível, porque ela envolve necessariamente a errância[1], isto é, a essência da verdade como o que há de mais questionável para os homens.

O homem moderno, quanto mais ele se aproxima de sua própria consumação essencial, permanece poupado desse choque. Sua ausência de carecimentos jamais pressente tampouco o que – do centro do ente – lhe é reservado: a essenciação do ser.

71. Os deuses e o seer

Aqueles que forçam o homem incalculavelmente para a insistência do ser-aí, a fim de que a essenciação da verdade do seer anuncie a unicidade do que há de mais inabitual como acontecimento apropriativo, que se temporaliza para o espaço daquele vir-ao-encontro, no qual pela primeira vez chega a ele mesmo aquilo que deixa emergir a coação do ser-aí a partir da indigência do seer.

Nem os deuses criam o homem, nem o homem inventa os deuses. A verdade do seer decide "sobre" os dois, na medida em que vigora acima deles, mas acontece apropriativamente entre eles e, com isto, pela primeira vez ela mesma para o vir-ao-encontro.

Sempre de acordo com o modo no qual o seer encontra a verdade; sempre de acordo com a maneira como essa verdade é fundada como clareira para o acontecimento da apropriação daquele vir-ao-encontro, clareira essa que se subtrai; sempre de acordo com a configuração do homem que exige essa fundação; sempre de acordo com o pertencimento do homem ao seer e, com isto, também sempre de acordo com o perder-se re-presentativo e calculador em meio ao ente e à interpretação de sua entidade, realiza-se o conhecimento e a denominação dos deuses.

---

1. Há um jogo de palavras que se perde na tradução. Heidegger utiliza na passagem acima três termos compostos a partir do termo *irren*: errar. O que traduzimos por "inflexibilidade" é em verdade o termo *Unbeirrbarkeit*: a impossibilidade de se deixar desviar de seu caminho, de fugir de sua determinação, de ganhar o espaço da errância (*Irre*). Ao mesmo tempo, "a possibilidade da flexibilização" tem por correlato o mesmo termo acima, só que sem o prefixo de negação *un-* (des-) [N.T.].

O deus nunca é um ente do qual o homem, ora de um modo, ora de outro, sabe algo, um ente do qual ele se aproxima em distâncias diversas. Ao contrário, os deuses e a sua divindade emergem da verdade do seer; isto é, aquela representação coisal do deus e o cálculo explicativo dele, por exemplo, como o criador têm o seu fundamento na interpretação da entidade como presentidade produzida e produtível.

Mas como o seer se apropria a cada vez de sua verdade em meio ao acontecimento ou se mantém em si juntamente com ela, a fim de deixar por completo apenas o ente repousar em si e se desafogar em sua maquinação, o homem não consegue nem conduzir nem forçar, uma vez que ele mesmo é afinado por meio do seer de acordo com o pertencimento que lhe é essencial ao seer, sem mensuração e vislumbre dessa história para a determinação de sua essência.

Com certeza, porém, depende da liberdade do homem como é que ele e até que ponto ele transforma aquela tonalidade afetiva que o toca a partir do seer em sua determinação, fundando e marcando, assim, a cada vez, a sua própria essência em uma figura determinada. Sim, a liberdade não é outra coisa senão esse ab-ismo que interpela discursivamente o seer, um ab-ismo que se determina para a fundação da verdade do seer no sentido da custódia dessa verdade no ente.

(Se o *es-panto* se coloca ou não como tonalidade afetiva fundamental ante o ente e concebe a φύσις como ἀλήθεια, inserindo toda humanidade aí - se o *a-ssombro* deixa irromper ou não o abandono de todo ente por parte do seer em meio a um aberto e apreende a fundação da verdade do seer como o necessário.)

Espanto e assombro são tonalidades afetivas extremas, isto é, iniciais para a ausência de fundamento da verdade do seer e fundacionalidade da verdade do seer. A unicidade e a raridade dessa verdade correspondem à essência do seer. Por isto, a má interpretação, a variação e o enfraquecimento dessas tonalidades afetivas é tanto mais múltiplo. Em consequência da interpretação antropológica há muito habitual do homem (da interpretação "biológica - "psicológica" - "espiritualista" - "moral"), porém, tudo alcançou um tal grau de desconhecimento que todo dizer sobre os deuses também acaba por se mostrar agora como arbítrio e exaltação, como mero macaquear, como hábito cansado ou como presunção vazia; pois a representação fundamental daquilo que foi assim denominado os coloca como "objetos", com os quais o homem tem ou não tem justamente uma relação representacional.

A questão é que, enquanto o homem não é arrancado anteriormente pela essenciação do seer e por seu a-ssombro de todo ente da entidade e transposto para a ausência de fundamento da verdade do seer, mensurando novamente, pela primeira vez, a partir dessa transposição a clareira, na qual se abre para ele uma recusa, os deuses não podem ganhar voz, porque permanece soterrado qualquer tempo-espaço para a sua divindade. Só resta aí o contar com o que se deu até aqui; e isto se esgota na conjugação sem força e sem fundamento ou bem do Deus criador cristão, ou bem da imitação meramente anticristã, ou seja, pagã do "elemento mítico". No âmbito de domínio histórico da metafísica, um âmbito que abarca as duas coisas e que só continua corrente para nós agora na reconfiguração historiológica, mas com isto muito portátil e multifacetada, os deuses se tornaram impossíveis; dito historicamente: no interior dessa época, sua fuga está decidida e a época obtém por meio dessa fuga – e por meio de seu encobrimento – sua marca.

Por isto, toda nomeação e silenciamento dos deuses oscila na meditação sobre a história do seer. E só quando o homem, nos elementos singulares de seus atrevimentos, tiver se deixado determinar em meio aos ciclones dessa história e não interpretar mais de maneira psicológico-moral o a-ssombro, mas refundá-lo em um caminho da insistência no *ser*-aí (como espera tenaz da clareira da recusa), ter-se-á entrado em uma vereda, que conduz para a região de uma preparação do homem para a fundação de um outro ser de si mesmo, deixando emergir o vislumbre tranquilo de que a fuga e a proximidade dos deuses podem advir uma vez mais. Todo e qualquer outro caminho – por meio do cálculo do ente, de sua explicação e transfiguração – só é aparentemente um caminho. O a-teísmo não consiste na denegação e na perda de Deus, mas na ausência de fundamento para a divindade dos deuses; por isso, o empreendimento de um culto habitual a

Deus tanto quanto seus consolos e elevações sempre podem ser certamente ateísmo, assim como a substituição de um tal culto pelo estímulo de "vivências" e efusões sentimentais.

Há muito o homem se encontra desafinado. Sem aquilo que insere a cada vez a sua essência na constância da salvaguarda de um aberto, no qual o seer acontece apropriativamente. A desafinação foi substituída até aqui pela estimulação para sentimentos e vivências que só humanizam o homem na casualidade daquilo que ele está agora mesmo empreendendo e que ele alcança por meio do cálculo. A tonalidade afetiva, contudo, lança a partir de si o espaço-tempo de decisões essenciais, na medida em que lança o próprio afinado nesse tempo-espaço e o entrega ao "aí". *Ser* aí, por sua vez, não significa nada menos do que suportar no dizer, pensar e fazer essenciais (isto é, pertencente ao aí e à sua essenciação) o cuidado com a verdade do seer, preservando a tonalidade afetiva do seer na determinação do ser-aí como o sítio do vir-ao-encontro dos deuses e do homem.

Há muito o homem se encontra desafinado. Sem sua noite e seu dia, os deuses fogem da ausência da essência de sua divindade. O homem, porém, continua sempre contando com suas opiniões e realizações e cobre a miséria dessas opiniões e realizações com as imagens das confusas contrações de suas "vivências". E, não obstante, já acontece um aceno; e, não obstante, o a-ssombro se transforma na maquinação do ente; e, não obstante, já se inicou uma outra história que o homem até aqui talvez não venha a experimentar durante muito, muito tempo, porque tudo depende para ele do que estava vigente até aqui, uma vigência que ele só deixou para trás aparentemente por meio dos muitos revolvimentos e alterações de sua funcionalidade.

Ainda são poucos e tímidos aqueles que resistem ao ab-ismar-se em um instante do declínio necessário, para que esse abismar-se não perca em verdade por meio deles o caráter ab-ismante, mas seja recebido pela primeira vez como um aceno do primeiro apartar-se do tempo-espaço do seer e se transforme nas tentativas silenciosas da transposição do homem para o cerne do ser-aí. Não como se o ser-aí estivesse pronto como um receptáculo e um refúgio; pois ele mesmo também só é no acontecimento da apropriação do homem para a guarda do seer, que compele, como a indigência da divindade dos deuses, esses deuses para a sua nova essência.

Há muito o homem se encontra desafinado e, sem deus, os deuses se tornaram vítimas da humanização do homem, um recheio no vazio oculto e no tédio da “vivência”. Somente se o homem aprender a vislumbrar o fato de que o ser-sem-deus não lhe cabe, mas se mostra antes como a perda suprema dos próprios deuses, ele ganha a via da meditação que lhe mostra como a deização só acontece apropriativamente a partir do seer como reencontro da divindade. Somente onde imperam a explicação e a transfiguração, onde o ente avançou para a entidade do representacional, pode surgir a opinião de que os deuses seriam o resultado de uma *divinização*, seja da “natureza”, seja de impulsos e forças humanas (animal racional). Onde os deuses só continuam se mostrando como um objeto da opinião e da ocupação graças a uma tal divinização, é preciso que aconteça algum dia uma desdivinização, aquele estado no qual os deuses e o Deus (cristão), transformados em um meio da explicação, emergem como aquela “instância”, à qual nos remetemos, quando continuamos precisando precisamente do “derradeiro” e inexplicável, a fim de salvar todas as explicações e a completa funcionalidade da explicação; (por exemplo, explica-se tudo como irradiação e expressão de diferentes modos do homem enquanto animal racional; esses modos mesmos são “declarados” “em última instância” *como inexplicáveis* e como “queridos por Deus”. Nesse caso, a pretensão de um conhecimento da “vontade” de Deus continua sendo a mais mínima presunção que a humanização do homem tem por consequência). A desdivinização é a contrapartida inexorável da *explicação* da divindade dos deuses, isto é, de sua dedução a partir de uma divinização. Mesmo o Deus cristão emergiu de uma divinização, por mais que sua teologia se defenda dos deuses que surgiram por meio da divinização. O Deus judaico-cristão é a divinização não de uma causa particular qualquer de um efeito, mas a divinização do ser-causa enquanto tal, do fundamento da representação explicativa em geral. Nessa divinização extremamente sutil da “causalidade” enquanto “causalidade” reside o fundamento da aparência da *espiritualidade* superior do Deus cristão. Em verdade, porém, essa divinização é a transfiguração da mais tosca explicação. Por isto, contudo, a desdivinização correspondente a essa divinização presta o melhor serviço possível à mudança da explicação que começa a se dar pela primeira vez na Modernidade para o interior do funcionamento planejador-instaurador de todo ente e de sua representação e vivência. O cristianismo torna-se cada vez mais apto em termos culturais e se equipara, por fim, apesar da recusa aparente, a tudo aquilo que é descoberto junto à funcionalidade do "vivenciar". Sim – ele continua mantendo sempre o asseguramento das instalações para além da "vida", do ser causa de efeitos, tal como se anuncia na "ideia" do Deus criador e da interpretação do ente como *ens creatum*.

Na preparação da divindade dos deuses por meio da divinização e da desdivinização impera um pertencimento único do homem ao seer, que pode ser muito bem designado com o nome de esquecimento do ser. Esse esquecimento coloca no primeiro plano o ente mesmo como o "mais efetivamente real" e o legitima como o re-presentável e pro-dutível. Na medida em que o re-presentar e o pro-duzir se deparam com limites, a saber, com os *seus* limites, que eles tomam ao mesmo tempo como limites do ente, o explicável precisa, uma vez que se choca com o in-explicável, ser ou bem transfigurado ou explicado por meio do inexplicável. O re-presentar estabelece a cada vez um ente mais elevado ou um super-ente. A divindade de deus nunca emerge aqui da essenciação do seer. Sim – os deuses que surgem da divinização prescindem em geral da divindade; essa divindade é substituída pelo fato de se entregar por assim dizer ao deus que emergiu da divinização a propriedade de ser causa ou objeto de um impulso ou de uma excitação do sentimento. O divino é aqui por toda parte apenas o que é próprio ao além-do-homem, apesar de esse acima e de esse além serem representados e produzidos em sua direção e em seu lugar por meio da re-presentação do ente a partir do esquecimento do seer; na medida, porém, em que isto não pode ser completamente alijado, ele é mantido na cunhagem da *entidade*, do ser universal de todo ente. Não é por acaso que essa entidade logo passa a equivaler ao *ente supremo* (cf. o acoplamento da πρώτη φιλοσοφία com a θεολογικὴ ἐπιστήμη em Aristóteles – um primado, cujo significado não é compreendido, quando o pensamos na direção do conceito de filosofia e metafísica e de seu desdobramento ocidental. Ao contrário, encontra-se à base de um tal acoplamento em termos da história do ser muito mais o fato de que aqui, no interior da história metafísica ocidental, o seer é despojado da possibilidade de uma fundação de sua verdade).

Somente por meio de uma superação essencial de toda metafísica e de seu fundamento é criada a possibilidade de um tempo-espaço, no qual a divindade dos deuses emerge da essenciação do seer e a divinização tanto quanto a desdivinização se tornam caducas. Pensado em termos rigorosos, essa divinização e essa desdivinização não conseguem preparar absolutamente uma divindade dos deuses, elas só conduzem – correspondendo ao esquecimento do ser e à detenção na entidade – a uma representação universal do "divino" como o sublime-sobre-humano; pois a divindade é a essenciação daquele acontecimento apropriativo, que impõe o retorno dos deuses da ausência de noite e dia para o interior do vir-ao-encontro do homem; e isto de tal modo que a unicidade do seer contra o nada que concomitantemente emerge se torna a fonte dos instantes da história propriamente dita. Não o fato de o *ente* ser, mas o fato de o "é" se essenciar como o acontecimento da apropriação ainda recusado, é isto que ondeia como o abismo tranquilo da enchente marítima da mais rica superfluência das mais silenciosas entregas das puras intimidades. Esse ab-ismo porta, quando seus fundadores surgem como aqueles que su-cumbem, aquilo que de outro modo abriga na essência como obra e feito, poetar e pensar, doar e construir, a verdade do seer em coisas e plantas, conjunções estruturais e iluminações e deixa, então, o que abriga e apenas ele vir à tona *como o ente* no espaço livre dos contendiosos.

O fato de que o seer é – essa brasa de lareira maximamente velada acende a história como a luta do seer pelo vir-ao-encontro dos deuses e do homem, uma luta que só conquista o mais próprio essenciar-se do seer para o seer mesmo e atiça, assim, o arder de sua brasa de volta à tranquilidade mais velada. Os deuses são aqueles que forçam o *ser*-aí, a guarda do homem; mas forçam de um tal modo que sua indigência, a divindade que lhes é própria, emerge do seer como acontecimento apropriativo.

Será, porém, que os fundadores da verdade do seer chegarão um dia? Ninguém o sabe. Mas nós pressentimos que, antes de mais nada, uma tal fundação precisa ser preparada e durante muito tempo resguardada. Para tanto, carece-se no pensar do seer de uma força do pensamento, que porte todo elemento transitório e preparatório característico da época atual em sua conexão de jogo e volte os corações uns para os outros, mesmo se eles andarem por sendas muito afastadas umas das outras que nunca se tocam.

Somente assim pode se dar uma hora na história do seer, na qual se decide uma fundação.

Visto a partir da história do primeiro início (em termos platônicos-cristãos-ocidentais-modernos), Deus é, enquanto o incondicionado e infinito, o fundamento do ser (entidade) e causa do ente.

Pensada a partir da história prévia do outro início, o seer é o acontecimento apropriativo do abismo do vir-ao-encontro da penúria dos deuses e da custódia do homem. Por isto, tudo depende da fundação da verdade do seer e da preparação dos fundadores.

Esses são os sítios silenciados da primeira tranquilidade do aceno da decisão dos deuses; pois como por fim e já há muito, Deus só continua servindo como o expediente mais fugidio e como o limite do cálculo e do fechamento do cálculo, a divindade dos deuses precisa ser protegida e suportada primeira e exclusivamente e durante muito tempo na solidão dos singulares, até o *ser-aí*, como preservação da verdade do seer, estar forte o suficiente para pôr em obra e em ato essa verdade.

Todo aquele que deseja algo palpável e manuseável e uma lida imediata com os deuses, todos aqueles que pensam em erigir "religiões" e exigem a visibilidade e a compreensibilidade do culto aos deuses, remetendo-se aí a algo passado, não pressentem a tranquilidade profunda na qual precisa ser ouvida por longo tempo por ouvidos solitários o canto dos deuses. Pois primeiro devem surgir aqueles servos que, fora de toda instituição imitativa de uma "religião", se aferroam a um saber que impede todo breve desejar, cujos caminhos ainda apontam na direção da "religião" e da "religiosidade". A revinculação do homem – de seu representar pro-dutivo – a um objeto e a um âmbito super-humanos já contém a desconsideração da verdade futura, segundo a qual o vir ao encontro dos deuses e do homem precisa acontecer apropriativamente a partir do seer sempre a cada vez como essenciação da verdade do seer. De outro modo, nem os deuses nem o homem se encontram em meio à liberdade de uma transformação essencial, que expande sozinha por si o elemento necessário de seu vir-ao-encontro. Um tal vir-ao-encontro, porém, não pode ser nunca mais "religião", assim como a custódia do homem como fundação do ser-aí do ser-humano não pode ser plenamente realizada no animal racional. A superação de todo desejo de "religião" (enquanto reimersão em uma forma qualquer de divinização do ente), por sua vez, doa aos deuses o mais maravilhoso dos presentes – a possibilidade de uma fundação de sua divindade, graças à qual eles podem retornar *inicialmente* à sua essência; esse re-torno não diz mais respeito a algo passado; o que ele reencontra é a essência que ainda não foi, contudo, jamais tomada em sua fundação e posse, a essência da verdade do seer, em cuja essenciação se encontra futuramente o último deus.

Fora do seer, então, não há nenhuma possibilidade mais para os deuses, depois que o ente, arrastado para a sua maquinação, só consegue servir à desdivinização.

Mas a unicidade do seer abarca, então, uma vez mais uma tal profusão do não dito e inquestionado, que o último Deus só leva a termo uma rica história prévia da fundação de sua divindade.

Essa história prévia possui uma essência diversa e mais profunda do que toda história da "religião" até aqui. Sim, as duas não podem ser de modo algum comparadas historiologicamente, porque a história prévia da fundação da divindade do último deus já necessita do homem do ser-aí, que não computa mais historiologicamente, a fim de produzir algo "novo", mas que possui longanimidade e equinanimidade em sua tonalidade afetiva, das quais as decisões essenciais são pressentidas e, com isto, já experimentadas como o primeiro aceno.

Tudo isto acontece inicialmente sem que algo seja conhecido e ainda completamente cercado pela última época do Ocidente até aqui (isto é, a Modernidade).

Os choques do seer, que em um tal período de preparação tocam por vezes o homem e o (sua essência até aqui) impelem para a margem do ser-aí e, em verdade, de diversas maneiras cujo "sentido" ainda permanece velado – esses choques são, apesar de nunca despontarem na região da vivência e da maquinação, por assim dizer conservados na lembrança daquela meditação que coloca em uma senda os passos lentos, mas seguros de seu questionar, uma senda na qual se encontram sempre uma vez mais, a partir dos enredamentos extremamente alternantes e alheios entre si no que se deu até aqui, os primeiros guardiões da verdade do seer.

E talvez todas as possibilidades do outro início da história teriam desaparecido se esses que estão expressamente determinados para a sua preparação não permanecessem à altura dessa determinação, na medida em que procuram se salvar em desvios, que o elemento contemporâneo sempre vigente lhes oferece: o apregoar de algo novo, a instalação de algo auspicioso, o contar com discípulos, algo que não anunciaria senão uma infidelidade em relação à determinação do longo persistir e uma negação do saber de que o homem não encontra previamente os deuses nem tampouco os inventa, de que os deuses se afastam muito mais imediatamente em direção ao seu próprio com a transformação de sua própria essência e de que esse acontecimento coetâneo acontece apropriativamente como o *acontecimento apropriativo*, cuja essenciação exige denominar ele mesmo *o seer*.

Por isto, para a transição, o que há de incontornavelmente mais difícil, uma dificuldade que não pode ser de modo algum atenuada, é o fato de toda necessidade sob o choque do seer não poder nem ter o direito de ser nunca imediatamente inteligível. Todavia, isto não significa término de todo cossaber. Ao contrário – o cossaber precisa ser instituído naqueles que cunham eles mesmos seu modo de ser a partir da tonalidade afetiva, que afina inteiramente um ab-ismar-se a partir do ente e porta e dirige a transposição para o questionamento do que há de mais questionável. A história prévia do outro início impera totalmente uma constante apresentação para o interior daquilo que precisa ser questionado. O caráter de futuro dessa história prévia é um caráter *intrínseco* da entonação incessante da determinação para a fundação da verdade do seer – de maneira totalmente diversa de todo tipo de postura "escatológica", que *não* está afinada com vistas à fundação, mas com vistas ao perseverar de um "tempo final, que já tem por pressuposto um completo esquecimento do ser. Toda "escatologia" vive de uma crença na segurança de uma nova situação. No pensamento prévio do pensar da história do seer, porém, o fundamento fundante do *ser*-aí é esse ser-aí mesmo, o questionamento do seer. Aqui vige o saber do que há de mais questionável, o fato de que a partir do mesmo fundamento do qual emerge a essência dos deuses para a sua divindade também provém o início da respectiva dignidade essencial do homem, graças à qual ele supera a humanização como o perigo essencial mais agudo.

A hora do seer não é o objeto de uma expectativa crente. Ela é aquilo que nos é recusado, mas, por isto, o que exige de nós a perseverança na longa preparação da transição. Suportar a fadiga e o sofrimento a partir do atual é difícil; mais difícil é persistir na transição a partir do saber essencial das possibilidades da época em termos da história do seer. É preciso coragem para lutar pelo próximo e visível. Todavia, para cunhar para o que há de mais velado senda e hora carece-se daquela valentia que silencia.

Fundar para *deuses e homens* uma história de seu avistar, sim, mesmo que apenas criar de muito longe em nome de uma tal fundação através de muitos caminhos e fundamentos falsos ou dirigir de início apenas a meditação para essa via velada e ultrapassar a era metafísica – será que isto ainda deveria continuar sendo uma meta para forças não alçadas e para tentativas ousadas não reconhecidas do Ocidente? Os que *sabem* sobre o seer respondem como questionadores que impelem, contudo, o ente, empenhando-se historiologicamente por passar com seus êxitos pela historiologia futura.

O mero pensar, eles dizem, não realiza nem efetua nada; certamente – ele nunca causa nem efetua imediatamente um ente. Mas o pensar do seer é um fazer, mais profundo do que toda veneração imediata de Deus, porque institui a partir do mais distante recato aquilo que os deuses não conseguem e os homens calculadores muito menos, uma vez que ele deixa luzir a partir da brasa mais próxima a clareira, em cuja essência mais própria acontece apropriativamente o vir-ao-encontro, no qual o seer é eleito para a essência mais própria.

Mas quem são os fundadores? Quase não conseguimos anunciar o rastro deles, porque todos ainda pensam no espaço obscurecido da explicação metafísica e não têm o ouvido para o som mais antigo, que ainda não ressoou, das antigas palavras.

Por isto, é tão raro que saibamos que a ausência de decisão quanto à fuga e a chegada dos deuses não é um nada, mas o campo desconhecido, que se tornou diverso por meio da falta da decisão, em cujas bordas turvas se abre o trovejar de batalhas ainda por resolver. Nós consideramos o vazio como o "nada" no sentido da mera ausência do ente e não experimentamos o ímpeto da ponte ainda invisível, que assinala mutuamente as novas margens. Não afinados para a verdade do projeto, nós consideramos esse projeto, em meio ao empreendimento do ente, como sendo apenas algo provisório, ao qual falta a realização efetiva e, por fim, como um sonho não preenchido. Não afinados para o seer, nós nos equivocamos no cálculo com o ente. A questão é que o que possui força essenciadora (uma força que força os deuses e o homem à visão mútua) não é aquilo que o ente realmente é, mas aquilo que é necessário por meio do seer.

O necessário, contudo, provém da indigência. Essa indigência, no entanto, emerge da inserção de um tempo do abismo, que força a divindade dos deuses para a ponte em direção à humanidade e exige do homem a fundação daquele tempo-espaço, a partir de cuja fundação tem início *aquela* história, à qual só pertence aquilo que ousou a custódia da verdade do seer.

Talvez os mais solitários ainda encontrem aqui as sendas soterradas das fugas dos deuses e não reencontrem mais a partir dessas sendas as vias vertiginosas do "ente", que não consegue oferecer mais nada a não ser a expoliação sem fim de sua desertificação na aparência da satisfação progressiva do homem-massa ratificado em suas necessidades.

Somente um outro "mundo", em contenda com ela, poderia ainda salvar a terra da devastação. Ou será que o processo da destruição da terra na aparência crescente de uma construção do "mundo" moderno é um processo único e, por isso, impassível de ser detido? Se não calcularmos apenas segundo séculos e milênios e não nos entregarmos simplesmente à substituição de uma situação do ente por uma próxima, se pensarmos a partir da lentidão e da raridade dos impulsos violentos da história do seer, então o caráter gigantesco do estado atual e futuro do mundo ruirá em meio ao iníquo do abandono do ser do ente. Um outro "mundo" precisaria estar primeiro à altura da contenda que se inflama a partir da confissão da questionabilidade do seer e deixa sob si o recurso ao apenas ente como uma fuga; pois o que pode empreender a asserção da vinculação à terra se a própria terra só continua sendo adestrada agora para a destruição? (*Destruição* não significa aqui o elemento superficial, por exemplo, da violação da "natureza", mas a perturbação definitiva de toda relação do ente com a verdade do seer).

Mundo e terra não podem ser salvos ou recriados imediatamente; pois algo desse gênero só poderia continuar se movimentando nas engrenagens da explicação, da instalação e do adestramento que, para permanecerem ainda seguros de si, precisam se desviar de toda questionabilidade do seer. A época da ausência velada de decisão precisaria desaprender primeiro a crença na "razão saudável", se quiser preparar um homem, cujos sentidos estejam suficientemente abertos, para experimentar aquele acontecimento apropriativo, que se nos recusa em toda ausência de decisão e de indigência e a partir de cuja recusa acena a essenciação do seer e se inscreve nos corações a grande tranquilidade da meditação. Todavia, a época se fecha em relação a toda renúncia àquilo que, como impulso e razão, assegura o poder do homem como o animal historiológico. Como é mesmo que o início de uma outra história poderia ser de outro modo preparado pela *transição* decidida da época em sua essência, se essa história tivesse sua distinção no fato de o seer romper o primado do ente e tornar impossível o mais oculto cálculo dos deuses a partir do ente e para a explicação do ente?

Se, contudo, quando e para que corações o seer se coloca entre os deuses tornados alheios e os homens perturbados, deixando pousar a sua essência na vibração do olhar recíproco criador, isto é algo que não pode ser dito historiologicamente – sim, estar entregue a tais questionamentos já significaria desconhecer o saber essencial.

O nome "deuses" só pode ser dito para despertar o silenciamento da questionabilidade dos deuses para uma postura essencial. Quem não escuta esse dizer atesta, contudo, uma atitude questionadora com frequência mais autêntica do que todos os empenhos pela "satisfação" de "necessidades religiosas".

O nome "deuses" não denomina no pensar da história do seer outra coisa senão a posição vazia da indeterminação da divindade a partir da ausência de tonalidade afetiva do homem, que só vislumbra a princípio a indigência da transição para uma história mais originariamente fundada e é jogado no início de uma outra tonalidade afetiva fundamental. O nome "deuses" não se apoia em uma certeza de um "ser" e de espíritos multiplamente atuantes presentes-à-vista em um lugar qualquer, uma certeza que nós imaginamos até aqui segundo alguma correspondência com um *ser*-humano a cada vez totalmente determinado.

Denominar uma posição vazia significa aqui, porém, abrir de maneira pensante um espaço para o âmbito da questionabilidade. Esse pensar, contudo, já precisa estar ao mesmo tempo afinado por uma tonalidade afetiva que abisma o homem ante todo aferroar-se calculador do ente.

Não obstante, essa tonalidade afetiva fundamental não é primeiramente a consequência de um estado de alma "feliz" ou "infeliz" do homem que se encontra agora mesmo presente-à-vista, mas a fundação do êxtase do homem para o interior de uma relação com o seer, a partir da qual cresce toda consonância situacional do comportamento e da postura.

Assim como novos deuses não devem ser introduzidos inopinadamente ou mesmo como uma religião não deve ser fundada, esse pensar questionador da divindade e do ser-humano também não deve ser equiparado a partir da essência do seer com uma credulidade sem igreja e sem culto, mas não "ateísta", por exemplo, no sentido do panteísmo esclarecido e coisas do gênero; pois tudo isso pertence à esfera da metafísica. Aqui, contudo, é preciso meditar sobre o que há de mais provisório de toda preparação, é preciso inserir o homem na fundação de uma verdade do seer sem o auxílio do ente, mas também sem degradação do ente a uma desfiguração do seer.

Pois essa é a primeira "verdade" - não proposicional - do pensar da história do seer: somente na fundação da verdade do *seer* acontece apropriativamente o vir-ao-encontro dos deuses e homens e nunca vem ao homem um deus e surge para ele um mundo a partir da objetificação do ente.

De acordo com o início, declínio e curso da história do seer na época da metafísica, da despotencialização que aqui ocorre do seer e da destruição da essência da verdade, o seer só consegue apropriar para si em meio ao acontecimento o seu aberto, se o projeto fundacional para esse aberto, isto é, o homem pós-metafísico, for arrancado de toda detenção no que apenas é. Essa tonalidade afetiva fundamental é (cf. acima) o ab-ismar. De um outro modo são alcançados pelo abismar os fundadores - e, em verdade, antes de todos, em um tempo não calculado; de um outro modo aqueles (os construtores), que se abrem para a edificação de um mundo sobre o outro fundamento. Para que esses possam ser tomados e transpassados afetivamente por aquele ab-ismar, o homem moderno (o animal historiológico) precisa ter primeiro tornado ao extremo o ente e, com isso, a si mesmo como o seu centro, totalmente calculáveis, e contado em si com todos os "irracionalismos" disponíveis ao "racionalismo" como as suas contrapossibilidades ("mística", "mito", "visão de mundo biológica"). A "vivência" só continua se mostrando, então, como um acessório do *cálculo*, por meio do qual a essência maquinacional do ente desfundado de seu ser na nua exclusividade da violência e do exercício da violência que lhe são consonantes alcança o domínio perfeitamente válido. A história até aqui na totalidade só é voltada para a próxima margem do nada, quando o ente na totalidade se inserir no cálculo e for dobrado pela vontade; justamente nesse momento, então, ao se consumar - em essência -, todo cálculo representativo e produtivo perderá todo apoio naquilo que poderia se encontrar iminentemente à sua frente como tarefa. Se cai esse apoio e secreto refúgio, então o cálculo, isto é, o animal historiológico, fica sozinho consigo mesmo em meio ao ente, que não lhe dá mais nada a explicar. Nesse instante, tudo é repentinamente emborcado em meio a um único vazio. Esse vazio, contudo, é apenas o reverso do nada, sua inessência, que encobre ela mesma a abissalidade do nada como essenciação do seer. Todavia, aquele nada do vazio é o primeiro impulso do seer, mas ainda não apreensível *enquanto tal*.

Com vistas a esse curso da história do seer no interior da consumação da Modernidade, por isso, todas as tentativas precisam ser julgadas como impedimentos inibidos, que querem renovar uma vez mais as posições metafísicas fundamentais de outrora e oferecer nos construtos híbridos de correntes de fé e visões de mundo uma profundidade aparente da concepção da vida para o homem atual. "Mais profundo", isto é, mais essencial são, em contrapartida, todos os esforços que expelem para o domínio do cálculo frio de todo ente e veem na calculabilidade e na capacidade de se impor inteiramente erigida o único critério de medida da realidade efetiva, isto é, do ente enquanto tal. Somente aqui se explicita também a essência predeterminada de maneira inicial da modernidade. Todo o resto é pura e simplesmente mau romantismo, que muitos singulares podem escolher como saída, a fim de só se acostumarem lentamente com a essência já decidida da época, ou, porém, preferirem definitivamente a comodidade divertida em meio ao elemento imperturbado do que se tinha até aqui a toda viagem para o interior do tempo-espaço do seer.

A primeira verdade do pensar da história do seer (acima, p. 209) contém uma decisão, cuja originariedade e amplitude não podem ser calculadas, porque essa decisão precisa ser tomada pela primeira vez na história do seer e, por isso, não conhece nada comparável.

Essa verdade *é* apenas como o outro início da história, não como a mera expressão de uma teoria dita ao léu. O início, porém, é enquanto tal no iniciar e na essenciação de sua essência o que há de mais velado, e, em verdade, da maneira mais incomum de que ele, quanto mais um começo, um "devir" e até mesmo um "desenvolvimento" se destacam dele, tanto mais se oculta. Todavia, *o que* ele oculta, na medida em que *se* oculta? A resposta só é encontrada pelo pensar, para o qual o início não permaneceu um mero dado do ente, mas para o qual o início pertence ao seer. E como "os deuses" só se encontram em sua essência a partir da indigência em relação ao seer, essa essência é aparentada com tudo o que é inicial. Essa relação aparece mal interpretada lá onde os deuses vêm à tona e são "tratados" como as "primeiras causas" e coisas do gênero.

Por isso, *se* os deuses vierem algum dia a se anunciar uma vez mais, e isso significa, depois do declínio e *a partir* do declínio da história metafisicamente fundada, então isso não pode acontecer de antemão em "teofanias" toscas para quaisquer "profetas robustos" e "conformadores de mitos", mas precisa acontecer na abertura discreta, mas decidida dos sítios de decisão para uma luta, na qual se combate pelo olhar recíproco, que olha pela primeira vez *diretamente* para os deuses, daqueles que questionam de maneira pensante e poetante. A expansão tranquila desses sítios de decisão subaprofunda, supereleva e envolve o ser humano até aqui. Quando isso acontece? Quando o abismo do seer se abre sob o impulso do arco de uma ponte que se lança. Quem bate a ponte? Aqueles marcados com a invisibilidade, que - jogados no ser-aí - transformam a *animalidade* do homem no espaço de jogo da vibração das tonalidades afetivas fundamentais encantadoras-extasiantes do ab-ismar es-pantoso e deixam para trás por meio do saber questionante toda *historiologia* (no sentido essencial).

Os sinais que ainda não despontaram do ser-jogado no ser-aí acenam pela primeira vez no interior do estranhamento, que se coloca sobre o que há de mais conhecido, mais imediato, mais usual, desvendando sua segurança retida como o empreendimento de um esquecimento do seer.

Será que o homem ainda ousará uma longa consideração sobre o fato de que seu ser talvez tenha se tornado há muito tempo insuportável para os deuses, porque ele não apenas já não pode mais incluir os deuses na iniquidade gigantesca de suas "vivências", mas não pode nem mesmo suportar o seer de antemão em uma verdade fundada?

Todavia, o "começo" de uma tal consideração só se alça, se o homem tiver encontrado por meio da decisão em relação ao seer contra a maquinação do apenas ente uma via de fuga da ânsia de sucesso de seus empreedimentos há muito fixados em direção ao orgulho de sua essência ainda velada. Nesse caso, porém, ele já é um arrancado ao início. A essência do início não reside no começo, mas se oculta como a decisão não desdobrada e antecipativa do declínio. Tudo o que é inicial se inicia com o declínio. Se é que ainda se pode efetivamente falar de grandeza junto à opinião difundida de que ela seria o gigantesco e que esse gigantesco seria determinado de maneira quantitativa sempre a cada vez como o inauditamente inexcedível, então precisaríamos extrair dessa essência do início a essência da grandeza no sentido do essencial.

Grandes são apenas os deuses: desse modo, sua divindade é grande a partir da inicialidade do seer.

O que oculta o início, na medida em que ele *se* oculta? Seu – já mantido preparado como decidido – declínio. Deuses "eternos" não *são* deuses, se "eterno" é pensado com a significação de ἀεί, de *aeternitas* e por completo até de *sempiternitas*, o e-assim-por-diante moderno progressivamente mais desolador.

O início mais elevado se cerra em si e inicia, por isso, o mais profundo declínio. Nesse declínio ressurge o último Deus. Como Ele é o mais raro, pertence a Ele o mais longo tempo da preparação e a subtaneidade impassível de ser previamente pensada de sua proximidade. Saber isso já é o vislumbre de sua lonjura em relação à tonalidade afetiva fundamental do fora de felicidade e infelicidade.

Mas ainda vige a indigência da transição e aquele saber que lhe é necessário "sobre" o seer; pois somente isso transpõe para o tempo-espaço, uma vez que só é outorgada uma denominação mesmo que apenas questionadora e renunciadora do nome da divindade. Esse saber "do" seer se inicia com um início, que se traz à palavra de maneira rara o bastante: *o ser é o seer.*

Uma proposição e, contudo, o acontecimento apropriativo, no qual o ser vibra anteriormente em sua própria essenciação. Um enunciado vazio, mas a riqueza do inesgotável, contanto que aquele que questiona suporte o questionamento junto à sua inquietude fontal. Uma sentença talvez, que apenas se equipara ao mesmo vazio, e, não obstante, o fundar-se-em-si do abismo no qual nada que é igual e que retorna tem o seu ensejo. Um início que não está na origem, mas só inicia a transição; pois a "proposição" veda a fuga em direção ao ente tanto quanto o asseguramento esclarecedor por meio de uma causa supraôntica de todo ente. Os dois já repeliram o seer para o caráter acessório de um suplemento, o que também é o fundamento de sua verdade superficial. O quão é ambíguo e o quanto escarnece de toda explicação, porém, o início de uma transição do primado do ente e do exagero de si mesmo que emerge desse primado para o domínio tranquilo do seer.

O ser é o seer – aqui acontece apropriativamente o distanciamento sapiente do homem e dos deuses ao mesmo tempo, mas de tal modo que os dois se recusam em meio ao velamento, que olha de volta, de sua essência pertencente ao seer[2]. O seer – a mais longa ponte do entre, cujas cabeças da ponte se escondem no obscuro do ainda-não-dignificado e ainda-não-decidível. O seer – cujo ímpeto de arco se porta em si mesmo, quando a palavra não permanece mais enunciado e não permanece mais expressão e não permanece mais signo, mas se mostra como o poder de vibração que sustenta e eleva, que expõe e se comporta, do seer mesmo – a ponte no tempo-espaço da tranquilidade entre o primeiro início, que se acha acima de nós, e o outro início, que se encontra à nossa frente. O seer, que rompe como *origem* (*salto originário*) aquilo que anteriormente não podia "ser" nem algo nulo nem um ente, nem algo manifesto nem algo velado.

A aparência vige por toda parte e há muito tempo como se os deuses fossem para o ente a causa e o domínio, o auxílio e o fundamento, o ápice e a transfiguração, como se um deus se deixasse algum dia calcular a partir do ente. Na medida em que isso não tem sucesso, as pessoas se salvam no que já se encontra há muito comprovado e demonstram por meio daí a opinião de que ele pertenceria ao ente. Todavia, essa aparência é demonstrada de modo tão múltiplo como a verdade que, por meio daí, ela se

---

2. sic.

dissolve juntamente com a verdade e se equipara a uma autoevidência despercebida. O que aconteceria, contudo, se os deuses não pudessem ser nem deduzidos pelo cálculo a partir do ente, nem determinados para o ente, se eles também não fossem jamais de maneira alguma a causa do ser (da entidade), mas se o seer fosse como origem (salto originário) o seu fundamento? Nesse caso, o pensamento do seer poderia portar esse elemento uno: o fato de o homem aprender a vislumbrar por que uma longa incompreensão sobre o divino o desencaminha, por que há milênios não aparece mais nenhum deus. Porque desde esse tempo que dura dois milênios, talvez a cargo do "divino" Platão, o ser e sua verdade tenham sido abandonados ao entulhamento por meio do pensar enunciativo (λόγος) e por meio da objetivação na ἰδέα; porque foi vedado ao ser por meio do ente vir-a-ser um abismo, que primeiramente silencia o clamor pelo fundamento e obriga a ganhar a palavra a tranquilidade de uma fundação. Ou será que o ente só consegue realizar aquele atropelo *aparente* em relação ao ser, porque o ser entrega o ente a si mesmo e abandona sua própria aparência como entidade à objetivação por meio do homem que representa?

Os deuses não precisam do homem, mas necessitam do seer, cuja verdade precisa ser fundada no ser-aí - assim, o homem é apropriado em meio ao acontecimento para esse ser-aí. O seer é indigência dos deuses para, se servindo de sua (do seer) essenciação, deixar se tornar verdadeiro o completo estar destacado em meio à despreocupação em relação a todo e qualquer ente como a tempestade de uma grande fuga para o cerne de sua divindade: anunciar na recusa do seer como aqueles que se renunciam.

Toda metafísica e cada arte (todas as artes da história até aqui) fundada sobre a metafísica poetou e pensou os deuses como um ente, no máximo como o ser mesmo. Mas primeiro precisam surgir aqueles que preparam e que ainda conseguem pensar o seer e esse unicamente como a indigência da divindade dos deuses.

O quão imperturbada e expressa, isenta de todos os caminhos laterais para a fugaz transformação do que se tinha até aqui, não circunstanciada pelas perspectivas ligadas ao calculado se torna, então, a senda do homem futuro em direção ao último deus?

Antes, contudo, os deuses tornam-se mais difíceis e mais raros. Nesse ponto, porém, eles se tornam mais essenciais, e, por meio daí, mais próximos com a sua lonjura essencial e, assim, se dispõem para a abertura do mais longínquo.

O mais longinquamente possível em meio a um tempo-espaço pouquíssimo desvelado da verdade do seer está o *último deus*. Para ele, o seer se inflama como o entre abismal do ente para a indigência mais extrema e lança entre o mundo e a terra aquela necessidade da simplificação em meio ao puro e simples e ao tranquilo, a partir do que todas as coisas se reúnem em seu mais íntimo pertencer-se.

XIX
A errância

72. A errância

A experiência mais simples do pensar, aquilo para onde ele se vê remetido, quando abandona o apoio no ente e a fuga para a entidade é a errância e o errar em meio a ela. Essa errância mesma é a clareira (abertura - verdade) do seer. A errância não se contrapõe à verdade, ela também não é suspensa pela verdade e levada por ela ao desaparecimento. Ao contrário, ela é o aparecimento da verdade mesma em sua própria essência. A errância, na qual a respectiva interpretação da verdade do seer precisa se extraviar. Esse extravio, porém, não mensura senão inteiramente a clareira da recusa de maneira verdadeira, isto é, de acordo com a clareira do clareado.

O fato de a essência da verdade do seer ser errância tem por consequência essencial o fato de todo e qualquer ente, que se encontra no aberto e pode se transformar na custódia desse aberto, sempre se achar também ao mesmo tempo na não verdade e, efetivamente, no sentido duplo do velamento e do encobrimento (cf. *Ser e tempo*[1] e *Da essência da verdade*, 1930)[2].

---

1. GA, 2.

2. In: *Ensaios e conferências*, vol. 80.

XX
Para a história da metafísica

73. Schelling

projetou a mais profunda figura do espírito no interior da história da metafísica alemã, sem naturalmente detê-la em si; pois a filosofia negativo-positiva é ao mesmo tempo uma recaída na metafísica racional e uma fuga para a dogmática cristã. As duas coisas, porém, têm a sua necessidade na essência da própria metafísica ocidental, na determinação categorial da entidade e na interpretação causal e em geral condicional do "absoluto".

A mais profunda concepção do espírito é outorgada por Schelling, porque ele começa com a filosofia da *natureza* e reconhece ao mesmo tempo a sua significação sistemática. Pois é a "natureza" que, logo concebida de maneira mais essencial, se torna o outro no absoluto, algo por meio do que o negativo do espírito é positivamente determinado e é posto como o seu outro; e isso de uma maneira que acabou por ficar necessariamente vedada a Hegel.

Schelling não quer nenhuma "espiritualização" da natureza, sua filosofia é inteiramente a-romântica; em todo caso lá onde, como no ensaio sobre a liberdade, ela atinge o que lhe há de mais próprio.

Em verdade, o espírito e o absoluto permanecem "sujeito"; todavia, se o espírito tem sua essência na liberdade, então transpõe-se para liberdade como a capacidade para o bem e para o mal uma determinação que diz algo mais essencial do que o "conceito absoluto" de Hegel.

73a. O abandono da filosofia

Ele já quase encontra o grau do "ordinário" lá onde, com uma fidelidade aparente em relação aos "fenômenos", o ser (o que significa aqui a entidade e, de acordo com ela, a realidade efetiva, a possibilidade, a necessidade) seriam "indefiníveis".

Aqui, a meditação propriamente dita do pensar pensante é declarada impossível, a fim de, em articulação com essa explicação, expor como "filosofia" algo que só tem em "comum" com a filosofia histórica a consistência conceitual e vocabular e os assim chamados "problemas em si".

O fato de, além disso, tomar-se a "definição" como sendo o mais elevado a ser destinado em pensamento ao ser, mas se considerá-lo como algo que, justamente segundo a explicação, não pode ser destinado a ele, revela o deserto consumado e a ausência de fundamento desse tipo de ocupação com aquilo que foi roubado à filosofia em nome de um estranho impulso ocupacional como objeto do passatempo e da efetivação do progresso e de novas descobertas. Aqui nos deparamos com os últimos resíduos das formas decadentes da metafísica.

XXI
A pergunta metafísica acerca do porquê[1]
(Pergunta transitória)

74. Por quê?

Por que há em geral ente e não muito mais nada?[2] (cf. abaixo, p. 310s.). Por mais que essa questão possa parecer radical, ela se atém de qualquer modo apenas ao primeiro plano do ente objetivamente representado. Ela não sabe o que pergunta; pois para que se essencie aquilo que ela ainda conhece como contrapossibilidade em relação à realidade efetiva do ente, em relação ao ente como o efetivamente real, a saber, o nada que ela acha conhecer, o seer precisa se essenciar, o *único* a ser suficientemente forte para ter o nada como necessário.

E se não vemos um caminho para lançar de volta a pergunta acerca do ente, na medida em que não concebemos ainda a pergunta acerca da verdade do ser, então ainda permanece também uma questão: por que afinal por quê? Em virtude de que e em que medida justamente a necessidade do campo de visão de um *tal* questionamento, abstraindo-se totalmente de se ele se relaciona ou não com o ente? A resposta é: em virtude do seer[3], para que sua verdade, o que lhe pertence, encontre o fundamento e o sítio: no ser-aí.

Pensando previamente, nós não alcançamos um ponto além do seer, porque o seer – de maneira mais originária do que Hegel pensava isso – *"é"* o nada; isso tem por consequência o fato de a meditação sobre a essência do seer precisar desvelar aquela questão superficial sobre o porquê *como* uma questão de primeiro plano e mostrar como a origem do nada se descobre a partir da es-

---

1. Cf. XXIII. O ser como realidade efetiva ("o ente" – como o "*efetivamente real*").

2. "O que é metafísica?" In: *Marcas do caminho*. GA, 9, p. 103-122. • JAEGER, P. (org.). *Introdução à metafísica*. GA, 40. Frankfurt junto ao Main, 1983, p. 1ss. [Preleção, começo, de Friburgo do Semestre de Verão de 1935].

3. A dignificação da *dignidade*.

sência do seer e o fato de pairar na ab-issalidade do seer o fundamento do fundamento (do caráter de por que a ser interrogado).

O seer, contudo, nunca é capaz de se mostrar como objeto, porque nunca se mostra como um ente, não podendo ser alcançado como algo "derradeiro" e "supremo" no sentido do pensar metafísico no âmbito dos νοούμενα, por meio dos quais uma ascensão e um mero "excesso" se estendem por sobre o ente como o condicionado em direção ao ser como o incondicionado. O seer se essencia de uma maneira diversa daquela que sempre continua procurando nos convencer de forma inopinada o pensar habitual da representação objetiva e explicativa; ainda que por meio do paralelismo de todo dizer pensante com o enunciar habitual subsista constantemente a aparência de que mesmo no dizer do seer se define algo sobre uma coisa previamente dada – por meio da pura apresentação. A questão é que o sentido pensante propriamente dito e só apreensível depois de uma longa meditação (não "científico") do questionar "fenomenológico" não consiste na transposição do mostrar re-presentativo da apreensão explicativa do ente para o pensar do seer. Isso conduz inevitavelmente ou bem para a falsa interpretação desse pensar, ou bem, contudo, para os correspondentes desvios que todo pensar do seer não pode tomar senão por um jogo de sinais; sendo que se continua visando ainda com o "ser" ao ente na totalidade e ao seu fundamento transcendente. O sentido do questionar fenomenológico – a vontade das "coisas mesmas" – só encontra a sua necessidade mais própria, quando o seer é levado a determinar o pensar que lhe é pertinente em seu modo de ser essencial e o torna reconhecível não apenas como um modo de captação casual e sobreveniente, mas como o acontecimento da apropriação do seer que é consonante com o ser e pertencente à essenciação do seer.

Apesar da aparência contrária e incorrigível para o representar e o comunicar cotidianos, o dizer "do" seer não se faz como nenhuma enunciação sobre algo previamente dado, mas é o dizer da essenciação do seer. Esse dizer acontece apropriativamente a partir do seer mesmo como acontecimento apropriativo. O "às coisas mesmas" é aqui unicamente um salto – decisões acontecem aqui apenas entre riscos que não têm a necessidade de se colocar de acordo em um plano "neutro", porque cada um sempre sabe a cada vez o elemento único do outro e à sua maneira lhe dá voz em si. No interior de modos de pensar que, com uma trivialização cada vez maior, decaem enquanto metafísicos no âmbito do cálculo e da análise científica, o vir à tona de um salto é naturalmente invisível ou mesmo estranho e, ao mesmo tempo, proscrito como arbitrário diante do tribunal da pesquisa.

Por que ente e *por que* tudo aquilo que quer ser capturado e experimentado para a sua representação e produção? – *Em virtude do seer.* Essa resposta, contudo, ainda poderia ser requisitada também pelo pensamento metafísico. Com certeza – mas de tal modo que o seer lhe permaneceria o inquestionado em face do porquê, enquanto aqui a resposta ao questionamento originário só pode retrucar com o que há de mais questionável, isto é, de tal modo que, para ele, o seer se torna, então, pela primeira vez um tal.

Em virtude do seer é o ente e também o próprio porquê, o que nos diz que o seer se essencia n*a* verdade – na clareira – que só é sustentada em um tal saber e naquela meditação que acontecem apropriativamente pelo seer.

Em virtude do seer – mas o que é isso? Aquele entre e aquele elemento essenciante do olhar mútuo criador, nos quais os deuses e o homem não se encontram meramente, mas nos quais anteriormente primeiro visualizam, despertando por meio da instauração da visão do coração para o encontro da essência e conjurando a fuga da essência de si mesmos.

Para que o seer encontre uma custódia da verdade de sua essenciação, *o ente "é"* na litigiosidade e incalculabilidade de suas contrariedades e confusões, na ausência de clareza de suas elevações e iluminações, no caráter habitual de seus transcursos e dações equilibrados e desprovidos de decisões. Pois o ente é algo tal somente como custódia do seer. Como o seer é envolto apropriativamente pelo nada, contra o qual ele erige sua unicidade, o ente é atravessado pelo não ente, que se faz passar preponderantemente pelo efetivamente real.

Por quê? Esse pronome interrogativo denomina a clareira, no passo em direção ao qual a cada vez o homem percorre a dignidade da guarda da verdade do seer.

Por quê? A resposta propriamente dita à essência dessa pergunta, e isso significa o elemento essencial de todo questionar, só pode ser o questionar do que há de mais questionável: somente assim vem a ser a clareira no ente, somente assim o seer mesmo é guardado ante o ser arrastado para o elemento surdo e cego do mero animal; só que o homem ainda pode aderir "conscientemente" com um resto e um rapto que permanecem daquela clareira e meditação à cegueira de um impulso e, com isso, pode impelir a dignidade essencial de si mesmo definitivamente para o desconhecimento.

Lá onde tudo é exigido como possível e como realizável e onde cada coisa já teve atribuída por isso a si mesma a sua explicabilidade, o porquê se despede definitivamente de sua essência, isto é, como aquilo que mantém cerrado em si a bênção da dignidade do que há de mais questionável.

No lugar do "porquê" e do questionar essencial entra a "crença" sem olhos e sem visão[4] na posse prévia "sem restos" de todas as respostas, a crença na racionalidade pura e simples e na possibilidade no interior da humanidade de ser inteiramente senhor dessas respostas. Isso, porém, é a mais extrema *alienação em relação ao seer* com o auxílio do apelo racional ao ente racionalmente pensado e empreendido – o fim do homem na completa humanização.

Por quê? – isso significa: com que fundamento? E em direção a que fundamento? A essência do fundamento, porém, é o seer mesmo – o acontecimento apropriativo ab-issal do entre clareado, para o qual o homem (como ser-aí) é voltado e em direção ao qual, como o aberto para o vir-ao-encontro de um olhar recíproco, os deuses são impelidos, de modo a encontrarem a si mesmos.

---

4. Há um jogo de palavras que se perde na tradução. O que traduzimos acima por "sem olhos e sem visão" aponta para a expressão alemã "augen-und blicklos". A questão é que as palavras "Augen" e "Blick" juntas significam em alemão "instante", um "lance (Blick) de olhos (Augen)". Com a expressão, por isso, Heidegger acentua o fato de uma crença sem olhos e sem visão ser uma crença desarticulada do instante como temporalidade fundamental do que há de mais questionável [N.T.].

Com *que* fundamento? Nesse ponto já se abriu o elemento fundacional; a abertura, porém, já é a essenciação daquilo que funda, isto é, que fornece um custodiável para a custódia e deixa "ser" um ente enquanto tal. Fundamental é apenas o seer mesmo; a partir dele, acirra-se para o pensamento do seer o questionável, que transforma de acordo com isso esse pensar mesmo no pensamento questionador e o exige como pertencendo a si. O fundamental como tal repele todo porquê.

Aqui a meditação chega ao lugar de uma decisão sobre o nivelamento hierárquico do questionar. De antemão, já se indica que o nivelamento é determinado por meio da originariedade e do modo da interpretação do ser, o que significa, contudo, por meio da tonalidade afetiva fundamental que transpassa de maneira afinadora e determina a relação com o "ser".

A pergunta "por que o ente é?" já precisa ter deixado para trás a pergunta "*o que* o ente é?"; de que outro modo "o ente" poderia ser inquirido com vistas ao "porquê" de seu "fato de quê"? Com o "*o que*" ele - o ente - é, o seu "fato de que" é admitido e experimentado em sua superpotencialização. No "fato de que" ele é emerge "o que ele" é - ente, o ente. Mas no es-panto, que arrebata o homem de maneira afinadora para diante do "fato de que" e do "o que" que se ilumina concomitantemente nele, é reunida ao mesmo tempo a tonalidade afetiva inicial para o questionar, de modo que o ente aparece de antemão como o que há de mais questionável. O "o que ele é - o ente" é uma resposta *questionadora*; quer dizer, a questão quididativa irrompe aqui pela primeira vez: o que é o ente *enquanto* ente? Essa questão quididativa questiona tão pouco para além do ente, que ela apenas o desdobra e, assim, sustém, de maneira consonante com a tonalidade afetiva fundamental do espanto. Nessa questão-o-que propriamente dita, com isso, o ente é mantido como φύσις pela primeira vez na ἀληθεια que lhe é pertinente, de tal modo, em verdade, que no espanto se reúne pela primeira vez a relação com o ente na pura apreensão e, a partir de uma tal reunião (λόγος), traz a tendência contrária para a presentação, isto é, a "pensa" como algo uno e como o uno. A partir da tonalidade afetiva do espanto determina-se a essência característica do primeiro início do "pensar", para o qual a questão-o-que permanece a primeira, isto é, a que a tudo impera. Todavia, aqui já se essencia velada e necessariamente para a posição fundamental do primeiro início inquestionadamente o seer e *sua* verdade. Esse inquestionável que, não obstante, já transpassa de maneira arrojada a questão e a resposta próprias ao primeiro início constitui o inesgotável da profusão do primeiro início. Ao mesmo tempo, porém, ele condiciona a ambiguidade que logo se insere e nunca é afastada, porque nunca é atacada; a ambiguidade que atravessa toda a história da metafísica: o fato de que na entidade do ente (naquilo que ele seria enquanto tal) o ser é pensado e, contudo, só o ente é a cada vez inquirido.

Nós quase não pressentimos mais que garantia se achava resolvida na inesgotabilidade da questão-o-que provocadora de espanto, em cujos primórdios únicos e cada vez mais raros o espantar ousou se lançar puramente diante do ente, razão pela qual, então, imediatamente, a pergunta-o-que, sob a forma da questão curiosa que olha à sua volta antecipativamente e que fica ansiosa pela conquista de uma *expertise*: a questão o que é isso – confundiu o espantar puramente perseverante e, por fim, o destruiu.

Nós não sabemos nada sobre essa história; a "culpa" dessa ignorância não é apenas da falta de "fontes"; pois tais fontes fracassam aqui em geral, porque o saber dessa história possui uma outra proveniência.

Essa história do primeiro início nos é velada, porque a força luminosa da meditação não pode estar à altura das relações simples da tonalidade afetiva fundamental questionadora do espantar e da perseverança nessa tonalidade afetiva. Porque aqui – de acordo com um hábito que se iniciou cedo e que foi se tornando cada vez mais tenaz – se impôs logo a questão *explicativa* acerca do "porquê" própria à *expertise* (τέχνη), até que por fim a pergunta acerca das primeiras causas de todo ente (creator) se tornou pura e simplesmente *a* questão metafísica. No âmbito do primeiro início, a questão-o-que possui inicialmente o primado ante a questão-por-que; e, em verdade, no sentido de que essa questão não consegue determinar efetivamente o pensar propriamente pensante do ente enquanto tal. Mas a questão-o-que: "o que é o ente?" torna-se, com efeito, a questão *diretriz* de toda a metafísica subsequente. Todavia, sua resposta é tentada por meio da explicação a partir de causas[5] ou a partir das condições de representabilidade do ente predeterminado como objeto.

Por que, então, porém, a pergunta explicativa acerca do porquê assume o comando? Porque depois do primeiro espanto o ente perde cada vez mais a estranheza e penetra na região da *expertise* e, a partir dessa *expertise*, retiram-se as formas de sua determinabilidade (enunciado - λόγος - categorias - as "quatro causas"). O primeiro espanto é dominado pelo caráter crescentemente conhecido do ente, cede a esse caráter e se imiscui, assim, com o mero abismar-se com o estranho (isto é, aquilo que não é imediatamente explicável na τέχνη). O primeiro espanto não consegue se refundar na própria origem de si mesmo e se tornar cada vez mais espantoso. Ainda que esse espanto nunca consiga desdobrar o seu poder afinador nos singulares e nos únicos dentre os raros pensadores e jamais possa se tornar um estado mediano habitual, também se mostra com isso de qualquer modo na sequência histórica dos grandes pensadores iniciais de Anaximandro até Aristóteles a mudança e a extinção da tonalidade afetiva fundamental.

Na questão inicial - o que é o ente - o ser é questionado e já é pensado como o "fundamento", a saber, como o fundamento *essencial* do ente. Esse fundamento nunca é tocado pela questão acerca da verdade, mas apenas desfigurado; isso significa historicamente: a relação inicial grega com o ente é cada vez mais abalada pela exploração daquilo que essa relação inicialmente abriu.

As transformações das posições metafísicas fundamentais não podem ser perseguidas aqui.

Todavia, é importante saber que em geral a questão-porque - assim como ela se assumiu no transcurso daquela história a aparência de ser a questão extrema e mais profunda - não é nenhuma questão *originária*, mas permanece presa ao âmbito da explicação do ente.

---

5. Cf. por exemplo Tomás de Aquino. *Einleitung zu seinem Kommentar zu Aristoteles, Metaphysik* [Introdução ao seu comentário a Aristóteles, Metafísica].

Se, porém, a questão fundamental enquanto tal e, em verdade, em sua configuração própria ao primeiro início, não devesse ser a questão pensante originária, mas devesse preparar um outro início para um pensar que precisa se voltar de maneira pensante para o seer mesmo (a partir da tonalidade afetiva fundamental do abismar), então a questão-por-que perderia aqui completamente o seu arrogado primado e não tocaria com o seu campo de visão o elemento fundacional (o seer mesmo).

A questão do outro início (a questão do fundamento propriamente dita) é: como se essencia o seer? Qual é a verdade do seer?

"Como" – não visa aqui ao modo explicativo, mas ao fundamento que precisa ser fundado por aquilo que experimenta por meio do seer enquanto tal a sua determinação essencial mais íntima – pelo homem. O seer, contudo, não é "reconduzido" ao homem, mas é o homem que é arrancado à humanização e trans-formado no ser-aí, em cujo aberto o seer se essencia.

O pensar em meio à questão fundamental: como se essencia o seer? assume expressamente pela primeira vez aquele elemento de todos o mais difícil, que precisou se perder no primeiro início (a perduração ante o caráter espantoso do ente enquanto tal) e, em verdade, sob a figura da insistência na tonalidade afetiva fundamental do ab-ismar, que excede todo espanto e que não possui nada em comum com o mero caráter terrível do sentir habitual.

O ab-ismar coloca no abismo ante o apenas ente, transpondo para a verdade do seer como o fundamento do fundamento.

Aqui se decompõe aquele "por que" procurado em meio à pequenez do cálculo curioso e da mera aquietação e satisfação, como se algo desse gênero pudesse ser apropriado ao homem, se ele – graças à guarda "do" seer – precisasse entrar em uma troca de olhares com os deuses, como se devesse haver aqui um espaço para negócios e para esclarecimentos, aqui onde a coessenciação fundante com o seer mesmo é tudo.

Se no âmbito do pensar do seer a questão-por-que ainda é colocada, então ela só pode ser levada a termo como questão transitória. A resposta não leva mais a uma causa suprema, que a tudo mantém coeso e resolve no sentido do primeiro técnico pre-vidente. Ao contrário, a resposta aponta para o seer de um tal modo que, agora, aquele que responde se desvela imediatamente como o mais digno de questão; mas apenas para um questionamento no qual todo "por que" não leva senão a um ponto curto demais, sim, não leva mais absolutamente.

Na metafísica, o ente foi determinado por um fundamento (causa - condição para a representação explicativa). Na história do outro início, só o seer mesmo determina a essência do fundamento e exclui a pergunta-por-que como insuficiente. O ser-aí, no qual o homem transformado se torna insistente, *mantém-se na proximidade abissal em relação ao seer;* esse manter-se, contudo, nunca pode se tornar para o homem um estado duradouro habitual, que transcorre por si mesmo, mas se essencia na decisão. Ela é mais originária e mais difícil do que todo ato e do que toda anexação de conquistas. No entanto, ela não é nunca um mero empenho da "vontade" do homem, mas significa o abrir-se ousadamente questionador para o impulso do seer. A prontidão para o pertencimento ao acontecimento apropriativo, em cuja via homens e deuses disputam a si mesmos e a sua essência, abrindo, com isso, a contenda de um mundo com a terra e deixando que o ente seja no interior dessa clareira da com-frontação uma vez mais um ente.

Até o ponto em que uma comparação entre o pensar metafísico e o pensar da história do seer é admitido - ela não o é em verdade -, poderíamos nos ver tentados a destacar reciprocamente os dois da seguinte maneira: o pensar metafísico mantém-se na representação do ente como objeto, o pensar da história do seer na decisão pensante-questionadora pelo acontecimento apropriativo. O pensar metafísico continua contabilizando para si até mesmo o seu Deus criador e sua "onipotente" "providência", o pensamento da história do seer ousa ao longe do que se recusa como o ab-ismo de decisões incalculáveis sobre a fuga e a chegada dos deuses. O pensamento metafísico se salva no "por quê" e em sua resposta irracional, ou seja, pela primeira vez efetivamente racional, enquanto o pensar da história do seer se abre à essenciação do seer e nunca espera algo essencial do ente.

O pensamento metafísico nunca entende a resposta à questão acerca do porquê do "por que" - sim, nem mesmo a questão ligada ao fato de essa pergunta só ser possível com base em um desvio ante o ente enquanto tal, isto é, com base na não fundação da verdade do seer. A resposta ao primeiro "por que", isto é, à questão acerca de sua essência, deixa esse "por que" emergir do seer, na medida em que o seer é concebido como fundamento abissal e esse fundamento mesmo é estabelecido como a representação explicativa enquanto o que é nela mais claro e primeiro.

O porquê parece expressar a mais elevada inquietude do mais profundo questionamento; de fato – apenas *parece* assim; pois em verdade ele é – e o questionar em sua in-tenção – o constante abandono da pura insistência no e ante o que há de mais digno de questão, o seer, que só é retido e conservado em sua dignidade, na medida em que o coração se mantém aberto para a pura essenciação daquele entre, voltado para o qual o homem ancora em sua própria essência a referência ao seer e assume o pertencimento ao acontecimento apropriativo, elevando, com isso, ao saber abismado a unicidade de si mesmo em meio ao ente e fundando, assim, a guarda da verdade do seer como o outro início de uma historiologia, para a qual todos os cursos e portas da história nunca são suficientes; pois a historiologia, e isso significa, o ente metafisicamente explicado na totalidade continuará dominando a inessência do homem até aqui e assegurando para ele o domínio mundano sobre um mundo que não munda, porque nunca pôde mundar. A questão acerca do porquê se expandirá de uma maneira mais sonora e mais multifacetada do que nunca em suas pretensas respostas; a historiologização do homem racional tornar-se-á completa e só estará completa, quando ela se consumar na *explicação* de que os instintos e o desprovido de entendimento seriam o elemento impulsionador e sustentador de todo fazer e não fazer. Quando, de maneira expressa ou como a doutrina principal propriamente dita, o inexplicável for reivindicado como o fundamento explicativo de tudo, o esclarecimento da razão terá reprimido e rebaixado o ente na totalidade à representabilidade e produtibilidade irrestritas. Agora, pela primeira vez, o "irracionalismo" de todos os tipos terá curso livre, a mística e a mítica cuidarão de seus negócios, a querela do "espírito" lógico-científico com o "espírito" místico-mítico produzirá a aparência de uma "vida espiritual" vital e proporcionará, com isso, à modéstia do animal historiológico a mais elevada confirmação de seu suposto nível hierárquico.

Entrementes, porém, acontece por vezes algo diverso. E singulares - decididos - veem o arder do fogo velado do forno de todo ente, pressentindo o porvir de seus guardiões, um porvir que não chega primeiramente apenas *depois* dessa época atual como um sonho romântico, mas que, ao contrário, já chegou e doa à lembrança histórica o seer como recusa, deixando o homem saber do outro de si mesmo.

XXII
Seer e "devir"
(A consumação da metafísica ocidental)[1]
(Hegel e Nietzsche)

75. Seer e "devir"[2]

O caminho mais percorrido e desde a alienação do primeiro início do pensar ocidental mais transitável para a determinação do ser é a contraposição com o "devir". Por meio daí vem à luz imediatamente a interpretação do ser como aquilo-que-não-devém no sentido do que subsiste. Ser significa consistência constante e presença. Ao mesmo tempo, porém, também já está dada uma possibilidade dupla da relação entre ser e devir. O "devir" é considerado como afetação, desfiguração e decadência do ser: assim se dá em todo platonismo habitual. Ou, contudo, o devir sobrepuja o ser, na medida em que o ser como "*estado*" inercial nega o devir, o que significa, a vida. Em lugar da respectiva exclusão, seja do devir por meio do ser, seja do ser por meio do devir, pode entrar em cena a interpretação que reúne os dois na unidade do um e do outro, mas isso sempre, porém, no significado predeterminado desde o início da metafísica de ser e devir. A metafísica de Hegel e a metafísica de Nietzsche criam de uma maneira contraposta e, com isso precisamente, copertinente a inserção do ser no devir, sem subtrair do ser a sua respectiva necessidade no interior do devir, mas sem também interpelar de modo mais ou menos velado e impensado por fim até mesmo o próprio devir como o "ser" propriamente dito. *Como* os dois pensam inteiramente as possibilidades extremas da unidade alternante de ser e devir (espírito absoluto – eterno retorno do mesmo na vontade de poder), sem jamais afetar a interpretação de ser e devir já fixa e característica do primeiro início e sua relação com

---

1. Cf. XXIV. O seer e a "negatividade"; cf. *Reflexões X*, 55ss. [Em: Reflexões B, GA 95].

2. Cf. Acima, p. 103s.

o "pensar" (a representacionalidade), consuma-se neles a metafísica ocidental, quer dizer, o homem moderno na época dessa consumação emergente se sabe, sem pensar expressamente essas posições metafísicas fundamentais e seu domínio, de posse de todas as possibilidades de interpretação da "vida" (Nietzsche) e da "realidade efetiva" (Hegel). Ele se salva em uma seleção e em um acúmulo de tais interpretações, sem experimentar essa mistura enquanto tal e sem mesmo inquirir seu fundamento e seu não fundamento. Ou, porém, o homem começa a conceber essa posse e a interpretá-la como o fato fundamental de que ele mesmo (isto é, "a" vida, o povo) é a finalidade, o âmbito, o critério de medida e o preenchimento de si mesmo. O caráter incondicionado do absoluto hegeliano torna-se a determinação fundamental da "vida" em Nietzsche, respectivamente particularizado com vistas a povos e raças como unidades vitais. Nisso realiza-se a autoexclusão definitiva do homem da relação com o ser, no sentido de uma fundação questionadora e combativa da verdade do ser. O nada – o que emergiu de mais elevado e primeiro a partir do seer – não é concebido, mas, desfigurado pela ausência de pensamento consumada, reprimido como o que há de mais terrível no terror, não sendo nem mesmo temido seriamente, para não falar de ser experimentado em meio a um abismar-se.

O pensar da história do seer não pensa apenas a verdade do seer, mas o seer mesmo como origem (salto originário) segundo a sua essência mais velada, que não pode ser medida a partir de nenhuma determinação da entidade. Ser se volta para fora – saindo da contraposição com o devir e é ele mesmo a essência do devir. Como o primeiro, "vem a ser" com base no ser o nada, ao qual por certo concerne bem por último a verdade.

Para Hegel, "seer" e nada são o mesmo com base em seu pensamento metafísico, um pensamento de acordo com o qual a entidade e essa entidade como objetividade (assim ele considera o ser) se mostram como o indeterminado e imediato de todo e qualquer visar (representar). A mesmidade, isto é, o copertencimento entre ser e nada funda-se para a metafísica no fato de o ser se mostrar como igual ao nada, de ele ser pensado a partir do nada como o pura e simplesmente não ente; "pensado" justamente na mediação já fixada e empreendida, no interior da qual o ser tanto quanto o nada são o que precisa ser destacado. Para Hegel, o nada ganha aquela primeira proximidade com o ser e a mesmidade com ele, porque o ser mesmo precisa ser no interior da realidade absoluta o derradeiro resto da desconstrução precedente, aquilo que ainda precisa ser precisamente concedido ante o não ente, para que o início, que é o fim em si desejado do absoluto mesmo, não se inicie, por exemplo, mas *comece* em seu autodesdobramento a partir do imediato, possa ter um ponto de partida, comece sob o modo daquele "devir" que já precisa estar estabelecido com a absolutidade do pensar da mediação do mediar. O nada e mesmo a negação e o negativo, que Hegel avalia de maneira tão essencial, não são, em verdade, levados a sério, mas são apenas solicitamente admitidos e pretendidos, para que a mediação ponha a si mesma diante de si em sua forma mais vazia e desdobre no vazio desse pano de fundo o triunfo de seu devir.

Isso não provém naturalmente apenas, por exemplo, do modo de apresentação pessoal de Hegel e da força de sua desconstrução e construção dialéticas (nesse caso a desconstrução é quase mais admirável do que a construção). Ao contrário, aqui se anunciam necessidades da história do *seer*, com vistas ao qual o "ser" de Hegel não pode ser senão a exteriorização mais extrema da objetivação que há muito já aconteceu no re-presentar. Isso significa, contudo, que toda a lógica como o elemento objetivo absoluto da pura auto-objetivação do espírito repousa sobre essa exteriorização e, apesar de sua riqueza, de maneira definitiva, nunca mais consegue encontrar o caminho de volta ao seer. Isso também pode ser elucidado da seguinte forma: toda reali*dade* efetiva e, com isso, todo ser é transposto como objeto do pensar absoluto para o absoluto; a constituição do *ens creatum* transformou-se em meio ao caminho que passa por Descartes na objetividade do pensar absoluto. O "ser" desapareceu do ente e retornou ao espírito absoluto como o incondicionadamente representado, sendo lá assegurado como certeza absoluta de si mesmo. No entanto, o fato de o "ser" encontrar a "verdade" absoluta no desdobramento "dialético" em direção ao conceito absoluto como a liberdade do espírito absoluto não significa nenhuma fundação da verdade do ser no sentido de um questionamento originário, mas é apenas a fixação cristã-cartesiana da οὐσία como ἰδέα no absoluto *eu penso a mim mesmo como a coisa visante em tal pensar*. A verdade do seer está há tanto tempo tão "decidida", que ela não pode de maneira alguma se transformar em *questão* – assim como ela não podia nos estágios anteriores da metafísica. O "caráter decidido" significa aqui: a transição incondicionada e ao mesmo tempo que não *sabe* a si mesma para a ausência de decisão, dada inquestionabilidade da verdade do seer.

O caráter incondicionado da "vida" "vivenciante" significa o estabelecimento do "devir" como o "ser" propriamente dito e, com isso, ao mesmo tempo, a fixação da inquestionabilidade do próprio ser. O nada torna-se por meio daí a nulidade mais indiferente, que ainda precisaria ser mais questionável do que o ser, se ainda "valesse a pena" algum dia, no cálculo e no cômputo da "vivência", prestar ouvidos ainda que muito fugidiamente a uma questão sobre o "nada".

Ser, nada e devir são meros nomes para o inquestionado e vazio. A metafísica tornou-se supérflua por meio de sua própria consumação, o que não pode significar que ela teria mergulhado na impotência; ao contrário, seu poder é agora a autoevidência menos atentada de todas no interior do mar do autoevidente, que inunda a "vivência" e lhe imputa achar que ela mesma seria o mar e o incondicionado. Não o fato de todas as metas terem se perdido é o essencial da consumação que se inicia da Modernidade, mas o fato de a época se assegurar de ter encontrado na "vida" mesma "a" meta e, com isso, sua própria eternidade, na qual ser e devir se equivalem e interrelacionam, na qual o "que-vem-a-ser" testemunha em favor do ser como o seu sucesso, na qual o sucesso carimba tudo aquilo que não tem sucesso como nulo e prescreve as "proposições" e os "pesos", segundo os quais apenas ele mesmo e o que lhe é igual podem ser computados. Cada vez mais violenta e inofensivamente ao mesmo tempo, cada vez mais ruidosa e estranhamente também, "a vida" se recompõe em sua incondicionalidade no predomínio da vivência, para que o homem esqueça definitivamente no tempestear de seus "feitos" e "produtos" o fato de ter há muito esquecido o ser. O esquecimento do esquecer é o processo mais velado da humanização do homem. A esse processo corresponde o fato de *ele* mesmo empreender aquilo que propaga a aparência de sua antiessência: a historiologia no sentido amplo, que se desdobra agora na política cultural, quer dizer, na hostilidade em relação a diversas reivindicações de ser preservador e fomentador da "cultura". Essas reivindicações também emergem - quer elas sejam dirigidas nacionalmente ou contabilizadas internacionalmente - do domínio invisível da metafísica ocidental consumada, na qual a representação da "cultura" no sentido de um cultivo de todas as forças do *espírito* criador para a unidade e a unificação da vida e de suas realidades efetivas, um cultivo que surge uniformemente e cresce a partir de si mesmo, experimentou pela primeira vez a sua "fundamentação" e determinação. O homem cultural historiológico assume, assim, a *execução* daquela fatalidade, que impele no esquecimento do esquecimento do ser a humanização do homem para um abismo, que pode se tornar um fundamento para uma transformação essencial do homem, contanto que ele - há muito tendo se tornado cego para tudo o que é sem fundamento e completamente mesmo ab-issal - não se veja impelido a passar ao largo do abismo, uma vez que, fora do todo da "vida", nem mesmo o nada mais é. Por outro lado, é importante ver em tudo isso o poder desenfreado da metafísica ocidental consumada e manter em vista a vulgarização de sua essência, uma vulgarização que se intensificou de tal modo que quase a tornou irreconhecível.

Não obstante, é indiferente para esse processo tudo aquilo que pertence tão somente à renovação erudita do hegelianismo ou da "ocupação" historiológica com Hegel, tudo aquilo que aponta para a exploração "literária" de Nietzsche; pois essa é certamente uma *consequência* tardia e amplamente derivada do efeito da metafísica em sua consumação.

XXIII
O ser como realidade efetiva (As modalidades)

76. O ente como o "efetivamente real"[1] (Ser e realidade efetiva)

O fato de o ente já se determinar bem cedo como aquilo que mais tarde e hoje se chama o "efetivamente real" tem seu fundamento na interpretação inicial do ser como presença e constância.

A interpretação do ἐ͂ναι como ἐντελέχεια: na presentação do que se presenta, a presença é consumada, isto é, ela se torna pura e simplesmente presente.

Aqui se reúne e se torna espessa a interpretação inicial do ser com vistas à entidade que, concebida como ἰδέα, é inserida na esfera de circulação do campo de visão do fio condutor da re-presentação imediata, da pura contemplação.

No entanto, essa interpretação grega e autenticamente inicial do ser também não é mantida no pensamento grego em sua altitude e pureza, mas é logo compreendida de maneira coisal na "filosofia popular". Estoa! E, *então*, reconfigurada ao mesmo tempo de maneira cristã - *ens* como *ens creatum*; o sinal disso é a tradução aparentemente indiferente de ἐνέργεια e ἐντελέχεια por *actus*, *agere* - fazer, criar; *actus purus* do Deus criador - *ens creatum*.

O ente como o efetuado, ou a sua "causa" como o pura e simplesmente *atuante*; isso uma vez mais reconfigurado como o "efetivamente real", não "passível de aparição", como o objeto - o modo de ser daquilo que se encontra contraposto e, assim, um *certo* retorno, mas apenas um certo, à ἐντελέχεια; porque tudo se encontra agora ligado ao sujeito - à consciência. Ao mesmo

---

1. Cf. acima, p. 160. • Cf., em relação a essa interpretação, XXI. A pergunta metafísica acerca do porquê.

tempo o efetivamente real como o atuante - *eficaz*! E esse eficaz também como o "verdadeiro".

Possibilidade e necessidade não estão sempre relacionadas apenas a cada vez em essência com o ser (realidade efetiva), mas em geral *com* a realidade efetiva em sua triplicidade determinada a partir da mesma raiz que a interpretação inicial do ser como presentação e constância.

Com outras palavras, não há de modo algum um problema de "modalidades", mas esse problema é apenas o encobrimento da origem da interpretação inicial do ser e a obstaculização da questão originária do ser sob a *aparência* de uma argúcia metafísica vazia.

Vale dizer sobre essa "problemática" o mesmo que precisa ser dito sobre as "doutrinas das categorias".

Elas emergem como modos aparentes de colocação das questões da fuga em direção ao cerne do não questionamento do que há de mais digno de questão, um não questionamento, além disso, desconhecido enquanto tal.

Possibilidade - realidade efetiva - necessidade podem servir como pontos de partida de um outro questionar da verdade do seer, um questionar marcado pela dinâmica da superação. Nesse caso, porém, elas já não são mais "modalidades".

XXIV
O seer e a "negatividade"[1]

77. O seer – o não – o ocaso

Onde a essência do seer é fundada em sua mais extrema verdade, a história do homem alcança o nível da capacidade de declínio, a altitude mais elevada da queda mais profunda; *a reviravolta em queda.*

(O fato de Hegel ter reconhecido *de certa forma* a negatividade, mas apenas na entidade, e de ele, apesar disso - sim, justamente por isso –, ter se disposto a apreender a si mesmo como consumação e constância, como um equilíbrio de tudo para sempre que de tudo se assenhoreia, e não justamente como declínio e decisão: *esse fato* indica da maneira mais incisiva possível o fato de que a negatividade não proveio do *fundamento* do nada e do seer, mas precisou permanecer presa à entidade como *o carátrer daquilo que é representado.*)

A *negatividade* já é de antemão completamente superada e já se torna inofensiva. Somente assim e somente por isso, ela se encontra exclusivamente em jogo.

78. O seer e a "negatividade"[2]

A "negatividade" de Hegel e o μή ὄν platônico são o mesmo, com a única diferença de que a negatividade hegeliana é colocada sobre o "fundamento" do "*eu penso algo absoluto*", um pensar que, como algo imediato, *não* é o mediado da mediação e, por isso, é sempre por si uma *privação* do *absoluto*. Por isso, tudo aquilo no interior do pensar absoluto que não é esse pensar, que não é em si absoluto, é determinado pela negatividade. A

---

1. Cf. 14. A filosofia na meditação sobre si mesma, p. 45s.; cf. sobre a negatividade de Hegel 78. O seer e a "negatividade".

2. Cf. XXII. Seer e "devir".

"negatividade" hegeliana porta ao mesmo tempo em si a relação absoluta entre sujeito e objeto.

Essa, porém, não é nenhuma *fundamentação* da *negatividade* platônica imediata, mas apenas a sua transposição para o interior do pensar absoluto. A "origem" do "negativo" é tão pouco determinada, que ela não pode nem mesmo ser inquirida aqui. Sim, a metafísica veda enquanto tal essa questão no sentido de que não quer saber nada sobre ela. No entanto, onde a metafísica se encontra com o negativo, ele é avaliado como aquilo que é no fundo "nulo" – mesmo em Hegel, apesar de sua posição "positiva" em relação à "negatividade".

Por que, contudo, permanece vedado à "metafísica" o saber acerca do nada, por que ela é impelida à desvalorização da negação? Porque ela parte constantemente do ente na pergunta acerca do "ser" e toma com vistas ao ente o ser como a entidade. O nada torna-se aqui imediatamente o não do ente enquanto tal e na totalidade, a pura e mera "negação" e, em verdade, do ente; no entanto, onde o nada se transforma na negação *do ser* como em Hegel (o in- de toda determinação e mediação; determinação a partir de determinar como *determinatio*, no sentido da *praedicatio vera positiva*, algo *como estado contraposto*, como objeto, *tale quale*, qualidade – quididade), o ser enquanto o imediato indeterminado se mostra como a suprema entidade e, com isso, como a entidade mais imediata e mais vazia para o pensar absoluto que ainda não alcançou a si mesmo. O nada, porém, "transforma-se", isto é, já é para Hegel, o "sim" propriamente dito justamente daquele ser caracterizado, o nada na "equi"-paração com o ser determina o ser como aquele ser no sentido da "entidade", que precisa ser degradado ao âmbito do apenas *in*-determinável e in-determinado. Assim, o nada (isto é, o ser) torna-se a *privação* da realidade efetiva absoluta (ou seja, da "ideia"); de maneira alguma o nada é a *privação* do ser, aquilo que pura e simplesmente dissolve o ser, o que justamente o requer de antemão como o fundamento de sua di-ssolução, mas o nada é antes *o mesmo* que o ser.

Mas como, se o nada fosse pensado agora como *privação* do ser (e não como "negação" nem do ente, nem do ser), ele não seria pensado aí de maneira mais essencial? Mas de onde e como "privação", como o seer mesmo chega a essa *di*-ssolução? Como ele poderia, afinal, sem que o *nada* já oferecesse por assim dizer a clareira para uma tal di-ssolução do ser?

O nada não é nem uma negação do ente, nem uma tal negação da entidade, nem tampouco "privação" do ser, o despojo, que seria ao mesmo tempo aniquilação. Ao contrário, *o nada é o primeiro e o mais elevado presente do seer*, que doa o ser como acontecimento apropriativo consigo mesmo e como si mesmo para o interior da clareira da origem (salto originário) como ab-ismo. Ab-ismo não metafisicamente compreendido, a mera *au*sência do fundamento, mas a essenciação da indigência da fundação; uma indigência que nunca é uma falta, mas também não um supérfluo, uma indigência que é muito mais o *fato* do seer que é superior aos dois, do seer como o "fato" do "é".

A apropriação do *ser* humano em meio ao acontecimento para o assinalamento ao acontecimento apropriativo, uma apropriação que acontece ao mesmo tempo apropriativamente como indigência dos deuses, é a doação do nada, do abismo, sob o modo de ser da mais elevada *recusa*, o fato de que um ente nunca poderia ousar alcançar e preencher o seer em sua essência, de modo que o seer, então, poderia ser visado como um ente.

Enquanto o homem permanecer enredado na metafísica, ou seja, enquanto ele se ativer ao primado do ente como o efetivamente real no sentido do efetivante e "poderoso" (o que é capaz do efeito), o nada permanecerá o que não é digno de nada. E o terror, como a tonalidade afetiva fundamental descerradora do nada, permancerá aquilo que não merece senão resistência e o desprezo como um dano para toda afirmação da "vida". E, inversamente, enquanto esse desprezo do nada se mostrar como elucidativo e encontrar a mais imediata concordância, o homem permanecerá no esquecimento do ser, quer dizer, naquela não relação com o seer que o impede de dignificar o presente da "negatividade" e mensurar a determinação da humanidade, adentrando, assim, no espaço-de-jogo-temporal das decisões simples.

O saber da "negatividade" estabelecido em termos da história do seer é um caminho para pensar a recusa, é a dignificação do ser como acontecimento apropriativo, é a insistência no *entre*, no qual o vir-ao-encontro do homem e dos deuses acontece apropriativamente, é a preparação de uma prontidão para a *história*, mas nunca é um "artifício" de um exercício de argúcia "categorial": já é, questionado como questão, mais essente do que todas as "realidades".

XXV
Ser e pensar
Ser e tempo

79. Ser e tempo[1]

No diálogo histórico com os pensadores ocidentais sobre o que é para eles mais simples emerge de uma maneira cada vez mais decidida o pressentimento de que eles nunca disseram o que lhes era essencial, porque sua palavra a cada vez mais elevadamente lograda ainda pode se defender da afinação mais oculta por meio do por dizer.

O λόγος de Heráclito, a ἰδέα de Platão, a ἐνέργεια de Aristóteles, a mônada de Leibniz, o "eu penso" de Kant como a "liberdade", a "identidade" de Schelling, o "conceito" de Hegel e o "eterno retorno do mesmo" de Nietzsche dizem o mesmo: o ser. Eles não enunciam "proposições" sobre o ser, como se o ser fosse um objeto alijado. O ser mesmo é dito. Como dito, ele é alçado à "palavra"; uma palavra, porém, que não é aqui uma expressão linguística arbitrária, mas que é o seer mesmo transformado em verdade (clareira). O dizer dos pensadores não fala em "imagens" e "sinais", não ensaia transcrições mediatas, que precisariam ser todas igualmente impertinentes. O ser mesmo é dito. Mas certamente não seria dito para a escuta de uma inteligibilidade aproximada, que a tudo gostaria de ter esclarecido.

O nunca dito dos pensadores essenciais é sempre ainda mais simples do que o seu dito. Por isso, de tempos em tempos, o seer exige sempre uma vez mais que o pensar entre no início. Com esse início, contudo, ele só se inicia, se o pensar do seer tiver se tornado a cada vez mais inicial e, assim, tiver a força de permanecer o mesmo como algo totalmente diverso.

O outro início do pensar questiona a verdade do seer.

*

1. Cf. 56. Ser-aí e Ser e tempo.

"Ser e tempo"

A verdade (abertura da clareira) do seer pensa o pensar da história do seer de início como o tempo-espaço, como aquele fundamento da unidade de "tempo" e "espaço", que deixa os dois emergirem em sua copertinência como vias e amplitudes de êxtase. Na medida em que o "tempo", porém, manifesta a unidade *extática* de início de maneira mais urgente do que o "espaço", que não extasia, contudo, de maneira menos intensa, é preciso tornar pensável a *verdade* do seer (isto é, o "sentido" do seer), partindo do "tempo". O mais imediato desdobramento da questão do ser que uma vez mais se inicia encontra-se, por isso, sob o título "ser e tempo".

"Tempo" designa aqui aquilo que não pode ser clarificado por nenhuma "mera" elucidação de conceitos antigos e atuais de tempo, mas que é previamente determinado pela *questão* acerca da *clareira* do seer mesmo como a essenciação pertencente ao seer de uma maneira incomparavelmente diversa. Toda imersão no "conceito de tempo" só pode ter a tarefa restrita de elucidar aquilo que emergiu do tempo originário (que não tem absolutamente nada em comum com a *durée*, por exemplo) e pode, assim, inversamente, servir à distinção do "tempo" totalmente diverso, sem jamais admitir naturalmente uma transição para esse tempo. Esse "tempo" estabelecido no pensar da história do seer já vige como *campo de visão* e, em verdade, como campo de visão inquestionado e outrora inquestionável, para a "presença" e a "constância" (οὐσία), para a reunibilidade (λόγος) e a apreensão (νοῦς), para a representatividade (ἰδέα) e objetividade, por meio das quais o ser foi de antemão determinado durante toda a história da metafísica como entidade. Esse campo de "visão", porém, é aquele que se aproxima (por que e em que medida) primeiramente e como que por si mesmo do "*pensar*" (νοεῖν - λέγειν), de modo que ele - aquietado por esse campo de visão e suportado por ele - nunca precisa pensar em si, mas se mantém - o pensar - como o *fio condutor* da determinação da entidade e de sua constituição e, correspondentemente à concepção do ser pensante (animal *rationale*), se transforma em "*eu* penso" e em pensar absoluto ("categorias"). No interior da história da *metafísica*, contudo, o pensar do ser nunca reconhece (apesar do saber relativo ao πρότερον, ao "*a priori*" do elemento transcendental) o campo de visão que lhe é assinalado como pensar voltado para; ao contrário, o pensamento "filosófico" toma-se por suficientemente fundado por meio da distinção: do fato de a filosofia pensar o *ser* (entidade - categorias), enquanto as "ciências" e a opinião habitual representam e explicam o *ente*. Sim, mesmo essa distinção não está clara por toda parte de maneira decidida; e no momento onde ela encontra a clareza mais elevada *no interior da* história da metafísica - em Kant -, esse pensar do ser é logo transformado de maneira falseadora em "teoria do conhecimento"; o fundamento interno para esse processo reside no fato de Kant conceber a entidade como o caráter daquilo que *se encontra* contraposto. Todavia, ele restringe os objetos (aquilo que se encontra contraposto) à acessibilidade para a experiência - conhecimento matemático da experiência.

Filosofia - como questionamento do ser - é a todo momento *pensar*. Mas, justamente por isso, esse pensamento precisa se determinar como um pensar originário a partir daquilo *que* ele pensa: a partir do seer. Assim, se de maneira formal e à guisa de título for exigido futuramente ao invés de ser e pensar a expressão "ser e tempo", então isso não significa nenhuma despedida do pensamento em favor de um "irracionalismo" e de uma "tonalidade afetiva", mas *totalmente o contrário*: o pensar será impelido agora pela primeira vez para o interior da agudeza da abissalidade de seu campo de visão até aqui inconsiderado, isto é, da verdade originária do seer; o pensar conquista agora pela primeira vez de uma maneira tão decidida a sua verdade, que a denominação do "tempo" só pode ser mesmo apenas a referência mais imediata a algo digno de questão, "*a caminho*" do qual se sabe o pensar mais inicial. Ser e pensar, como termos para o modo de ser da questão *metafísica* acerca do ser, não têm em vista, portanto, o lugar comum de que mesmo "o pensar" seria uma forma de realização ou até mesmo apenas a forma de ocupação da filosofia; em *Ser e tempo*, esse título já é muito mais pensado em termos da história do seer, de modo que ele significa: o pensar *metafísico* do seer *ainda não reflete sobre o seu elemento mais próprio*: o caráter de presente (tempo) como o campo de visão da interpretação da entidade que lhe é própria; ao contrário, o pensar se considera de maneira irrefletida pura e simplesmente como o tribunal suficientemente determinado para toda demarcação essencial do ser; essa irreflexão do pensamento metafísico em relação ao encobrimento que se calcifica cada vez mais de sua essência plena propriamente dita, esse domínio peculiar do pensar autoevidente para si na metafísica, é precisamente a razão de todos os "irracionalismos" que sempre emergem uma vez mais no interior de sua história; "irracionalismos" que só se distinguem efetivamente por meio de um "racionalismo" *ainda* mais tosco, na medida em que se procura designar com essa palavra o primado do pensar no pensar do ser, sem levar em conta aquilo que esse pensamento mesmo é.

A consideração do pensar no sentido do questionamento da clareira, na qual ele se movimenta como pensar do ser, não é, então, naturalmente nenhuma "reflexão" que poderia ser designada por meio da fórmula "pensar o pensamento"; pois a história da metafísica realizou sim na época do Idealismo Alemão essa "reflexão" em grande estilo, de uma maneira tão decidida que até mesmo a "reflexão" foi ainda uma vez refletida e retomada no *conceito* absoluto do saber incondicionado; isso aconteceu então, contudo, de um tal modo que, por meio daí, a meditação sobre o campo de visão do pensar foi se tornando cada vez mais impossível, porque desnecessária, uma vez que o saber absoluto como a verdade do ente na totalidade sabia a si mesmo e, com isso, excluía toda questionabilidade. A partir daí - em uma meditação histórica - pode ser visto o fato de que, com o pensar do pensar, a metafísica antes se afasta da meditação sobre a verdade do ser a ser pensado e, com isso, do próprio pensar. A questão acerca do "sentido" do seer, por isso, enquanto questão acerca do campo projetivo do pensar do seer, de sua abertura e fundação, nunca depende de uma "reflexão" sobre o pensar e o "eu penso"; ao contrário, a questão do ser mais inicial exige o abandono do homem como "sujeito" e isso significa, ao mesmo tempo, da relação com o "objeto" *e* consigo mesmo. Com uma virada para o "objeto", o subjetivismo não apenas não é superado, mas é deixado muito mais em paz em sua solidez (Podemos deixar aqui sem discussão se a superação do "subjetivismo" e do "objetivismo" é efetivamente uma necessidade essencial do pensar da história do seer; pois é bem possível que essa superação precise se revelar um dia como uma pseudobatalha supérflua, que só é colocada em cena com um fervor inesgotável, para que o pensar metafísico possa se tomar como dispensado do olhar para a sua própria questionabilidade).

XXVI
Uma reunião do meditar

80. Acontecimento apropriativo

A exportação resolutora visa à distribuição do vir-ao-encontro e da contenda em meio ao cruzamento de sua essência. A distribuição como acontecimento da apropriação do entre porta a intimidade do contrajogo entrecruzante em direção à decisão de uma história do ser-aí.

A exportação resolutora – trazer à maturidade – é a tranquilidade da essenciação, cuja voz deixa provir toda determinação[1] do seer.

A determinação impõe a indigência do ser-aí; a indigência volta a insistência para o que lhe é necessário e esse elemento necessário transpõe para o inevitável de uma superapropriação em meio à verdade do seer.

Acontecimento apropriativo é exportação resolutora.

A ex-portação resolutora porta o ab-ismo.

Do ab-ismo desce a liberdade do dizer poetante-pensante.

81. A exportação resolutora

A ad-judicação mútua extasiante-clareadora do ente na totalidade de sua essenciação trazido a cada vez para a sua propriedade no vir-ao-encontro e na contenda.

O seer é a condução para a clareira do ab-ismo aberto por meio da exportabilidade resolutora, de cuja recusa emerge a necessidade para a adjudicação contrária que se dirige para a propriedade (como essenciação do que se essencia a partir de divindade, humanidade, mundo e terra) do ente.

*

---

1. Há um jogo de palavras no original que se perde na tradução. Em alemão, o verbo determinar (*bestimmen*) tem uma relação direta com voz (*Stimme*). Determinar significa literalmente delimitar a voz [N.T.].

A exportação resolutora

Ex-portação resolutora: significa tanto conservar até a maturidade da decisão da essência quanto tomar a decisão pela essência - como elevação do caso ao acontecimento apropriativo e assim como entrega do acontecimento apropriativo à sua própria essência.

Desse modo, a ex-portação resolutora enquanto conservação e decisão tem por caráter essencial o fundar clareador, liberador do elemento livre, que volta um para fora do outro e um-para-o-outro, do abismo.

"O que" é exportado de maneira resolutora: o "vir-ao-encontro" e a "contenda"; os dois possuem eles mesmos uma essência *passível de ser resolvida em meio à exportação* e se entrecruzam simplesmente em seus êxtases.

Acontecimento da apropriação é exportação resolutora.

Aqueles que vêm mutuamente ao encontro (deus e homem) e os contenciosos (mundo e terra) são os primeiros a serem apropriados em sua essência em meio ao acontecimento.

Mas nesse acontecimento da apropriação "acontece", isto é, torna-se essencial, a *história* como fundação da clareira no ser-aí "do" homem.

82. O acontecimento apropriativo

O acontecimento da apropriação no aí e, com isso, o aí mesmo se mostra como a recusa do ser como entidade, a renúncia de todo re-presentar pro-dutor-calculador como o comportamento, em cuja via o homem poderia encontrar o caminho para o ser como os sítios de decisão de sua tonalidade afetiva essencial.

O seer mesmo destrói como acontecimento da apropriação o pri-mado do λόγος, arranca o ente enquanto tal ao poder e, com isso, à maquinação, essenciando-o para a *propriedade*.

Agora pela primeira vez, o seer mesmo, e não apenas a calculabilidade do ente, exige para si a autêntica junção que se junta à verdade do seer, a pertença à pura seriedade do *pensar*. O pensar encontra-se diante da decisão: tornar-se pensar do seer ou não ser nada mais.

*

Acontecimento apropriativo

A essência do acontecimento apropriativo precisa ser indicada para o primeiro saber de sua nomeação; isso só pode acontecer até o "lugar" do pensar, a partir do qual se torna *possível* o projeto que se arroja como um projeto jogado; *se* ele acontece apropriativamente ou não, esse é um presente do acontecimento apropriativo. A indicação da essência do acontecimento apropriativo traz o saber da essência extasiante-clareadora do "tempo" no sentido do espaço-de-jogo-temporal para a determinação da entidade enquanto tal, isto é, como presentação e constância.

A clareira extasiante aponta para algo que nunca pode ser representado como um processo de um ente e que, contudo, excede em essenciação todo e qualquer ente, sendo mais essente do que eles. A clareira extasiante indica apenas o caráter de ab-ismo do ser e a essenciação do ab-ismo; o fato de ele re-cusar toda fuga em direção ao subsistente e doar de qualquer modo ao mesmo tempo como essa recusa o assinalamento à indigência de um pertencimento a ele.

Acontecendo apropriativamente, ele aponta para a propriedade de sua essência: o vir-ao-encontro de homem e deus e a contenda de mundo e terra.

Mas por que esse vir-ao-encontro e essa contenda? Em que medida o acontecimento apropriativo é a essenciação ab-issal de algo assim?

A questão soa como se o seer (acontecimento apropriativo) fosse visado de início como algo-que-se-essencia-por-si, algo a partir do qual, então, o resto deveria ser deduzido.

Mas precisamente a instrução a partir do "tempo" deve indicar que o seer se essencia como abismo no *entre* do "ente" e não é certamente determinado a partir de sua *entidade*, mas sem dúvida alguma a partir de sua essenciação velada, que ele mesmo coconstitui.

O que denominamos *metafisicamente* “deus”, “homem”, “mundo” e “terra” pertence em termos da história do seer ao seer, na medida em que o denominado se essencia de maneira ab-issal como *propriedade*, remetida a cada vez diversamente ao pertencimento ao acontecimento apropriativo.

Como é, portanto, que “nós” conseguimos decidir a essência do seer? Encontra-se à nossa disposição uma direção e uma medida? E se não, tudo não é então arbitrário?

Nem compulsão, nem arbítrio, mas a liberdade como liberação do fundamento para o interior do ab-ismo é o modo de ser do projeto marcado pela história do seer. O espaço de um instante junto ao qual precisa alcançar o âmbito de seu próprio saber o caráter jogado do projeto, o fato de que ele é um projeto apropriado em meio ao acontecimento e só assim pode ser.

O projeto do seer é um acontecimento apropriativo essencial da história do seer, não uma exposição configurada de uma maneira arbitrária e forçosa de uma opinião sobre o seer.

Como liberdade, o projeto da história do seer é *risco*; o único ponto é que essa palavra traz consigo há muito tempo um tom falso e é, por isso, melhor evitá-la; pois as condições do ousar não são aqui as circunstâncias dos pontos de vista dominantes, que devem ser alterados, mas a indigência da história do seer mesma, que deve fazer com que os que ousam se tornem logo ponderados e sejam fácil demais encontrados.

A referência ao “tempo” extasiante-clareador como a “verdade” (abertura projetiva) do ser não consegue de início senão fornecer um aceno para o fato de o “ser” não poder ser alcançado na re-presentação como um ente deduzidamente diluído, que se esvazia, por fim, e se torna um e mesmo o mais “genérico” dos conceitos. Esse vazio também permanece em essência o que ele é, sim, ele é efetivamente ratificado, quando se assegura que ele é preenchido por determinações “ontológicas” “concretas”.

O ser (essenciando-se no “tempo”) anuncia-se como o “entre” do ente, um “entre” que exige uma referência essencialmente transformada consigo, a insistência do ser-aí; essa exigência, porém, é apenas uma referência representativamente concebida e mal interpretada do fato de que o seer como acontecimento apropriativo se apropria em meio ao acontecimento do ser-aí como essenciação de sua fundação da verdade, uma apropriação em meio ao acontecimento que constitui justamente o primeiro ab-issal do acontecimento apropriativo.

A clareira do tempo extasiante é a indicação da essenciação do um-com-respeito-ao-outro ab-issal (que impele à decisão) do ter sido e do vindouro; esse um-com-respeito-ao-outro, no qual se propaga o campo de jogo do ente, cujo seer só se determina a partir da clareira, é o aceno para o acontecimento da apropriação, no qual acontece apropriativamente a exportação resolutora de vir-ao-encontro e contenda.

Para saber algo sobre isso, é igualmente necessária a visualização do caráter temporal da entidade inicialmente determinada (φύσις) e da experiência do abandono do ser do ente, uma experiência na qual o seer se anuncia como recusa.

83. Entidade e seer

Entidade e maquinação.

A maquinação em seu desdobramento: unidade de historiologia - técnica - discurso.

Esse desdobramento como um deixar à mercê do abandono do ser.

O abandono do ser como uma recusa do seer.

A recusa como essenciação do próprio seer (O acontecimento da desapropriação do ente - a retenção da propriedade).

O acontecimento da desapropriação como aceno do acontecimento da apropriação.

O acontecimento da apropriação em meio à exportação resolutora.

A exportação resolutora como acontecimento apropriativo.

Acontecimento apropriativo como essenciação da clareira do seer.

Essa essenciação como história.

Seer e o ab-ismo do entre (a essenciação do nada) (nada provindo da entidade, apesar de não da "negação"!)

84. O seer e o nada

O nada como ab-ismo da clareira da recusa. O caráter "ab-" do fundamento a partir da recusa.

A recusa como acontecimento da apropriação na insistência da espera perseverante; *essa espera* como ser apropriado em meio ao acontecimento para o acontecimento da desapropriação.

O acontecimento da desapropriação como fundamento essencial da *negação*. "Negação" *ainda não como o mero* enunciado objetificante sobre aquilo que está presente ou ausente (O "não" (*Nein*), o "não" (*Nicht*)[2] e o "in-").

A negação originária como subsistência da *custódia*, na qual a recusa pode e mesmo precisa se clarear, sem doar com isso sua essência plena.

A *negação* como a insistência do ser-aí na re-cusa – "não!" (*Nein*) ainda "*não*" (*nicht*) "é" e, contudo, "é", assim, na doação da recusa. "Não" (*Nein*) aqui não de-fesa e resistência – isso não é o originário –, mas insistência. No entanto, justamente não um "sim" como con-"cordância" com algo presente à vista, mas um estar afinado com a voz do silêncio.

85. O nada

1) *O conceito metafísico do nada* (Hegel – o i-mediato in-determinado);
2) *O conceito metafísico pensado em termos da história do seer do nada – o niilizante*;
3) *O conceito do nada em termos da história do seer* – o ab-ismo como essência do seer.

---

2. Como em inglês, o alemão também possui uma partícula de negação para respostas diretas a perguntas (*Nein*) e uma partícula para negações de verbos (*nicht*). Heidegger fala dessas partículas acima [N.T.].

Aqui o "nada" perde toda aparência e toda determinação de primeiro plano própria a algo meramente marcado pelo caráter de não. Pois ab-ismo é essenciação da recusa como o acontecimento da apropriação da doação.

*

Quanto mais extrinsecamente – tanto menos sem saber da verdade do ser – se pensa de maneira metafísica[3], tanto mais "nulo" se torna o nada, tanto mais ele é alijado para o interior da negação "lógica".

É possível conceber em termos da história do seer o fato de e em que medida ser e nada são o mesmo, a saber, com base na essenciação da verdade "do" ser.

Para Hegel, a proposição só é válida, na medida em que esvazia anteriormente a essência do "ser" (o que é denominado por ele "a realidade efetiva absoluta") e leva até aquilo que continua sendo pensável precisamente para o pensar absoluto que se restringe ao seu elemento mais extrínseco ou até o resíduo último daquilo que continua sendo justamente re-presentado no não pensar. Em seu ter-sido-representado, *esse* representado é efetivamente "algo", não pura e simplesmente nada; e, contudo, ele é ao mesmo tempo nada.

Seguindo o fio condutor do projeto *representacional* (ser e pensar), a metafísica só consegue pensar a mesmidade de ser e nada a partir da universalidade mais vazia e primeira do que há efetivamente de mais imediato.

O questionar da história do seer não apenas não experimenta o nada como algo nulo, mas, na medida em que questiona o seer mesmo na plenitude de sua essência, ele o experimenta como acontecimento da apropriação.

86. Verdade – Seer e clareira

Seer e clareira são o mesmo; assim soa a sentença inicial de Parmênides no outro início.

---

3. sic.

Anteriormente, a entidade (ἐόν) teve de ser pensada de maneira inicial como presente emergente, o que corresponde à apreensão descerradora.

Futuramente é preciso pensar o abismo da própria copertinência como o que inicia – o seer, o acontecimento da apropriação do entre, que se clareia e que doa e rejeita a clareira mesma como sua essência.

A decisão pelo seer coloca todo ente em uma outra reconjunção com uma outra essenciação.

O seer essencia a clareira: a clareira acontece apropriativamente no entre da exportação resolutora do vir-ao-encontro e da contenda, sobressencia o seer.

87. Verdade

É a clareira que pertence ao seer como acontecimento apropriativo. Clareira: exportando de maneira resolutora o vir-ao-encontro e a contenda para o aberto de seu cruzamento. Clareira é: clareira "da" exportação resolutora.

Clareira é clareira "da" exportação resolutora, isto é, do acontecimento apropriativo.

Clareira "da" exportação resolutora significa: apropriada em meio ao acontecimento no acontecimento da apropriação, êxtase levado à resolução e suportado e inserção do desencadeado como o que é a si assinalado.

A clareira se essencia a partir da exportação resolutora e lhe é própria.

A clareira não é nunca uma abertura vazia e sem determinação, nem tampouco de algum ente qualquer previamente visado.

Essa clareira guarda e custodia a "essência" da resolução exportada e ao mesmo tempo do vir-ao-encontro e da contenda.

E somente muito lá fora no elemento contencioso do "mundo" junto ao ente intramundano se essencia a essência da clareira como o *mostrar-se* do ente; o mostrar-se requisita a essência inicial da clareira.

A partir do mostrar-se, a essência da verdade nunca pode ser questionada.

Ἀλήθεια - *desvelamento - abertura - clareira*.

O contexto denominado com esse nome é um contexto histórico e, com isso, determinado pelo *seer*. O que eles nomeiam não pode ser fixado de maneira definitória e atribuído aleatoriamente a qualquer um, para que ele em seguida o compreenda com o seu entendimento "natural", isto é, aferrado à cotidianidade do visar até aqui. Exigida é a prontidão para o pensar do ser, mesmo lá onde aparentemente só importa de início elucidar "historiologicamente" a ἀληθεια.

Com essa prontidão, estabelece-se ao mesmo tempo uma transformação da relação com a palavra.

No pensamento metafísico, esse experimentar e esse saber da ἀληθεια se dirigem inteiramente para o desvelado *enquanto um tal*; o desvelamento experimentado em seguida e apenas assim é a presentação do constante. Já o fato de a presentação essenciar-se em meio a um "aberto" e de a constância se encontrar em um tal aberto não é levado em conta e inquerido; é suficiente e mais do que suficiente o espantoso da presentação mesma. Mas o εἶναι é colocado de qualquer modo em relação com o νοεῖν, os dois são pensados como copertinentes. Com certeza - o νοεῖν, contudo, é um comportamento do "homem" ele mesmo presente, a apreensão é a presenti-ficação não reconhecida enquanto tal do que se presenta impensado em seu caráter "temporal"; por sua vez, não se leva em conta e não se inquere o que é isso para o interior do que e através do que por assim dizer o apreender se es-tende e se ex-pande, a fim de acolher e de ter o que se presenta enquanto tal.

Mas o pensamento grego não chega a dar de qualquer modo um passo "adiante"? O ζυγόν, o jugo que coloca sob si conjuntamente o ὄν e o νοεῖν, não aponta para o fato de a ἀλήθεια não ser apenas re-presentada como presença do ente (como ser), mas ao mesmo tempo pensada como aquilo que de certo modo presente excede por assim dizer em meio à apreensão, a fim de garantir-lhe o arco até o ente? Sem dúvida alguma - apesar do risco da *super*interpretação, precisamos continuar preparados para experimentar aqui como é que o ente foi pensado: justamente não como propriedade presente à vista maximamente universal, mas como pre-sentação que deixa a apreensão se exceder pela primeira vez até si e pertencer a si (φύσις como vigência emergente). Naturalmente – o nome do "jugo" chega como que de fora e parece fortalecer a opinião de que dois entes presentes à vista, o "ente" e a "alma", são aqui *sub*-jugados e tensionados juntos; as coisas não se mostram assim apenas aparentemente, mas o representar grego também precisa elucidar para si isso a partir do presentar, com o que o desvelamento não se faz valer, no entanto, sob o aspecto da *abertura*. E, não obstante: o que significa δῆλον e δηλοῦν? Tornar manifesto, sim, sem questionamento da própria abertura; ela é tão pouco questionada (questionável e *digna de questão*) quanto o *encobrimento* correpresentado no desvelamento.

E ainda se questiona menos aqui se a presentação é em si um "acontecimento" próprio como abandono e como abdicação do encobrimento, o que não pode ser contabilizado e computado a partir das propriedades do ente e das "atividades" da "alma".

O fato de o desvelamento ser presentação e essa presentação ser desencobrimento e, por meio daí, abrigo e encobrimento, assim como *o que* se tornou experienciável com isso, permanece fora do pensamento grego. Por isso, apesar das instruções extraíveis, por exemplo, do mito da caverna, a concepção do desvelamento como *abertura* do ente já se mostra como *não grega* no sentido estranho de que por meio dela o grego – quer dizer o inicial do pensar do ser – se torna propriamente *re*fletível como algo por nós apropriável; pois se não conservamos o início, caímos fora da história; não pertencemos mais ao seer e à sua necessidade, mas apenas ao ente historiologicamente planejado de maneira retificante e abandonado pelo ser.

Desvelamento do ente e abertura do ente significam para os gregos: presentação, isto é, ser, ou seja, entidade, e isso significa, ente enquanto tal, isto é, ente.

Em seguida, porém, nem a *presentação* (em seu caráter temporal *também inicialmente* velado), nem o *encobrimento* e a *abertura* são questionados e experimentados como dignos de pensamento.

E na medida em que nomeamos isso expressamente como questionável não pensamos mais metafisicamente.

O mais estranho, porém, continua sendo o fato de lá onde se espera tudo e o que há de primeiro da "revelação" - na doutrina cristã da fé e da redenção - a "*manifestabilidade*" do *ens* ter sido completamente aplainada e tudo ter se transmutado no direito e na correção por sobre o caminho que passou pelo pensamento "romano" e "jurídico" (Por isso, os modos de falar assumidos hoje pelos teólogos cristãos sobre a "manifestabilidade do ser" são locuções e faixadas propagandistas, que não correspondem de maneira alguma àquilo que eles têm de pensar dogmaticamente como *ens creatum*).

Por meio da transformação da ἀλήθεια na ὁμοίωσις e na *adaequatio* e da *adaequatio* na *certitudo* e na certeza do ser-cônscio e da consciência; por meio da transformação dessa consciência como a autoconsciência na essência do saber absoluto e do "espírito" e da queda do "espírito" na experiência historiológico-técnico-científica, assim como por meio da inserção dessa experiência no "vivenciar" - em suma, por meio da história *metafísica* da "verdade" subtrai-se definitivamente no interior da metafísica toda e qualquer possibilidade de pensar a ἀλήθεια na direção da *presentação* e do desencobrimento encobridor e, com isso, da abertura de um aberto. Com tudo isso, já se denominou aquilo que nunca é acessível para o pensar da metafísica (o representar do ente em sua entidade), o que, em contrapartida, já é dito a partir do pensar do seer. Desvelamento significa em grego presentação, por mais que nem o caráter temporal do pre-sentar, nem o *encobrimento* sejam inquiridos e fundados. E, por isso, mesmo o *desvelamento* logo precisa abandonar o seu domínio, que só poderia ser mantido a partir de um *desdobramento* de sua essência.

Mas de onde surge a necessidade de inquirir agora o caráter temporal da presentação e a essência do encobrimento e do desencobrimento? De onde provém a necessidade de pensar o aberto e a abertura do ente?

A necessidade não pode provir senão de uma indigência, e a indigência mesma? Ela pertence ao supérfluo não liberado da essenciação do próprio seer; o fato de que isso é assim determina o instante de nossa história, nos determina em meio a uma história, que não admite como história "do" seer nenhuma medida humana, mas também rejeita o divino, na medida em que ele é abusivamente utilizado como fundamento explicativo e é degradado a um mero refúgio.

88. Seer e medida

Para a metafísica, o ser como entidade é ao mesmo tempo ἀρχή e, com isso, medida, aquilo que é computado a partir do próprio ente e para esse ente por meio da re-presentação como estabilização do que se presenta: o absoluto, o incondicionado. Juntamente com o caráter de medida, torna-se diretriz a ideia de "meta"; o τέλος, inicialmente uma determinação da presentação e de sua esfericidade em si mesma – uma ressonância da φύσις –, é transformado em *finis*, em "meta" afastada e pressuposta de um *movimento progressivo* em direção a algo; por fim, esse pro-gresso mesmo torna-se a meta; e permanece, mesmo onde é aparentemente superado, apenas oculto na realização da mera vitalidade da vida em virtude da vida (o "povo eterno" e platitudes semelhantes).

O seer, porém, nunca é medida, pois sua verdade significa *isso* antes de tudo: o fato de jamais haver uma medida no ente, porque o ente é apropriado em meio ao acontecimento como propriedade na questionabilidade das decisões (acontecimento apropriativo), que são as únicas a conferirem a proximidade e a distância dos deuses e, a partir deles, a luta tranquila em torno da transformação da essência do homem.

89. História do seer

A história do seer – o acontecimento da apropriação da verdade como clareira; no primeiro início, a doação à qual precisa se seguir uma recusa, porque o ser mesmo como entidade se torna tributário da primazia do ente.

A renúncia desdobra-se como inversão da essência da verdade na ὁμοίωσις – correção – certeza – justiça – *nivelamento* da verdade em meio à entidade como maquinação – a abertura maquinacional do ente como "esfera pública". A indiferença em relação à *essência* da verdade; o efetivo como medida do efetivamente real; esse como o ente propriamente dito.

O velado abandono do ser do ente.

O *acontecimento da apropriação como acontecimento da desapropriação.*

O velamento da recusa e, contudo, o aceno para ela, e, assim, em meio à essenciação do próprio seer, a partir da postergação de todo ente e de sua entidade.

90. Acontecimento da apropriação e tonalidade afetiva

O acontecimento da apropriação, não a tonalidade afetiva, é que convém no primeiro início ao desdobramento essencial do seer; mas os dois são de qualquer modo pensados, sem serem reconhecidos em sua essência, em outras figuras; o acontecimento da apropriação encobre-se no pertencimento do νοῦς e do λόγος ao ser, um pertencimento que, indômito e em consequência da ignorância da verdade indominável, se transforma finalmente em uma transposição da entidade (como objetividade) para o homem (como sujeito), de tal modo que a questão do ser e a essenciação do seer se escondem por detrás da "problemática" da relação sujeito-objeto condicionada e incondicionada, que passa, por fim, a predominar na totalidade como maquinação. Nessa predominância, o efetivo é considerado como o efetivamente real e esse como o ente e como o "vivente" no sentido amplo, ao qual o "vivenciar" permanece subordinado.

A φύσις do primeiro início transforma-se em maquinação, a copertinência de νοεῖν e εἶναι em relação à referencialidade de "vida" e "vivenciar". O vivenciar, porém, se reporta ao "orgânico" e o que é compreendido pelo "orgânico" é o cálculo e o planejamento mais puramente maquinais.

A maquinação é a mais completa dissimulação do acontecimento da apropriação. Todavia, quando experimentada enquanto tal, ela pode se tornar de qualquer modo o aceno para a recusa que deixa o ente se desafogar no abandono do ser.

A tonalidade afetiva pertence ao acontecimento da apropriação; como voz do seer, ela afina o que acontece apropriativamente (de-terminado afinadoramente para a fundação da verdade do seer) em uma tonalidade afetiva fundamental – tonalidade afetiva que se torna o fundamento de uma fundação da verdade do seer no ser-aí; tonalidade afetiva, que conjuga afinadoramente o ser-aí enquanto tal. A tonalidade afetiva fundamental, contudo, não é apenas um sentimento, uma faculdade da alma e do sujeito entre outras. Ela não é apenas "fundamento" de todos os comportamentos, atravessando-os afinadoramente, ela não é apenas "*disposição*".

Essa interpretação buscada em *Ser e tempo* pensa, em verdade, a partir da questão do ser determinada em termos da história do seer, a partir do ser-aí e para ele, e, contudo, ainda reside na nomeação e, com isso, também no conceito, o elemento fatídico de colocar a tonalidade afetiva como ocorrência do "lado" do ser do homem, ao invés de levá-la a sério juntamente com o caráter de acontecimento apropriativo do afinar. Aqui, a interpretação metafísica própria ao primeiro início da tonalidade afetiva como πάθος e *affectio* continuam sendo um obstáculo central. Mesmo que evitemos interpretar equivocadamente αἰδῶς, χάρις e todo e qualquer πάθος no sentido moderno ou mesmo apenas psicológico-cristão, mesmo que venhamos a pressentir que essas tonalidades afetivas copertencem ao seer correspondendo ao νοῦς e ao λόγος, é preciso ousar de qualquer modo uma admissão essencial, que confesse a indecisão de sua essência e reconheça nessa indecisão o fundamento para a transposição posterior para o interior da ψυχή, do *animus*, até mesmo da *cogitatio*, assim como para o interior da consciência. Se a "vivência" se apodera até mesmo da "tonalidade afetiva" (isto é, de sua interpretação essencial), então desaparece toda perspectiva de poder tornar algum dia experienciável o caráter de acontecimento apropriativo da tonalidade afetiva.

Aqui também algo há muito indecidido continua se desviando de uma decisão, da decisão da verdade do seer; uma decisão que, porém, precisa acontecer ela mesma apropriativamente.

Somente apropriados em meio ao acontecimento são capazes de decidir, o que significa aqui: realizar a *despedida* da representação e da apreensão (intuição, *intuitus*) a partir da resolução para o projeto que libera para a insistência do *ser*-aí. A decisão "só" alcança aqui até a prontidão para o acontecimento da apropriação e nunca se mostra como a implantação do próprio fazer.

91. O aí como o abismo do entre[4]

O "aí" nunca é "aí" como nome para a *presentação*, mas aquilo em que algo desse gênero se essencia. "Aí" como clareira para cada possível onde, "aí" e lá, mas também *então* e *quando*, "no instante 'em que'[5] ele chegou"[6].

O aí se clareia no *ser*-aí. Esse, porém, se essencia como a constância do entre; uma constância que se funda no pertencimento ao acontecimento da apropriação. O entre é apropriado em meio ao acontecimento pelo acontecimento apropriativo como o lugar no qual esse acontecimento se encontra em sua essenciação. A essa essenciação pertence: o entre como unidade originária do em-meio-a e do entrementes (a *clareira* espaçotemporal). O entre, no qual a contenda e o vir-ao-encontro cruzam entre si as vias e se irradiam intocáveis por toda parte na clareira.

92. O ser-aí

Não condição de possibilidade e fundamento da condição de possibilidade do "homem" como o agora presente à vista, mas *o pertencimento ab-issal à clareira do seer.*

Por toda parte ainda em *Ser e tempo* até o limiar do ensaio sobre "Da essência do fundamento"[7], fala-se e expõe-se metafisicamente, e, contudo, as coisas são *diversamente pensadas*.

---

4. Cf. 41. O entre do aí; cf. *Contribuições*, Fundação (Contribuições à filosofia. Do acontecimento apropriativo. GA, 65, p. 293-392).

5. Em alemão, o "aí" (da) também pode ter sentido temporal: "im augeblick, 'da' er kamm" (o momento em que ele chegou) [N.T.].

6. Significação espaçotemporal do "aí" - *mas*?

7. In: *Marcas do caminho*. GA, 9, p. 123-175.

Mas esse pensar não se coloca no elemento livre do próprio ab-ismo.

Por isso, a comunicação é *ambígua*; mas não de tal modo que por meio daí se tornaria *impossível* uma re-flexão. O ser-aí possui uma essência marcada pela história do seer.

93. O ser-aí "do" homem

Também nesse caso é preciso pensar o genitivo em termos da história do seer. O ser-aí é "do" homem, a-propriado para sua essência no sentido de uma transformação essencial determinada de antemão e unicamente pelo seer; o homem é *apropriado* em meio ao acontecimento desse modo essencial para o seer.

O ser-aí – os sítios essenciais da reviravolta essencial do homem para a custódia da verdade do seer.

O ser-aí denomina a distinção em termos da história do seer própria ao homem; e isso de tal modo, em verdade, que o ser-aí não se mostra como nada "humano" enquanto "produto", "postura" e "comportamento", mas como "humano" apenas no sentido de que o ser-aí requisita o homem para a transformação essencial[8].

Ser-aí sustentável apenas insistentemente (na história do seer como acontecimento apropriativo) e fundando o ab-ismo. Nunca se pode encontrar previamente o ser-aí; nunca "mostrá-lo".

A insistência nele que acontece apropriativamente e se mostra como ressurgente permanece o sinal do quão longe o homem se arroja ousadamente em sua história essencial, a fim de ser nela e ela.

94. O aceno para o ser-aí

Ainda no interior da metafísica, a posição do homem como um ente em meio ao ente enquanto tal é indicada por meio da "compreensão de ser". Depois de tudo aquilo que foi definido sobre a "compreensão" no contexto diretriz da questão acerca da

---

8. O ser-aí no homem – o homem no ser-aí.

verdade do seer, isso significa, contudo, o seguinte: projeção da verdade do seer. E, com isso, alcança-se o eixo do giro transitório (que não permanece nenhuma inversão).

Compreensão de ser não é considerada como propriedade[9], nem tampouco como a distinção essencial do homem em sentido propriamente dito. Em verdade, na condução, a compreensão de ser parece ser uma captação meramente mais essencial da “razão”. A compreensão de ser, porém, é o fundamento essencial do homem já de-terminado para a transformação de sua essência.

O projetar é jogado, posto na insistência do aberto do projeto do seer; o ter-sido-posto emerge da transposição, que provém como tonalidade afetiva da tranquilidade (do seer mesmo); ele é apropriado em meio ao acontecimento do acontecimento da apropriação.

“Compreensão de ser” é assim uma determinação transitoriamente ambígua; ela ainda aponta na direção da razão e do sujeito e, contudo, se mostra a partir de um saber claro como a destruição de toda subjetividade do homem. E ela leva ao mesmo tempo à superação da omissão do primeiro início.

O ser não é mais o desvelamento do que se pre-senta emergente e, assim, ele mesmo pura pre-sença, infundada em sua verdade.

O ser tampouco é “relativo” a um sujeito re-presentacional (algo anterior que assegura) e à “vida”.

Rompe-se a possibilidade da antropomorfia.

*

O que significa, porém, a propriedade e a im-propriedade do ser-aí?

A im-propriedade é concebida como decadência no ente; com isso, insinua-se o fato de a meditação sobre o ser continuar aqui essencial e o único elemento diretriz. A decadência no ente é a concordância que oculta a si mesma com a maquinação. O

---

9. Melhor como constituição e como dotação.

que deve ser indicado a princípio, contudo, é o fato de essa "decadência" não ser nenhum "erro", mas possuir o *mesmo* fundamento do jogado e abrigar em si uma falta de domínio do ser de todo modo já aberto (entidade).

A propriedade, no entanto, não visa correspondentemente a uma interpretação existencial particular no sentido de um ideal moral, mas só contém uma vez mais o aceno para a mesmidade do ser-aí, para a de-cisão, como junção à verdade do ser.

Propriedade e impropriedade enquanto "existenciais" não são títulos de uma "nova" antropologia e de coisas do gênero, mas as referências ao fato de que a essenciação do seer mesmo sin-toniza o ser-aí com vistas à a-propriação da verdade do seer e com vistas à perda[10].

Com certeza, o que é comunicado por si desperta a falsa aparência de que se trataria de uma antropologia particular.

Mas de uma maneira igualmente certa, na totalidade, de início e no fim por toda parte, a questão do ser como questão acerca do "sentido" do ser se mostra de maneira tão inequívoca como a única coisa questionada, que seria natural ao menos tentar pensar totalmente a partir *dela* e só a partir dela o dito, abstraindo-se das opiniões correntes.

95. Ser-aí

O *ser-aí* permanece incomparável, não admite nenhum aspecto sob o qual pudesse ser subsumido como algo conhecido.

O ser-aí interrompe toda tentativa de explicação; na clareira que ressurge abissal e tranquilamente, a explicação (cálculo) não pode manter mais em parte alguma a pretensão a uma captação do ser; toda exposição ao elemento maquinacional perdeu o fundamento e o âmbito de consistência. A explicação não significa mais nada, sim, ela só continua se enredando no não ente e ainda retém, assim, uma duração em si arrastada há muito tempo; e isso apesar de uma outra explicação já ter deixado de um outro modo a verdade se tornar o tempo-espaço do ente.

---

10. Decisões marcadas pela história do seer.

Como é que o ser-aí pode chegar algum dia a ser "explicado"? Ele não pode ser expedido nem mesmo como inexplicável.

É preciso pensar o ser-aí apenas em termos da história do seer: a fundação, que é apropriada em meio ao acontecimento pela essência do seer, da verdade que lhe é própria; e como a fundação insistentemente o saber do seer enquanto acontecimento apropriativo.

Por isso, apesar de à distância, de qualquer modo decididamente a conexão fundamental entre *ser-aí e "compreensão de ser"*.

Ser-aí em aspecto algum uma determinação de um ente, nem de um objeto nem de um sujeito, nem em geral de um ente pensado de um modo qualquer.

Ser-aí unicamente pertencente à essenciação do seer, que abandonou a entidade e ganha voz e saber a partir de *sua* verdade.

Por isso, o ser-aí não pode ser previamente encontrado e exposto junto a um ente, nem junto a um ente presente-à-vista qualquer, nem junto ao homem; jamais pode ser mostrado e ainda menos "vivenciado" objetivamente. *Desse modo*, o "ser-aí" só pode ser pensado desde o início "hermeneuticamente", isto é, apenas como o projetado de um projeto *insigne*, a saber, do projeto do *ser* com vistas ao seu sentido, isto é, com vistas à sua verdade como clareira.

Portanto, o ser-aí também nunca pode ser deduzido de um projeto do ente na totalidade, que precisa se manter de uma forma qualquer conforme com a representação metafísica.

Aquele projeto do seer, porém, lança aquele mesmo que joga concomitantemente na clareira aberta, na qual aquele que joga se reconhece como apropriado em meio ao acontecimento. Esse projeto que arrasta consigo e transpõe realiza em si uma transformação essencial daquele que joga, na medida em que esse se chama "homem".

A custódia para a verdade do ser se inicia.

Por que, porém, o ser-aí é concebido como "temporalidade"? Porque o aí como clareira se torna de início visível na essenciação do tempo-espaço - até mesmo a partir da metafísica, e, em verdade, em seu começo. Nesse contexto, "tempo" e "espaço" não têm em vista o "lugar" e a "sucessão" da série dos agoras, mas *antes* disso a clareira essenciante e una do ser. Todavia, o fato de o ser se encontrar em tal clareira é atestado pela interpretação do ser como οὐσία - presença e constância. Com certeza, isso só pode e já pode ser inquerido a partir da pergunta fundamental acerca da verdade do ser; a inquirição da "temporalidade" da οὐσία já se encontra fora da metafísica.

Temporalidade do aí designa a clareira extasiante; e, por isso, o importante era fornecer um aceno através da "temporalidade" para o *ser-aí*.

"Temporalidade" aqui não é pensada nem em termos "cristãos", nem em geral no conceito oposto à "eternidade"; a não ser que se conceba "eternidade" (o ἀεί) verdadeiramente como determinação ontológica e se questione o que significa essa determinação e seu primado no interior da interpretação do ser e em que ela se funda, em que medida constância e presença imperam em geral sobre a relação com o ente enquanto tal.

Mas se o "eterno" só é tomado metafisicamente como uma realidade efetiva própria, ou se ele é diluído como "ideal" e como "validade" de valores; e se a "temporalidade" é assim correspondentemente desvalorizada, então toda compreensão de *Ser e tempo* se torna de antemão impossível. As tomadas de posição a partir de tal "orientação" possuem uma relação de copertinência juntamente com aquelas orientações que compreendem "ser-aí" precisamente como "presença-à-vista" - *existentia* - τὸ ἔστιν.

No entanto, na medida em que se mantém o mesmo teor vernacular e em que "ser-aí" tem em vista algo incomparavelmente diverso do que se designa na expressão "a existência (o ser-aí[11]) de Deus" ou, por exemplo, "titio está aí", por um tempo a palavra e o conceito são com certeza ambíguos.

---

11. Em alemão, o termo *Dasein* é tradicionalmente utilizado como o sinônimo de existência no sentido hoje corrente da palavra, no sentido de presença real e efetiva de algo [N.T.].

Em parte alguma, a não ser no questionamento da essenciação do seer, oferece-se um ponto de apoio para se conceber o ser-aí, porque o ser-aí é aquilo que é a cada vez apropriado em meio ao acontecimento pelo modo de essenciação do seer mesmo, sem jamais se tornar um "mero" "ente" (propriedade).

Em relação à primeira referência em *Ser e tempo*, costuma-se observar que aquilo que é aí "apresentado" já tinha sido visualizado antes, já tinha sido pressuposto e que, então, seria exposto posteriormente como se se tratasse de uma pura invenção (como se houvesse algo assim). Pensa-se desmascarar com tal objeção o procedimento em seu cerne como um pseudoempreendimento e não se percebe que com essa referência ao estar previamente concebido do "que precisa ser mostrado" se denomina precisamente aquilo que importa: o *projeto*. Em parte alguma em *Ser e tempo* impera a opinião de que o homem poderia ser contemplado fixamente de maneira desprovida de pressupostos e de que um dia, se essa contemplação fosse empreendida de maneira suficientemente ardente e duradoura, o "ser-aí" poderia ser "descoberto".

A consequência dessa opinião prévia é, então, o fato de se contrapor a essa pretensa "antropologia" unilateral uma outra, de se seguir o rastro de pressupostos e avaliações pessoais do autor e só se continuar tolerando o todo como algo estranho que, "em seu tempo", pôde se tornar um dia possível nos 14 anos supostamente questionáveis e sob a influência de uma concepção do homem "característica da cidade grande".

Na medida em que sobre esse caminho se encontram por toda parte unilateralidades e limites do ponto de vista, considera-se essa tentativa como fracassada, antes de poder se colocar mesmo que na esfera mais afastada daquela questão *única*, em cujo campo de visão seus passos são pensados e ditos.

O ser-aí é o fundamento histórico apropriado em meio ao acontecimento a partir do acontecimento apropriativo da clareira do seer.

Ser-aí é a ressonância silenciada da voz do acontecimento apropriativo como insistência da tranquilidade, na qual o peculiar é apropriado em sua propriedade em meio ao acontecimento e o ente é decidido em honra do seer.

O *ser*-aí só precisa ser fundado insistentemente no acontecimento da apropriação do acontecimento apropriativo, isto é, a partir do seer. Por isso, toda tentativa de conceber o ser-aí preponderante ou mesmo exclusivamente a partir do homem é insuficiente. O ser-aí é igualmente essencial para o deus e ele é determinado de maneira igualmente essencial pela relação com mundo e terra, que conservam nele a sua propriedade essencial. Não obstante, no sentido da meditação e da denominação apropriante e acenante, a relação do ser-aí com o homem possui um primado que condiciona o fato de o projeto mais imediato do ser-aí precisar se lançar para além do homem (cf. *Ser e tempo*). Precisamente por meio daí, porém, já não se pensa mais o homem antropologicamente, isto é, metafisicamente, mas se concebe a partir da compreensão de ser do homem uma compreensão que se desdobre como a custódia da verdade do seer. Com isso, contra a metafísica como um todo, de maneira igualmente essencial, supera-se toda humanização do homem posta na mera autoafirmação de si mesmo (a subjetividade).

Se o homem não é mais feito à "imagem e semelhança" do Deus criador judaico-cristão, segue-se daí que ele seria feito, então, à "imagem e semelhança" de si mesmo? De maneira alguma; não, sobretudo se a relação com o seer, se a insistência na verdade do seer, constituir o fundamento essencial do homem. Para o pensar da história do seer, a única consequência é: o homem não é de modo algum feito à "imagem e semelhança" de algo diverso, mas possui uma essência maximamente própria e, em verdade, insigne (por força da referência ao seer); a particularidade de sua essência não significa egoísmo oriundo do posicionamento essencial obstinado, mas pertencimento ao que há de mais único, o que não conhece como tal elemento único nada diverso que pudesse se mostrar como seu igual: pertencimento ao seer. O ser-aí assume concomitantemente a história da fundação da incomparabilidade em termos da história do seer da essência humana. Somente isso permite mesmo a expectativa do deus que, como o último, deixou para trás todas as correspondências ao humano.

O ser-aí é, porque o *seer* acontece apropriativamente como a ex-portação resolutora, nunca apenas ligada ao *homem* como o seu fundamento, assim como o "mundo" e a "terra" não permanecem sem ser tocadas pela irradiação essencial do deus.

96. O ser-aí é sempre a cada vez meu[12] (cf. Ser e tempo)

O quão escandaloso isso soa, ainda mais agora, depois de todos os eruditos filosóficos terem se empenhado por pensar a partir da "comunidade" e em favor do "povo".

O quão oportunamente isso se apresenta para desferir um único golpe mortal contra a "ontologia fundamental", com a qual as pessoas não conseguem se arranjar; pois agora se pode abrir evidentemente para o mais tolo dos olhares o "individualismo". E que objeção seria mais destrutiva aos olhos do pensamento de qualquer um do que a objeção do "individualismo"?

Os pobres diabos que nunca conseguem descobrir a sua incompreensão senão no pensamento dos outros e, sobretudo, de seus "adversários".

Ser-aí é sempre a cada vez *meu*; o que isso quer dizer? Que a insistência no aí - aquela renúncia a toda exterioridade própria ao interior do sujeito e do "eu" - precisa ser assumida e realizada puramente e apenas no *si mesmo*; que somente quando a verdade do seer é total e unicamente a minha, funda-se a garantia de que ela pode ser ao mesmo tempo e apenas a *tua* e a vossa; pois *como* é que ela deveria vir a ser um dia tal verdade, se *tu mesmo* não levas a sério a ti mesmo com ela, se *vós* não colocais por *vós mesmos* em jogo com ela *vossa* realização da *própria* essência?

Ou será que a verdade deve ser para todos igualmente indiferente como uma indiferença incondicionada?

Mas o que devemos esperar de "leitores" que não conseguem pensar para além dos primeiros *teores* vernaculares e proposicionais das primeiras palavras *impressas*, que não conseguem se decidir desde o início a *percorrer* um *caminho* de pen-

---

12. *Ser e tempo*. GA, 2, § 9, p. 57.

samento que supostamente *não* é o seu, nem se despedir por um instante de seu "caráter de ser sempre meu" falsamente compreendido e constante? O que devemos esperar? Nada. Ou será que isso, o fato de um copiar do outro ano após ano as mesmas platitudes, *também* não seria "algo"?

"Algo" com certeza, que não toca o "autor" de *Ser e tempo*, mas atesta muito mais o fim da filosofia; isso justamente, o fato de o pensamento inicial do ser não ser mais pensado em sua simples indigência, porque todos os homens sabem *demais* e misturam tudo com tudo, porque todos conseguem colocar tudo em uma relação computabilizadora e comparativa com tudo e podem lançar cada coisa junto com cada outra em um único funcionamento.

Ser-aí é sempre a cada vez meu; a fundação e a conservação do aí se abatem sobre *mim mesmo* apropriativamente em meio ao acontecimento. *Si mesmo*, contudo, significa: decisão em direção ao cerne da clareira. Em outras palavras: abate-se apropriativamente em meio ao acontecimento sobre a autonomia do si mesmo o *acontecimento da desapropriação* de toda busca vã e casual por si mesmo em meio ao acontecimento apropriativo.

XXVII
O pensar da história do seer e a questão do ser

97. O pensar da história do seer e a questão do ser

A questão do ser pergunta "pelo" ser. Essa sentença pode ser considerada como uma explicitação ou trata-se apenas da transcrição do teor literal da "questão do ser"? Quem quer que tenha tentado esclarecer a questão do ser enquanto questão somente para colocar a questão em sua via e realizá-la reconhecerá o quão decididamente essa explicitação resolveu a questão do ser, de tal modo que não há mais nenhuma reflexão sobre o seu modo de ser e a sua correção.

A questão do ser, que pergunta "pelo" ser coloca em questão o ser "do" ente, o que ele – o ente – é. A questão do ser inquire o ente com vistas ao seu ser e pergunta, por isso, de modo igualmente decidido "pelo" ente. *Um tal* questionamento "acerca" do ser é feito a partir do ente e de volta até o ente, de modo que o ser vige aqui de antemão como aquilo com cuja denominação, enquanto a entidade do ente, se nega a resposta à questão do ser. "Aquilo pelo que" se pergunta nessa questão do ser e aquilo que para ela é o "questionável", aquilo com vistas ao que, como algo inquirido, a resposta ainda continua de fora, se revela como o ente. A partir dele decide-se o modo de ser da questão do ser e sua resposta. E, em verdade, o ente é inquirido com vistas à ἀρχή; ἀρχή designa aquilo a partir de que, como o "primeiro", o ente "é" enquanto ente; e *isso* é o que ele é. A ἀρχή possui a *significação dupla* do γένος (κοινόν), a partir do qual o ente se determina em seu *quid*, e do αἴτιον, da causa (coisa originária), por meio da qual o ente é pro-duzido. No γένος, o ente se presenta como isso e aquilo; por meio do αἴτιον, ele se presenta em seu "fato-de-que-é". A significação dupla da ἀρχή movimenta-se na significação diretriz que não subsiste naturalmente "por si", de acordo com a qual se tem em geral em vista o que se presenta, o que deixa o ente mesmo se presentar em seu o-que-é e em seu fato-de-que-é. O caráter primeiro da ἀρχή é um tal caráter da presença e da constância. Por quê? (cf. 104. φύσις e metafísica; cf. 106. Ser como φύσις).

Por meio daí vem à tona em que medida a experiência fundamental do ente *enquanto tal* já se torna ensejo e impulso para deixar que a questão do ser se torne a questão acerca da ἀρχή. O fato de se perguntar pela ἀρχή não é uma forma de algum modo predeterminada do questionamento em geral que, então, encontraria o seu preenchimento por meio da equiparação da ἀρχή com o ser; já reside muito mais na própria questão acerca da ἀρχή a decisão quanto ao fato de que o ser é re-presentado de maneira inquestionada como presença e constância e de que o ente é experimentado como o que se presencia e é constante. Em que medida? O questionamento acerca dos "princípios" – como quer que venha a ser determinado – não possui a indiferença, a ausência de obrigatoriedade e a autoevidência gerais que se gostaria de atribuir a eles. Ao contrário: perguntar pelos "princípios" (ἀρχαί) significa colocar a questão do ser no sentido explicitado ou assumi-la habitualmente, movimentando-se na esfera de suas possibilidades de resposta.

Esse questionamento "acerca" do ser faz em verdade com que a pergunta passe ao largo do ser, assume o ser em uma determinação que não é mais amplamente sondada (presença – constância) em meio a esse passar ao largo e dá, assim, *a* resposta à pergunta, que – vista rigorosamente – só é válida para o ente.

Essa questão "acerca" do ser é inquirida ao mesmo tempo *por* um ente (pelo homem) e *para* esse ente, de tal modo, em verdade, que esse ente também é fixado de antemão em seu *quid* e em seu fato-de-que-é; e isso, por sua vez, com base na experiência do ente como o que se presenta e é constante. O questionador dessa questão do ser também é aquele que responde à questão. Responder significa aqui: re-presentar a ἀρχή do ente no sentido duplo denominado, *produzi*-la representacionalmente, para que o ente se encontre e se estabilize expressamente, isto é, com o auxílio do enunciado da reposta, no presentar da constância, na própria ἀρχή, isto é, para que ele *seja*. A questão do ser se encaminha, por conseguinte, para o asseguramento expresso – exposto e dizível – do *ser* para o ente enquanto tal na totalidade.

Esse questionamento "acerca" do ser faz incessantemente com que a pergunta passe *ao largo do ser* (no sentido grego do παρά – ao largo de; por mais que isso, *ao largo do que* se passa, em verdade se presente, mas não *como* tal), de modo que ele se presenta precisamente nesse perguntar que passa ao largo; e, contudo, não é ele mesmo que é inquirido naquilo que e no modo como ele mesmo já é determinado. Esse perguntar que passa ao largo representa, de certa forma, a presença e a constância, mas nunca à luz daquilo que é experimentado em uma tal representação: o presente e a duração, isto é, uma temporalização prévia do tempo. Para esse questionamento "acerca" do ser que passa ao largo do ser, o ser é o inquestionável e se mostra como o que não carece de maneira alguma de uma inquirição. A questão do ser de um tal tipo, a demanda pelo ente enquanto tal que passa ao largo do ser e que cria para si mesmo a resposta, alcança a sua história – a consequência e a multiplicidade das posições fundamentais possíveis a partir dela – de início e ao que parece exclusivamente a partir da direção cada vez mais poderosa do experimentar do ente na totalidade enquanto tal e, com isso, a partir do homem que experimenta e questiona. Não obstante, a referência à unicidade da questão do ser assim configurada permite que pressintamos o quão incontornável ela é de-terminada da maneira pela qual de antemão – não se sabe de onde e por que – o ente *enquanto tal* é marcado, isto é, pelo modo como a "essência", ela mesma inquestionada do próprio ser, é interpretada (ex-plicitada)[1], a saber, em meio à presença e à constância. A questão do ser já se mantém, por sua vez, em uma determinada maneira pela qual o ente na totalidade se tornou aberto enquanto

---

1. A palavra alemã que traduzimos acima por interpretar (auslegen) possui uma etimologia bastante peculiar. *Legen* significa literalmente "colocar", "pôr", "botar". *Aus-*, por sua vez, é um prefixo similar ao prefixo latino "ex-". *Auslegen* designa, por isso, um movimento de "colocar para fora". Ao mesmo tempo, há um parentesco entre o verbo alemão "*legen*" e o grego *legein*, que traduzimos normalmente por "falar", "calcular", "dizer", mas que também significa originariamente "reunir", "juntar". Como Heidegger hifeniza o verbo *aus-legen* (interpretar), nos vimos diante da dificuldade de acompanhar no português essa peculiaridade da língua alemã. Para tanto, resolveremos inserir entre parênteses um termo que possuísse um sentido etimológico semelhante (explicitar), sem perder o contato com a noção de interpretação [N.T.].

tal e, por isso, cognoscível e questionável. *A estrutura dessa abertura do ente no aberto de sua essência* (da entidade determinada como constância e presença) não é senão ainda mais suportada pela questão do ser, ainda mais cunhada e consolidada de acordo com as direções e níveis diversos. Ao desdobramento e à cunhagem dessa estrutura por meio da questão do ser coube, então, o nome "metafísica". Em sua essência, a metafísica é essa estrutura mesma e, com isso, está fundada naquilo a partir de que a estrutura se arma.

A senteça "a questão do ser pergunta 'pelo' ser" é um lugar comum e contém, contudo, ao mesmo tempo a referência ao que há de mais velado da história ocidental; contanto que não apenas *essa* história, mas a essência e o domínio da história em geral estejam fundados *naquilo* que foi indicado como abertura da essência do ente enquanto tal.

Nada fala a favor do fato de a questão do ser, que coloca da maneira lembrada a questão "acerca" do ser, tenha esgotado sua possibilidade única ou mesmo satisfaça à sua necessidade mais própria.

Tudo, a totalidade da metafísica em sua essência e através de sua história, impele para que se levante a questão do ser e, com isso, a mesma questão, de uma maneira essencialmente diversa. Essa coação, contudo, não pode provir do próprio pensamento metafísico, uma vez que ele está totalmente solidificado em si e à sua maneira calcificado em si de uma forma arbitrária, não podendo se enredar senão egoisticamente em seu modo de questionar. A história da metafísica, o modo como no interior dela a questão do ser passou cada vez mais decididamente ao largo do ser, quanto mais seguramente o ente que questiona (o homem como *subjectum*) se a-presenta a si mesmo e a todo ente como um contraposto-a-si produtível (mundo como "imagem", aspecto imaginativo, algo pro-dutível representável), é uma "prova" única desse enredamento da questão do ser em sua estrutura. A diferença entre o ser e o ente é tão manuseada, que ela passa a equivaler a um apagamento das diferenças e aliena o "ser", transformando-o em uma mera palavra com o mais iníquo "conteúdo", pois o ente não mais considerado em geral em sua entidade no sentido do efetivamente real maquinável "é" agora tudo aquilo que pode ser considerado como sendo.

Não é a partir da metafísica e desperta por ela que pode emergir uma coação para a questão do ser a ser questionada de outra forma, mas é a totalidade da metafísica que pode se tornar um impulso para que se medite sobre uma indigência, que impele para a questão do ser. Mas mesmo para tanto é exigido que a totalidade da metafísica já seja experimentada e superada em sua consistência essencial, e isso significa, como estrutura da abertura do ente enquanto tal, do modo como se dá agora.

A partir de onde deve vir essa superação, senão a partir daquilo que arma e determina a estrutura da abertura do ente enquanto tal? E o que é esse outro do seer? Somente o mesmo que despede o ente enquanto tal, desde o seu predomínio até o esquecimento do ser, pode arrancar ao ente mesmo esse primado. Nesse caso, a história dessa demissão será de um tipo diverso daquele que se mostra em uma destituição que talvez já tenha começado. Nessa história, o seer mesmo precisa chegar a um domínio único, o que não significa ao mesmo tempo que ele precise tornar a si mesmo e a esse domínio manifestos, isto é, públicos como o predomínio do ente abandonado pelo ser. A esfera pública é aquela configuração da abertura do ente enquanto tal, na qual todo ente se torna imediatamente acessível a cada um, ainda que com frequência apenas segundo a aparência desconhecida.

O que aconteceria, então, se o ente e a sua respectiva entidade ulterior (o *a priori*) perdessem o primado? *Nesse caso, o seer seria*. Nesse caso, transformar-se-ia o "é" e toda linguagem essencialmente.

Como, porém, acontece algo assim? De que modo podemos saber algo sobre isso? Apenas de um modo tal que questionemos o próprio seer e, portanto, coloquemos a questão do ser de uma maneira diversa e saibamos para quais transformações precisamos estar preparados, se quisermos pertencer à história da questão do ser transformada.

A questão do ser questiona agora o seer, para que o seer responda, doe a palavra que diz a verdade "do" seer. Agora, não colocamos mais a questão ao largo do ser, uma questão na qual o ente enquanto tal permanece o questionável. Também não perguntamos com vistas ao ser, algo por meio do que o ser se transformaria em um "objeto" à maneira do pensamento metafísico. Ao contrário, nós perguntamos pelo próprio seer. O questionamento entrega-nos o seer como o único que responde. Uma tal resposta exige um outro ouvir a partir de uma escuta transformada, que é obediente por conta de um pertencimento doado pelo seer mesmo à verdade do seer.

Na metafísica, o ente torna-se questionável com vistas ao seu ser. Esse ser permanece tão inquestionável em sua essência, que o ser não pode ser nem mesmo denominado o inquestionado.

Para a questão do ser transformada, o seer se torna o questionável. Questionabilidade e dignidade de questão, contudo, designam coisas diversas. O questionar que inquere sempre apenas o próprio seer não torna o seer primeiro algo digno de questão, mas o questionar é dignificação no sentido de que assinala ao seer a resposta à sua verdade, sim, si mesmo – o questionar ainda – experimentado como questionar "do" seer, apropriado pelo seer em meio ao acontecimento.

Essa questão do ser, que questiona o seer, pertence à essenciação da verdade do seer, com a qual se mostra a história originária do seer. A questão do ser própria ao pensar da história do seer não pode ser nem alcançada, nem de algum modo concebida a partir da metafísica e por meio dela. A "inquirição" do seer em termos da história do seer é a superação da metafísica, uma superação que provém do próprio seer.

A questão do ser também pertence como uma questão metafísica à história do seer, apesar de essa história permanecer velada para a metafísica e por meio dela. Por isso, não "se" pode senão de modo aparente atribuir um significado à expressão "questão do ser" a partir da arbitrariedade do opinar; todas as tentativas desse tipo já estão submetidas a uma interpretação do ser, que se subtrai constante e completamente ao empreendimento de uma denominação e de uma explicação literal. Não é possível se colocar de acordo por meio de um ajuste quanto à essência do ser e quanto àquilo que o "é" diz; jamais se pode algo mais do que esquecer e do que se excluir do campo do saber de que uma verdade do seer sempre determina sua historicidade como acontecimento apropriativo de cada história e já sempre se decidiu quanto à possibilidade e à necessidade do respectivo tipo da *questão do ser*. Agora nos encontramos, quer queiramos perceber a "verdade" do que é experimentado ou não, na transição da questão metafísica do ser para a questão do ser própria à história do seer. Isso aponta para um instante único da história do seer. Medidos a partir dele, os questionamentos que se apoderam metafisicamente ou de uma outra forma qualquer da questão do ser são indiferentes. Só possui força de fundação o que se coloca na história do seer e naquele instante, para preparar, assim, um sítio do *saber*, no qual a verdade é experimentada *segundo a sua essência* como indigência.

Quer a questão do ser pergunte "pelo" ser (do ente), quer ela questione o seer mesmo em sua verdade, essa é uma disjunção cujo fundamento decisivo o seer mesmo encerra hermeticamente em si. Logo que esse encobrimento do próprio seer chega à primeira clareira de um suave aceno, surge a necessidade de um *pensar* cuja decisão e concisão deixam sob si toda a argúcia da "racionalidade" "exata" e entrega as "carências anímicas", meramente presentes juntamente com seu elemento "irracional", às satisfações habituais.

O questionamento próprio à história do seer da questão do seer é o movimento em direção àquela história, cujos "acontecimentos apropriativos" não são outra coisa senão decisões sobre a capacidade de decisão do homem "ante" aquilo que sua essência porta como guardião da verdade do seer, e isto significa, ante o fato de se ver impelido para a sua fundação se vê imposto a partir da suavidade da doação de algo único: isso é a exportação resolutora do indecidido do vir-ao-encontro de homem e deus na contenda de mundo e terra.

O aceno mais silencioso do seer, por meio do qual o seer acena para si, é o caráter não decidido dessa exportação resolutora sob a figura do abandono do ser do ente, que se afirma em seu predomínio como maquinação (cf. Reflexões XIII, p. 36s.[2]).

---

2. In: *Überlegungen C*. GA, 96.

Questionar o seer significa antes de tudo: apreender aquele aceno, não se desviar em meio a nenhum subterfúgio; saber o domínio do seer, não saber a fundação de sua verdade, encontrar-se no duplo.

Aquela questão *metafísica* "acerca" do ser sobre a via do – levando-o consigo representacionalmente – passar ao largo "dele" funda-se no fato de que "ser" a tudo prepondera como *pre*sentação.

Esse questionamento "do" seer marcado pelo *modo de ser da história do seer*, no sentido do questionamento que responde, funda-se no fato de o seer, a partir da essência do acontecimento da apropriação, já só admitir o *questionar* unicamente como *história* do seer e, com isso, pela primeira vez determinar previamente a resposta em essência como essenciação do seer.

No pensamento metafísico da questão do ser, para o qual o ser logo se torna o predicado do ente (de-duzido do ente e a ele uma vez mais atribuído), parece necessário que tudo seja como se o ser fosse ou bem encontrado pelo homem, ou mesmo imaginado como uma saída de emergência. O ser assume ares de "algo" ao qual o homem se remete ou não, que ele aduz para si re-presentativamente e mesmo forma ou não, independentemente do fato de o ser se essenciar como algo em si presente-à-vista.

Mas a indiferença do seer em relação à impertinência do homem é apenas uma aparência, quer dizer, essa indiferença se funda em uma espécie de autorrecusar-se, de tal modo que – experimentado em termos da história do seer – mesmo a irrupção aparentemente arbitrária do homem para a con-statação do ser acontece apropriativamente *por meio do ser*; mesmo o projeto *representacional* (que não se joga livremente na verdade do seer) do ser como entidade do ente é um projeto jogado pelo próprio seer, de tal modo, em verdade, que o caráter de jogado essencial para o questionamento "acerca" do ser precisa permanecer *velado*. Esse velamento desconhecido para a própria metafísica permite a ela, então, na sequência de seu desdobramento, a autossegurança incondicionada do saber ab-soluto, que não tolera nada condicionado, do qual não pudesse ser demonstrada sua proveniência a partir da lei do projetar representativo. O autopoderio do projeto representacional (do λόγος, do pensar) do ser chega a tal ponto, que esse projeto também determina ao mesmo tempo e definitivamente em que esfera (a saber, na esfera do "pensar") apenas se tem o direito de falar de entidade. O pensar metafísico da questão do ser nunca consegue experimentar que e em que medida ele mesmo é determinado pelo seer, que uma tal determinação se funda em uma "tonalidade afetiva" e que essa tonalidade emerge da "voz"[3], de acordo com a qual o seer mesmo se apropria da clareira em meio ao acontecimento, se ex-"prime" no silêncio, respondendo a um questionamento talvez ainda inquestionado.

O pensar do seer que é marcado pela história do seer pensa diretamente o seer em sua verdade. Nesse caso, "pensar *diretamente*" significa: o homem precisa se deixar levar "afinadamente" (por meio da "tonalidade afetiva") para a prontidão à insistência na verdade do seer, ou seja, para o *saber* do seer. "O homem", porém, não é considerado na metafísica como um ente qualquer e como uma espécie de animal, mas antes como o ente que já delimitou sua essência a partir da estrutura da metafísica como animal *rationale*, a fim de se tornar a partir de uma tal delimitação de maneira igualmente decidida puro "espírito" e "corpo vivo" desprendido. Essas modulações do ser humano em Hegel e Nietzsche correspondem às posições da conclusão e do fim que a metafísica alcança aqui. A ratificação da subjetividade final em favor do espírito absoluto e a idolatria do corpo vivo em favor de uma "antropomorfia" incondicionada são apenas caminhos *aparentemente diversos*, nos quais a autopotência do pensamento metafísico se coloca em sua posição: na posição em que sua ausência de pressentimento do abandono do ser do ente que entrementes aconteceu deve ser definitivamente assegurada.

A questão metafísica do ser não consegue mais levar a si mesma a sério, razão pela qual ela se insere de maneira insidiosa nas "ciências" e logo acha para elas a salvação no "concreto" e

---

3. Heidegger joga na passagem acima com a etimologia dos termos "Stimmung" (tonalidade afetiva) e "Bestimmung" (determinação) em alemão. Os dois termos trazem em seu étimo a palavra "Stimme" que significa simplesmente voz [N.T.].

"comprovado". A estranha aspiração a uma "ontologia" real e realista não é mais nem mesmo um fim da metafísica, mas só continua se mostrando como o findar de uma ilusão erudita de sua forma escolástica. No entanto, à medida que a historiologia da filosofia se apodera desse "tipo" de "questão do ser", a "história", isto é, o mero passado das opiniões doutrinárias metafísicas, se reúne em uma "imagem" na qual não se pode mais esperar o mais mínimo nem do pensamento metafísico do ser, nem de uma possibilidade da meditação sobre a questão do ser.

Assim, passando ao largo da questão metafísica do ser e inatingível por meio da meditação em termos da história do seer, faz-se valer uma gestão da "questão do ser", cuja prática pode ser em verdade designada como uma aparência acidental de filosofia, mas cujas realizações, contudo, nem mesmo como objeto de uma crítica, têm de alguma maneira o direito de se transformar em ponto de partida de uma meditação.

Tanto mais decisivo é conquistar aquelas posições fundamentais, a partir das quais se torna decisavamente experienciável a "diferença" entre a questão do ser metafísica e a questão do ser da história do seer, pois o simples curso da história do seer impõe aqui a entrada no rigor da prontidão questionadora.

Por meio do pensamento metafísico, que sempre atribui uma vez mais ao *ente* o ser como "predicado", precisaria ter surgido a intelecção de que nesse caso o próprio ser não poderia mais ser coberto com o predicado "é" e "ser", porque por meio daí o ser é inopinadamente transformado em ente. Ao invés disso, porém, o ser foi alçado ao nível do ὄντως ὄν, o que implica o fato de o ser ser aquilo que "é". É assim que pensa o pré-platônico Parmênides: ἔστιν γὰρ εἶναι. Nesse contexto, é preciso levar em conta com certeza como é que o εἶναι é pensado aí; como o μηδέν lhe é ao mesmo tempo contraposto, vem à tona o fato de εἶναι visar concomitantemente aí de maneira ainda indistinta ao *ente* que é *e* ao *ser* desse ente. Mas a meditação sobre o dizer inicial "o ser é" cai no vazio, enquanto não deixarmos para o "ser" e para o "é" o seu sentido inicial: a presentação se presenta; o que é visado ou pressentido é: a estabilização presentante da constância da presentação. Por mais frequentemente e por mais adequadamente que penetremos no dizer inicial do ser, o pensar metafísico do início não recusa ao ser o "é" e conhece o ser como o sumamente ente. E é justamente por meio daí que ele deve ser com certeza destacado de todo ente, sem cair como presa do nada. O questionamento "acerca" do ser como o sumamente ente considera, portanto, ser como aquilo "a partir de que..." o ente é representado como um tal; a questão do ser assim conformada não se mantém junto ao sumamente ente e também não pode se manter junto a ele, porque com isso ele perderia o caráter do "*primeiro*" *em relação a* algo subsequente e se tornaria meramente algo "em si" que, em verdade, se *presentaria*; mas não mais como presentação, que excede primeiramente cada ente que se presenta e, assim, a si mesmo. O dizer metafísico: "o ser é" pode, pensado suficientemente, se tornar um traço distintivo de até que ponto no interior da metafísica o ser mesmo faz vigorar efetivamente sua própria essência.

O dizer metafísico "o ser é" quer *salvar* o ser como o sumamente ente e como o primeiro do ente.

O dizer da história do seer "o seer é" pensa algo diverso, não o sumamente ente como algo primeiro, sim efetivamente o seer – apesar do dito do "é" – não como um ente; o dito da história do seer diz a pura essenciação do seer, a permissão do decisional e, contudo, a retomada do seer na calma do abismo.

O "seer é" diz: o acontecimento apropriativo acontece em meio à apropriação para si da clareira do entre. Ele funda o não público das decisões essenciais e preserva o incomparável e inaparente de sua essência. "Essencialidade" não é mais significatividade, o que poderia exigir exposição e predomínio. Ao contrário, ela se encobre no domínio de sua suavidade velada.

"O seer é" – o conhecimento desse dito exige de tal modo a insistência no seer, que o seer se apropria em meio ao acontecimento do elemento querelante da contenda e da oposição da réplica em sua propriedade.

A questão metafísica do ser, questão essa que mobiliza o pensar metafísico como uma questão que não é mais expressamente questionada, possui o seu "método". Ela mantém-se em um modo de pro-cedimento na representação do ente com vistas à entidade, que visa cada vez ao mesmo tempo a uma essência "categorial", a uma causa "efetivamente real" e a um fundamento do ente na totalidade. Pode-se inquirir historiologicamente as posições metafísicas fundamentais com vistas ao "método" por elas expressamente designado (a ὑπόθεσις de Platão e o διαλέγεσθαι; a ἐπαγωγή de Aristóteles; a *mathesis universalis* de Descartes; a sistemática transcendental e prático-especulativa de Kant; a "dialética" de Hegel). Apesar disto, não tocamos com isso no procedimento propriamente dito; esse procedimento consiste no respectivo modo como se pensa a partir do ente e para além do ente em direção ao ser, mas passando ao largo dele (no que concerne à sua verdade), de tal forma que sempre se volta ao ente. Do mesmo modo, o ente é aí de antemão distinto por toda parte como o "efetivamente real", no que se vê a realidade efetiva em cujo âmbito o efetivamente real é privilegiado. Esse procedimento da metafísica não tem como ser de maneira alguma apreendido de maneira metafísico-historiológica. Ao contrário, ele só pode ser pensado em termos da história do seer como o modo segundo o qual a entidade é mensurada como estrutura do ente e é mantida em condições de ser, a qualquer momento, usada. Nesse caso, já se pensa previamente com vistas ao modo como o "pensar" (o representar do ente *como* tal a partir da entidade) é sobrepujado pelo próprio ser e é transposto para a sua essência, ainda que a metafísica ache que o ente que "pensa" (o homem) se encontra por si ante o ente na totalidade e investiga a partir de si sua causa e constituições. Mesmo que a metafísica coinsira esse ente "pensante" (o homem) em sua explicação da totalidade (como uma espécie de ser vivo, como uma espécie de "espírito", como "consciência finita" e coisas do gênero), a metafísica nunca chega, segundo sua essência, a experimentar a copertinência daquilo que a questão do ser questiona à essência do *ser* mesmo a partir da essenciação do seer e a transformar uma tal experiência em uma experiência fundamental. Na medida, porém, em que o pensar da história do seer consegue conceber o procedimento da metafísica e, com isso, sua mobilidade mais intrínseca, esse pensamento repensa a metafísica de uma maneira mais originária. Daí deduzimos, então, a indicação de que, pensado em termos da história do seer, a metafísica não se tornou senão essencial em seu *avanço e procedimento*, quer dizer: seu elemento de conteúdo é retomado na junção da copertinência do "pensar" com o ser. Essa pertinência é concebida por nós a partir da intelecção do caráter essencial do "pensar" no sentido do fio condutor para o projeto do ente com vistas à entidade. Como o ser desponta como φύσις, ele sobrepuja de tal modo o homem que esse se torna aquele que apreende e reúne (νοεῖν - λόγος) e a "unidade" se torna o caráter essencial do ser. "Unidade" visa aqui ao ter sido reunido *a partir da* dotação de constância à presentidade e de volta para ela; o que pertence à presentidade é *uno*, ou seja, "*é*". O pensar metafísico é presentificação do ente com vistas à sua e em sua presença; e a forma suprema da presentificação torna-se necessária e é alcançada no pensar "dialético", cuja "inquietude" e "movimento" se concentra unicamente no sentido da presentificação incondicionada de todo condicionado como um tal no in-condicionado e em seu re-presentar a si mesmo. O predomínio do pensamento (como via projetiva da determinação da entidade em geral) emerge do próprio ser; do fato de ele se essenciar inicialmente como φύσις e transpor, assim, o homem para o interior do caráter daquele que a-preende, quando de outro modo assume e afirma a relação enquanto tal como o traço fundamental de sua essência. Se essa decisão essencial (a supremacia da essência do homem por meio da φύσις) chegar algum dia a ser tomada, se o homem "se" salvar afirmando a sua essência como a essência do animal "*pensante*", então existirá a partir de então a possibilidade de conquistar no próprio pensamento e em seu desdobramento a autoafirmação do homem como sujeito e de fixar a relação fundamental com o ser, sem o conhecimento daquilo que aconteceu no início, de tal modo que se poderia denominar definitivamente com "ser e pensar" a essência da metafísica. A posição de predomínio do *pensamento* como via e âmbito do projeto do ente com vistas ao ser é a característica da metafísica. Onde quer que e até o ponto em que essa posição de predomínio do pensamento se afirma, falta aí todo pressentimento tanto quanto por completo toda prontidão para a questão do ser própria à história do seer.

Essa questão não "possui" nenhum "método", com o auxílio do qual ela "per"-seguiria o ser do ente e, com isso, esse ente como um tal. Ao contrário, seu questionamento "do" seer *é* um curso e apenas isso. Curso, porém, visa aqui sobretudo a um "*ir*" e a um "*caminho*", visa ao per-correr de um caminho; caminho e passo acontecem aqui apropriativamente ao mesmo tempo, porque são apropriados em meio ao acontecimento pelo seer, que expõe sua verdade como acontecimento apropriativo – a clareira, na qual ele e com a qual ele se essencia, de tal modo que não acontece mais aqui apenas uma supremacia do homem em meio à pertinência apreendedora ao seer, mas também o acontecimento da apropriação do homem entrementes esquecido do ser para a *fundação* da verdade do ser. O acontecimento da apropriação para a indigência dessa fundação é a abertura do "*ser-aí*" até aqui completamente cerrado, não apenas alheio em sua essência, mas também desconhecido. A ausculta à voz do acontecimento da apropriação é aquele curso da questão do ser, que é levantada pelo seer mesmo como o único que responde. Esse curso não segue nem se desencaminha "para fora do" e em uma posição oposta ao ente e à sua entidade. Esse curso é uma *patrulha*, que o seer mesmo enquanto acontecimento apropriativo admite no ser-aí como um traço dele mesmo. Ser-aí é o percorrer, apropriado pelo seer em meio ao acontecimento, do acontecimento da apropriação e é como esse per-correr a essência fundamental da *história*, da tomada de decisões, da fundação e do perecimento das decisões sobre a essência do seer a partir do seer no âmbito da verdade do seer – como tal e como sua fundação.

A questão metafísica do ser poderia parecer tão fácil quanto o mero *estágio prévio* da questão do ser em termos da história do seer – e isso no campo de visão dessa questão. Mas se no interior do pensamento da *história* do seer a essência da história é concebida de maneira exclusiva a partir da essência do seer, então é só o pensamento da história do seer que alcança também aquele saber acerca da essência da "metafísica", para o qual a própria metafísica retoma como um acontecimento da apropriação do homem para o ser e, em verdade, como o primeiro, o seu nível hierárquico mais próprio, isto é, incomparável.

Nível hierárquico é o elevar-se fundado a uma decisão essencial, que empresta uma lei e uma medida próprias e reconhece por si mesma pela primeira vez e sozinha tudo o que possui um tal nível em sua unicidade, conhecendo-o, assim, efetivamente pela primeira vez. Algo que possui um nível hierárquico nunca reconhece algo que possui um nível hierárquico na equiparação, mas sempre a partir da elevação. Para o pensamento da história do seer, a metafísica nunca se transforma em um estágio prévio, mas se ergue em sua inicialidade mais própria e se torna, assim, inacessível para o curso do pensamento da história do seer. É esse elemento inacessível que se mostra pela primeira vez como um acontecimento apropriativo, um aceno do próprio seer para a necessidade do outro.

A elucidação da questão do ser por meio da distinção entre a questão do ser metafísica e a questão do ser própria à história do seer encontra-se incessantemente sob a aparência de uma "tipificação" apenas "historiológica". A mera tomada de conhecimento de uma tal distinção deixa tudo como estava antes; além disso, a questão do ser já tinha se tornado, em consequência da adequação da filosofia à "ciência", uma tarefa da erudição ou, no máximo, da "criação espiritual". Essas, porém, não são regiões nas quais ela possa encontrar abrigo. Precisamos ousar pensá-la sem qualquer abrigo como um acontecimento apropriativo da história da verdade do seer. Devemos, então, saber que só a pertinência da *essência* do homem, e isto significa, de sua história, à verdade do seer decide quanto a se ainda será presenteado ao homem alguma vez o elemento único de seu início.

Todavia, como a questão do ser se alienou na mais vazia erudição e como o homem histórico permanece, contudo, assinalado ao seer, ainda que isso aconteça apenas no abandono do ser, a meditação sobre a questão do ser precisa considerar a cada vez o mais extrínseco, se é que ela ousou colocar em questão o mais íntimo do próprio seer.

O mais extrínseco é de qualquer modo aquele caráter indecidido da questão do ser; um caráter de acordo com o qual ela se mostra como qualquer outra questão própria à pesquisa e ao "interesse" em conhecimento. O caráter indeciso não tem em vista aqui o fato de que ainda não há resposta para a questão do ser, mas de que ela não se encontra em parte alguma como questão, não é levantada a partir de nenhuma necessidade e não é atribuída a nada digno de questão e – entretanto, ocorre como "problema". E o que precisa ser mais fatídico do que essa ocorrência? Ela detém todo impulso à experiência de necessidades por meio da referência a si: por meio da referência à mera ocorrência dessa "questão" sob a figura de "visões de mundo", "posições de fé", aperfeiçoamentos da filosofia até aqui, ocasiões suficientes para ora se atribuir uma importância à questão do ser sob a forma de "doutrinas sobre a realidade efetiva" de um tipo qualquer, ora retirar dela todo peso. Essa urgência sem fundamento e intangível da questão do ser indecidida, que se desvia de toda decisão quanto a uma indigência, provém, contudo, ela mesma, do abandono do ser do ente e do predomínio não quebrado daquilo precisamente que a cada vez se mostra como "efetivamente real". O abandono do ser impede que o ente se torne o impulso para a questionabilidade daquilo em que o ente é, não obstante, mantido - ainda que em sua inessência -, para a questionabilidade do ser.

Com o despertar de um "interesse" pela "ontologia" e pela metafísica, a questão do ser não é arrancada ao seu caráter indecidido, mas persiste nele ainda mais. Inversamente, a autêntica meditação sobre a questão do ser precisa reconhecer aquela ocorrência pública naquilo que ela é, pois só assim se quebra a aparência de que continuaria sendo preciso despertar uma prontidão para a verdade do seer por meio de uma restituição e transmissão de doutrinas modificadas da metafísica.

O desprendimento do pensamento meditante precisa chegar inversamente a tal ponto, que mesmo a *filosofia* continue sendo dada aí, e a meditação conquiste um campo prévio a partir do qual seja possível à filosofia, como um início da fundação da verdade do ser, de maneira inicial e, assim, "uma vez mais", um salto decidido.

Por isso, é bom saber o quão pouco "questão do ser" e "questão do seer" significam o mesmo.

Mas esse saber não pode permanecer preso à distinção de questões como modos de comportameto e de representação. Ao contrário, ele pensa a distinção e o que é distinto, do mesmo modo que ele pensa a si mesmo - o saber dessa distinção - como uma decisão, que o homem não deve a uma resolução: uma decisão para a qual ele é muito mais apropriado em meio ao acontecimento pelo próprio ser como acontecimento apropriativo.

Mas como respectivamente em seus inícios o ser entrega a essência de sua história a essa história mesma e ao modo de sua abertura, o acontecimento da apropriação também acontece a cada vez apropriativamente. A entrega de si mesmo não é uma degradação do ser ao ente, mas uma exposição de si mesmo como o preço em virtude do qual o ente é um ente. Essa entrega (esse conferimento de um preço)[4] precisa ser, por isso, uma re-cusa, na qual se doa e ao mesmo tempo se encobre a intimidade do acontecimento da apropriação.

É apenas de longe que conseguimos reconhecer e interpretar os sinais do acontecimento da apropriação, assim como guardar uma palavra simples.

Um tal sinal é a palavra inicial de Parmênides: o mesmo é apreensão e ser. Aí precisaria ser inicialmente pensado que o "ente" (ἐόν) copertence à apreensão representativa. O "ente" é experimentado como φύσις, como o viger emergente, que também impera sobre e através daquilo que precisa se colocar no emergir (o desvelamento do ente). O que é aí inicialmente pensado é a retenção do re-presentar no ente, um re-presentar que precisa ser enquanto essente da mesma essência que o que retém; por isso, o ente *que representa* a-parece no todo daquilo que é assim velado como ζωή (animal *rationale*).

No primeiro início, o ser é um vigorar desencobridor, que só se coloca como desvelamento para aquele que o re-presenta em sua presentação. No primeiro início, o ser se essencia e encobre sua essenciação: o desencobrimento e, com isso, anteriormente, o fundamento essencial aqui impassível de ser desen-

---

4. Há um jogo de palavras que se perde na tradução. Em alemão, a palavra traduzida acima por "entrega" possui uma relação etimológica direta com preço (*Preis*). Traduzindo literalmente, entregar-se significa aqui "dar o preço". Como não há uma possibilidade de acompanhar diretamente o original, optamos por inserir uma tradução literal entre parênteses, quando Heidegger hifeniza o termo [N.T.].

coberto do desencobrimento: o acontecimento da apropriação. A partir do outro início, no qual o ser como acontecimento apropriativo acontece apropriativamente em meio à sua clareira, torna-se possível a lembrança para si do acontecimento da apropriação como essenciação da φύσις e, a partir de tal lembrança, saber o que aconteceu apropriativamente aí: o *fato-de-que* próprio à copertinência entre apreensão e ser. *O fato de que* os dois se copertencem dá à história do primeiro início, à história como a qual conhecemos a "metafísica", aquele traço fundamental de acordo com o qual a entidade do ente é considerada no projeto re-presentativo como "verdadeira" (ser e pensar). No outro início, acontece apropriativamente a partir do primeiro clarificar-se do acontecimento apropriativo o seguinte: a essenciação transformada da copertinência visada a partir do representar como abismo do acontecimento da apropriação. Outrora aconteceu apropriativamente o fato-de-que próprio à copertinência; futuramente, *essa copertinência mesma* se tornará *o elemento iniciador*. O seer não se essencia mais como o outro da apreensão e não como o mesmo; e, por isto, a relação recíproca que provém de tal início e constitui o fim, a relação entre a produção representativa e a objetividade, também chega ao fim. O seer se essencia como o fundamento da mesmidade daqueles que são distintos em termos do primeiro início. Esse fundamento não oferece algo explicável e explicativo, não admite nenhum asilo nem nenhum expediente em direção a um ente, mas é fundamento que, arrojado, exige o predomínio do ente e, como acontecimento apropriativo mesmo, a cada vez uma sondagem fundante no sentido da prontidão para os sítios da decisão essencial do indecidido (da exportação resolutora entre vir-ao-encontro e contenda).

No primeiro início encontra-se aquele indecidido como um mesmo; no outro início, essencia-se o indecidido como a intimidade do espantoso.

Por isso, também só é possível saber a partir do primeiro início em que medida a relação recíproca de apreensão e ser possui como essência em suas figuras finais a *maquin*ação (a *faze-*

ção)[5], que colocou tudo o que "é", mesmo a representação e a produção, sob a lei da factibilidade, a fim de delimitar de maneira tanto mais incondicionada aquilo que ainda deve vir algum dia à tona nessa história como "ente". Assim, na aparência posterior da própria metafísica, aquele questionamento que pergunta pelo seer ainda poderia se apresentar como um arrebatamento para si do seer. No entanto, no fundamento mais velado de sua realização, precisa por outro lado acontecer apropriativamente uma docilidade como em relação ao outro início, pois de outro modo tudo cai na feitura. A questão do ser nega, então, porém, quanto mais essencialmente se torna a questão "do seer" e, assim, vem a ser pela primeira vez propriamente histórica (isto é, apropriada em meio ao acontecimento), tanto menos se mostra como a questão "acerca" do ser. Com certeza, essa questão não é mais a única, nem a primeira em termos hierárquicos. Muito ao contrário, ela é o corrente e o próximo passo, que abala o esquecimento do ser, apesar de nunca conseguir superá-lo.

Todavia, a questão "do" seer tampouco se mostra como o passo seguinte, que só pode ser dado depois do primeiro. Ao

---

5. O correlato alemão do termo "maquinação" apresenta um caso paradigmático dos problemas de tradução da obra de Heidegger. A palavra alemã para "maquinação" é *Machenschaft*, que possui uma relação etimológica direta com o verbo *machen* (fazer). Heidegger vale-se dessa relação em seu emprego filosófico do termo. O que procura salientar com a palavra *Machenschaft* é o fato de, no mundo contemporâneo, tudo ter sido reduzido ao âmbito de um fazer autonomizado que, em sua repetição incessante, acaba por tornar irrelevante até mesmo aquilo que é feito. *Machenschaft* designa literalmente algo como uma "fazeção", como uma "facção" ou uma "factibilidade". Uma das coisas mais importantes para uma tradução da obra de Heidegger, porém, é lutar o máximo possível contra a criação de uma linguagem artificial, que se enuncie envolta em um tom aurático e produza uma relação artificial com a coisa em questão. É preciso finalmente quebrar com o gesto, a fim de encontrar a consistência propriamente dita da filosofia heideggeriana. Nesse sentido, é preciso lembrar que a palavra *Machenschaft* é uma palavra corrente da língua alemã e que ela possui o mesmo significado de nossa "maquinação". Ao mesmo tempo, como a palavra "maquinação" possui um acento na ideia de máquina e na automatização daí decorrente, ela contém elementos importantes presentes no original. Para além desses elementos, contudo, é preciso ler o termo não em seu sentido vulgar, mas em seu sentido ontológico, sem perder de vista a sua proximidade com o verbo fazer. Como Heidegger acentua acima o étimo da palavra, optamos por inserir uma tradução mais literal entre parênteses [N.T.].

contrário, o questionamento "acerca" do ser nunca consegue intermediar a colocação da questão do seer, mas fornece inversamente um impulso para tanto; esse impulso só consegue realizar aquilo que ele realiza, na medida em que ele mesmo já é apropriado em meio ao acontecimento e em que a questão acerca do "ser", relembrando com efeito a metafísica, descortinou e evitou toda "ontologia", mesmo a que se mostra sob a figura insidiosa, em verdade já apropriada em meio ao acontecimento, da "ontologia fundamental", que parece perguntar "sobre" o ser tal como jamais havia acontecido na metafísica; pois a metafísica pergunta em direção ao ente e, com isso, "sobre" o ente; o questionamento "acerca" da verdade do seer inquire o ser, mas apenas aparentemente; pois a "verdade", como clareira da recusa, é o primeiro acontecimento da apropriação do ser-aí e, por isso, não tolera mais, na medida em que é pensada no voltar-se-para-pensante[6], nenhum projeto representativo, mas afina em meio ao arrojar-se liberto. A questão metafísica do ser e a questão do ser própria à história do seer não podem ser contrapostas e relacionadas como pontos de vista e computadas com vistas a uma ligação palpável: sua conexão é uma conexão histórica; ela se decide futuramente a partir da ab-issalidade do acontecimento da apropriação, que ainda conserva algo velado da metafísica e de sua história e não admite nenhuma solução baseada em cálculos historiológicos das posições metafísicas fundamentais.

Arrojar-se livremente para o interior do acontecimento da apropriação significa despertar para o caráter indecidido do indecidido e entregá-lo à decidibilidade abissal.

Arrojar-se livremente para o interior do acontecimento da apropriação é a prontidão para o fato de que, antes de todas as "verdades", isto é, antes de todas as "metas", "finalidades" e "utilidades", a *essência* da verdade mesma assume o domínio e decide o ente para a *propriedade* do seer.

---

6. Heidegger faz uma diferença entre dois termos que podem ser traduzidos normalmente pela mesma palavra: *denken* e *erdenken*. Os dois termos significam literalmente "pensar", com a diferença que o segundo acentua o fato de o movimento do verbo estar voltado intencionalmente para [N.T.].

O questionamento[7] "renovado" (*Ser e tempo*) da questão do ser não visa à "repetição" no sentido de que se deveria tentar o mesmo ainda uma vez mais; como se a história da questão do ser pudesse voltar atrás ao seu primeiro início, como se houvesse originariedade de questionamento em uma renovação "historiológica" do passado. A questão do ser deve ser renovada, ela não deve ser experimentada como um "problema" que se fixou em si. Ao contrário, deve despertar muito mais a necessidade do questionamento dessa questão inicial. Isso não pode significar outra coisa senão que a questão do ser é impelida futuramente para um outro início. E por meio do que isso acontece? Por meio daquilo que precisou permanecer inquestionado no primeiro início: por meio da verdade do seer. Na medida, porém, em que essa verdade pertence ao seer mesmo como aquilo por meio do que o seer, inefetivo e sem carecer de efeitos, apropria para si em meio ao acontecimento a fundação de um fundamento de sua verdade (o ser-aí), a transposição para o interior do questionamento "do" seer se dá por meio do próprio seer. Por mais que, com base no predomínio do ente, o questionamento "acerca" do ser do ente possa permanecer certamente um ensejo para a questão do ser, o outro questionamento "do" seer é cindido por um abismo do questionamento metafísico. Por essa razão, só um "salto" auxilia aqui a entrada no questionamento, um salto que aponta para uma despedida de toda metafísica. Toda tentativa de uma mediação historiológica encobre o fosso e dá pretextos para que se atenue a unicidade do questionamento metafísico e para que se contabilize a inicialidade por vir do questionamento próprio à história do seer a partir do que se tinha até aqui e de meras modulações. Além disso, o questionamento do pensamento da história do seer não pode ser comunicado (no sentido de uma transmissão de representações); todo questionamento e dizer são aqui apenas um relaxamento daquilo que permanece unido, mas que ainda não encontrou sua necessidade como o curso rumo à fundação da verdade do seer, uma fundação que só pode ser prepaparada, mas nunca levada a termo pelo pensamento.

7. *Ser e tempo*. GA, 2, p. 1.

Por isso, questionar o seer também significa: precisar experimentar aquilo que *todo* ente "é", sem que esse ente careça de um saber sobre isso; sustentado por aquilo que os homens acreditam de outro modo vivenciar como sua "vida" e permanecendo protegidos, contudo, ante todo passo até a borda do ab-ismo do acontecimento apropriativo por um esquecimento do ser.

Assim, as formas da "comunicação" do pensamento da história do seer não podem ser criadas e empreendidas, dizibilidade e audibilidade são mantidas para a essência do seer. Toda violência e toda intervenção não são aqui senão covardia. A coragem para a espera prepara a expectativa; essa, no entanto, não é um "aguardar" indolente, mas a preparação do acontecimento da apropriação por meio da *meditação* (do concentrar-se no sentido).

Questão do seer! E em seu silêncio, como o início da palavra, responde o deus.

Podeis recorrer a todo ente, em parte alguma se mostra o rastro do deus.

XXVIII
O conceito de metafísica próprio à história do seer[1]

98. O pensamento da história do seer

A questão do ser própria ao pensamento da história do seer

O *questionamento metafísico* como questionamento "acerca" do ser do ente desdobra-se como história da metafísica nos modos da representação ao mesmo tempo inquestionada do ente em geral.

O *questionamento da história do seer* como questionamento "do" seer coloca em questão o seer como aquele que responde *e* o questionamento é *do seer*, emergindo agora da essenciação de sua verdade; é a partir dessa verdade que se pergunta.

Na esfera das meditações, o pensar da história do seer é denominado por vezes um *voltar-se-para*-pensante (cf. acima, p. 45s. a filosofia como o pensamento – o voltar-se-para-pensante – do seer); isso dá a impressão de que o seer seria "elucubrado", "inventado" de maneira arbitrária e por nossa própria conta apenas, quando o que se tem em vista é justamente o contrário. A expressão *voltar-se-para*-pensante busca designar: o pensamento que é anteriormente *apropriado em meio ao acontecimento* para o que tem de ser pensado e só é realizável em uma história e como a história do seer. Por isso, a partir do uso terminológico habitual, a expressão voltar-se-para-pensante é compreendida de uma maneira totalmente desviante e deve, assim, ser evitada. No significado reivindicado aqui, ela visa ao pensar apropriado pelo seer em meio ao acontecimento – diferentemente do re-presentar metafísico como o re-presentar que coloca diante de si o ente como tal.

Só se concebe a "metafísica" como tal, quando a história do seer abandona o "período" "metafísico". Metafísica mostra-se, então, como o nome para a história da ausência de fundamento

---

1. A φύσις; ("*Visão de mundo*" como estaca da metafísica) "*Mística*".

do seer sob o primado por ele admitido do ente, que aquiesce ao ser como entidade (κοινόν).

O pensar da história do seer não é, por exemplo, um modo de pensar "historiológico" ou um tal que apenas empreende de maneira particular a "história" do pensamento.

O nome deve indicar que esse pensamento é apropriado em meio ao acontecimento pelo seer mesmo. O acontecimento dessa apropriação, por sua vez, constitui a essência da história (cf. *Überlegungen XIII* [Reflexões XIII])[2]. Esse pensar mantém-se em um *saber* que não é produzido, nem pode ser apenas sugerido por nenhum conhecimento do ente. Nem mesmo a metafísica como modo de ser do que se tinha até aqui, como o "saber" do ser voltado para a entidade, pode conquistar algo passível de ser sabido a partir de sua ignorância.

O saber emerge da experiência fundamental da indigência da ausência de indigência, uma ausência na qual o abandono do ser do ente se torna manifesto. Nesse abandono do ser, temos o aceno para além daí e em direção ao cerne do ser apropriado em meio ao acontecimento pela recusa como a essência do seer e pelo seer da essência. A essenciação da verdade do seer junta-se de maneira pensante àquilo que precisa ser denominado história do seer. Essa história não consiste em ocorrências e no aparecimento e desaparecimento de opiniões sobre o ente, mas ela *é* aquilo que a voz do silêncio responde, ela assume essa voz no silenciamento de um dizer próprio.

Apropriado em meio ao acontecimento *em termos da história do seer* – da história, que o seer mesmo é, de maneira insistentemente própria ao ser-aí.

A denominação não é nenhuma designação segundo um posto ou um ponto de vista, mas segundo a essência do pensar mesmo, elevando-se a partir do outro início.

O pensar pensante é um questionar; ele mesmo nunca responde; e isso não porque a resposta deva ser sempre uma vez mais adiada por um questionamento sem fim que, não se sabe

---

2. In: *Überlegungen* C. GA, 96.

como, apenas por um prazer suspeito consigo mesmo, só se movimenta em si mesmo e permanece preso insidiosamente em si. O questionar desse pensamento é essencialmente diverso e é aí que se fundamenta a razão pela qual ele não apenas não responde nunca, mas também essencialmente não responde.

A resposta sempre advém daquilo que o questionar pensante aus-culta. O que ele ausculta é a voz do silêncio, na qual o pensar previamente pensa, mas pensa constantemente apenas obedecendo; e todo dizer é obediente, afinável pela voz.

Em contrapartida, o projetar *re-presentativo* do pre-cedente já ante-cipa a "réplica", já diz a outra "palavra"; a ciência assume por toda parte a resposta, difundindo e fixando a requisição por respostas, por enunciados explicativos. Querer-"saber" é insistir em tais respostas. Assim se chega, então, à opinião equivocada de que todo questionamento não poderia ser interpretado senão como um estágio prévio de um tal movimento de dar respostas e de que se precisaria rebaixar ao mesmo tempo o mero perguntar (porque nunca chegaria à resposta) até o nível de uma aporia e extravagância.

Por meio daí, desviamo-nos de toda tentativa de um questionamento pensante, porque nos empenhamos apenas por preparar uma emboscada para uma resposta, como quer que essa emboscada venha a lograr ou malograr.

Por isso, é fácil se valer da desculpa de que não se poderia esperar até que se tivesse desvendado a resposta e de que, desse modo, seria preciso abdicar da colocação da pergunta.

Como se esperar pela resposta e ter expectativas em relação a ela não *se ajustasse à palavra essencial*, que vem daquele mesmo que é in-quirido e que não pode ser calculada por meio do questionador; como se o esperar não fosse aqui senão uma preliminar e não a única história (do próprio seer).

Como esse pensamento voltado para a verdade do seer (a aus-culta da voz do silêncio) ainda é estranho para nós e para todos aqueles que provêm da metafísica, estabelecemos um cálculo pautado por resultados e rejeitamos o que não traz resultado algum. Não apreendemos a palavra naquele dizer no qual "propriamente" "nada" é dito, ou seja, no qual nada é considerado de modo calculador. Não pressentimos o fato de que o nada já é aqui um anúncio velado do seer, de que o nosso poder-ouvir se limita a estar à espreita e a auscultar aquilo que no fundo já é conhecido.

Nós nunca mensuramos o outro, a única coisa que tem o direito de se mostrar aqui como um "diálogo"; o nada mais falado, aquilo que não se apoia sobre refutação e sobre o fato de se ter razão, mas unicamente no colocar-se mutuamente perguntas que não se sabem responder, desperta e resguarda um curso não percorrido da meditação.

O pensar do seer nunca responde ele mesmo, porque ele espera de maneira apenas questionante a trans-posição para o interior daquilo que afina a voz.

E, por isso, esse pensar também não está jamais ansioso por uma demonstração e por uma fundamentação; para o cálculo e para a explicação que a tudo conhece, portanto, ele parece uma afirmação arbitrária, algo como um ponto de vista de um indivíduo singular. Se muita coisa é concedida a ele, então o que é concedido pode ser considerado como "poesia"; uma concessão que revela uma compaixão pela incapacidade de fundamentação e de imposição de uma entrada pavimentada universalmente válida.

De onde é, porém, que o pensamento voltado para a verdade do seer retira a sua obrigatoriedade? A partir do ab-ismo da assinalação para o interior das decisões simples; pois a obrigatoriedade nunca se mostra aqui como um encadeamento em uma escala de graus de explicação, mas antes como a liberação do homem para a sua outra consistência essencial – o ser-aí. Nem um fundamento "racional", nem uma finalidade "racional", nem uma explicação, nem uma utilidade devem perturbar aqui a concisão do saber "do" seer. Todavia, eles tentarão fazer isso constantemente.

A história do pensamento própria à história do seer, sobretudo como transição, oferecerá historiologicamente uma aparência totalmente diversa daquela da metafísica. A metafísica tem por início dominante um descaso essencial (em relação à fundação do *desvelamento* como verdade do seer e seer da verdade), de modo que ela, em relação a esse início e sem captá-lo em essência, se arroga ser algo assim como um progresso rumo a uma "verdade" mais elevada em meio à certeza de si mesma e está imbuída de vitórias e presas. Em termos do porvir, o pensamento terá o seu domínio no silenciamento da tranquilidade, na liberação para o simples, no "efeito" amplamente divergente, só mediado e inaparente. É de maneira rara, solitária, em júbilo silencioso e a partir do peso nunca abandonado, que esse pensamento ganha a palavra histórica. O sinal incompreendido para uma ressonância da transição é o urgente *fim da filosofia*, que continua precisando ser simplesmente negado pela erudição filosófica porque, lá onde lhe acena aparentemente uma vez mais como "ontologia" uma proximidade em relação à questão diretriz da metafísica, é aí que ela se encontra mais distante de todo saber pensante.

O pensamento da história do seer nunca pode responder a objeções metafísicas, nem tampouco a tais objeções que são hauridas a partir das últimas águas residuais da metafísica. Um pensamento da história do seer, contudo, nunca apresentará objeções ao pensamento que lhe é aparentado e que se encontra com ele acordado, nem lhe oferecerá tampouco cegamente uma concordância. Ao contrário, ele manterá puramente de maneira mais vigilante a solidão da guarda assumida, fará com que a indigência se torne mais impositiva e com que o questionamento ausculte mais.

A con-cordância nunca advém aqui a partir da conformidade das visões, mas antes a partir do estranhamento do questionamento abissal; questão e questão reconhecem-se a partir do fosso insuplantável do qual pendem, fosso esse que é a clareira do *mesmo* abismo e que atesta a de-terminação por meio da voz[3] da tranquilidade.

Todas as reivindicações habituais, provenientes da erudição e dos escritos e discursos públicos, por "entendimento", "debate", elogio e recusa tornaram-se aqui caducas.

---

3. Há aqui um jogo de palavras que se perde na tradução. Na verdade, a palavra determinação em alemão possui uma relação com voz. *Be-stimmen* é literalmente definir a voz (*Stimme*) com que algo fala [N.T.].

99. A questão do ser própria à história do seer

É o questionamento da história do seer; o questionamento mesmo traz consigo a única resposta possível aqui sob a forma da insistência na clareira do acontecimento da apropriação.

O que se dá, contudo, no acontecimento apropriativo com o "ente"?

Como é que o ente tem de ser dito, se não o pensamos mais a partir da entidade?

É agora que, pela primeira vez, a partir da clareira do seer, o ente pode deixar de ser explicado a partir de seu "desempenho" para algo e a partir de seu surgimento - do mesmo modo que a partir de sua proveniência essencial.

É agora que, pela primeira vez, tem um fundamento o questionamento do ente a partir de seu ser.

Anteriormente, esse questionamento era apenas a fuga, com o auxílio da qual o ente era depositado na entidade.

100. Metafísica e questão do seer (acontecimento apropriativo)

A copertinência do projeto representativo (que *não* se arroja livremente) do ente na totalidade com vistas à entidade *e* da decisão essencial acerca do homem como *animal rationale, persona* e *subjectum* se encontra à base de toda metafísica. De qualquer modo, porém, ela não pode ser nem questionada, nem pensada, nem dita pela metafísica mesma como unidade originária em sua essenciação.

Todavia, aquilo que vemos em tal meditação sobre a metafísica como o seu fundamento e como o seu limite interior é o reflexo primeiro, ainda totalmente mergulhado em si do *acontecimento apropriativo*. Somente clarificar no pro-jetar como arrojar-se livremente a partir da inessência do sujeito em direção ao interior do *ser*-aí.

101. Projeto e projeto

Os projetos do ente com vistas à entidade encontram-se entre si na sintonia de sua história; não pode despontar uma confrontação entre eles, mas sempre apenas o esforço do acordo contra a aparência de sua discórdia que vem do exterior, o fato de que todo projeto representativo se cristaliza com vistas a seu produto e não consegue mais concebê-lo como essencialidade da mesma essência (da entidade) do ente.

Como é, porém, que o projeto da verdade do seer que se arroja livremente pode se igualar a um projeto representativo e ao todo de sua história? Não precisa haver aqui uma confrontação, que superou todo anseio por demonstração como uma pequena pretensão de cálculo? A necessidade da confrontação não provém da incompatibilidade dos pontos de vista, mas da indigência de fundar a exportação resolutora como essenciação do seer para o abismo da entidade. Confrontação é transformação do homem como sujeito no ser-aí como sítio da insistência na verdade do seer.

O projeto da clareira do seer, contudo, é a-(r)rojado pelo seer mesmo; o homem, porém, precisa se encontrar no ser-aí, no qual apenas vibra o giro daquele lance e que exige o lançamento.

102. Esquecimento do ser

Ele parece ser mantido afastado precisamente em toda metafísica, pois *ela* (a metafísica) pergunta efetivamente acerca do *ser* do ente, mas não pergunta sobre o ser e esquece, assentada no ente *em sua entidade*, justamente o ser e sua verdade. O que a metafísica coloca em questão (a entidade), é retido por ela na ausência de necessidade que não deixa vir à tona um questionamento do ser e de sua verdade.

Até mesmo o nada a metafísica não consegue impelir para o cerne da verdade do seer como a primeira questionabilidade, pois o nada é de um modo ou de outro "explicado" metafisicamente.

Assim, reside na metafísica um esquecimento esquecido dela mesma.

No entanto, onde esse esquecimento é denominado, já é levada a termo e experimentada como indigência a verdade do seer, o re-memoramento da clareira do seer.

103. A conjunção da metafísica

Quase não conseguimos chegar à diferenciação entre ser e ente, ainda que ela suporte toda metafísica como tal e seja inicialmente grega[4]. O ser aparece como o empalidecimento do ente, algo de que necessitamos para a representação do ente em geral[5]. Assim considerado, o ser é associado ao ente e, quando levado em conta, mesmo sob as formas da representação do ente; o ser é o ente ainda uma vez mais, agora, porém, em seu obscurecimento.

No entanto, caso continue subsistindo agora inquestionadamente essa diferenciação de tal modo inexplicada e infundada como algo corrente, então não haverá jamais como experimentar em sua esfera, na esfera do representável que é anotado por ela, o ser mesmo em sua questionabilidade. O seer encobre, portanto, a possibilidade de sua verdade e da fundação dessa verdade, entregando o ente apenas ao universal da entidade. Esse encobrimento é recusa, que provém do seer mesmo, que só continua abandonando a vazia entidade como sua inessência ao esquecimento do ser. O predomínio inabalado daquela diferenciação não atesta apenas, mas é ela mesma a recusa da verdade do seer por meio do seer. *A diferenciação enquanto tal na totalidade*, na medida em que é efetivamente experimentada, desvela-se para um outro pensamento como essenciação do próprio seer[6]. Com efeito, a diferenciação mostra a face de um produto da representação, mas o diferenciar só alcança, em verdade, e isso sempre ulteriormente, até o ponto da decisão sobre velamento e desvelamento do seer mesmo por meio do seer.

De acordo com essa recusa de sua verdade, com efeito, o ser recoloca o homem em sua essência em um assinalamento ao

---

4. Até que ponto sim! Não?

5. Cf. *Contribuições à filosofia*, 261. A visada do seer.

6. Mas com que figura? A figura da *inessência*.

seer. No entanto, isso se dá de tal modo que ele se voltou ao ente enquanto tal e é no fundo desapropriado do seer em meio ao acontecimento (o homem fundado na metafísica é o homem largado em meio ao acontecimento da desapropriação). A volta para o ente que é fixada por meio daí só conhece conhecer o ser como o supremo e o mais universal do ente; com isso, enquanto tal do modo de ser do ente, mas não obstante distinto desse.

A diferenciação torna inacessível o acontecimento da apropriação. E se algum dia algo dessa diferenciação aparecesse, ela precisaria se transformar em um processo no homem presente – ou ser mesmo considerada como uma realização do homem, como uma exposição de "princípios" e condições, levada a termo por meio da subjetividade.

Por isso, onde o *a priori* é determinado subjetivo-transcendentalmente, em um aspecto a diferenciação vem mais agudamente à tona. No entanto, isso se dá de um tal modo que a possibilidade de experimentar nela a essenciação é definitivamente interrompida.

A interpretação idealista-transcendental do ser como entidade (no sentido das categorias) é, por sua vez, a condição prévia para a tardia elaboração erudita das categorias em sistemas, que em vão precisariam ter se libertado da estreiteza e da unilateralidade dos pontos de vista idealistas e similares.

Por isso, falta à metafísica a força essencial interna, para pensar de maneira, ainda que apenas pura, a diferenciação a partir da qual a metafísica contesta a sua própria essência e seu predomínio mesmo; isso já significaria partir de sua própria essência e chegar a uma posição acima de si mesmo.

A diferenciação entre ser e ente só determina o pensamento essencialmente no instante, uma vez que a metafísica já é superada por meio da questão acerca da verdade do seer e uma vez que é afastada a resitência ao seer.

Mas a diferenciação não se torna, então, caduca no instante da realização sapiente consumada? Evidentemente – ela só continua servindo, então, como um desencaminhamento insidioso do pensamento da história do seer, na medida em que, a partir da diferenciação e por meio de uma fundamentação dessa diferenciação, esse pensamento busca fazer-se passar, por exemplo, por um mero prosseguimento do pensamento metafísico.

Talvez, porém, seja necessário esse interregno da transição, a fim de experimentar tanto a metafísica quanto o pensamento da história do seer como história do seer e de elevá-los ao plano de uma decisão inicial.

104. φύσις e metafísica

A palavra φύσις designa aquilo que só encontramos em traços grosseiros[7], quando falamos sobre o viger que desponta. Despontar visa ao *desencobrimento*, por meio do qual se essencia sobretudo desvelamento do desvelado, mas também encobrimento, velamento e dissimulabilidade[8].

O desencobrimento assim visado essencialmente permanece indeterminado em si mesmo e em seu caráter de acontecimento e de essência, sim, ele só se dá como desvelamento, assim como esse desvelamento só se dá ao mesmo tempo como entidade do ente. Isso indica que o despontar (o desencobrimento) deixa emergir o ente como um tal em meio ao desvelamento. Do mesmo modo, porém, o desvelamento visa ao tornar-se-constante da presentação; um tornar-se-constante no qual se exprime aquilo que seria denominado o viger. Esse viger visa ao fato de que um ente é inserido na *essência* do desencobrimento – com o que ele mesmo não apenas não está desvelado, mas é determinado em sua essência para uma pertinência com ela por meio da supremacia da φύσις. Essa pertinência ao tornar-se-constante desencobridor da presentação é o *a-preender*, isto é, o acolhimento *a*-preendedor e o pro-por-se do desvelado enquanto tal; o apreender é em si ao mesmo tempo reunião com vistas à

---

7. Se pensarmos imediatamente de maneira mais completa, então temos na φύσις o *tomar posição que se oculta* (enraizar) – pensar concomitantemente o *retornar* à constância e o início como uma presentação que se desenrola. De acordo com a história da φύσις, porém, a presentação assume o primado como οὐσία e determina por si a constância (duração do ὑποκείμενον).

8. Como encobrimento? Cf. a observação precedente.

unidade, que não significa justamente uma uniformidade, mas a presentação daquilo que se au-senta aparentemente contra si.

Νοῦς e λόγος levam ao desencobrimento a pertinência do ente dotado de supremacia e, com isso, visto a partir da φύσις, insigne; esse ente conhece-se como homem e se compara e determina ao mesmo tempo e desde então unicamente a partir da diferença em relação a um outro ente, ao invés de a partir da distinção única por meio daquela pertinência. Por isto, então, a "razão" (νοῦς, λόγος, *ratio*) transforma-se na característica diferenciadora em relação ao mero animal[9].

A própria φύσις, porém, o desencobrimento, deixa vir-à-tona algo desvelado, ou seja, algo que é, mas *encobre* a si mesma; o que fornece um aceno para o fato de que o desencobrimento proviria de um encobrimento e de que esse encobrimento pertenceria à essência inicial.

Daí talvez possa ser deduzida a razão pela qual, juntamente com a ἀλήθεια, a própria φύσις nunca alcança a clareza da fundação essencial que é dela haurida e de, por assim dizer, só os farrapos inquestionados e inconcebidos de sua essência se modificarem e se transformarem, então, em determinações normativas do ser. O *acontecimento apropriativo do desencobrimento* encobre-se e essa retração talvez pertença a todo início, porque o início só desse modo retém o que ganha a supremacia. Até o momento, não possuímos nenhum âmbito do saber, do experimentar e do dizer, para podermos interpretar aquele acontecimento apropriativo enquanto acontecimento apropriativo a partir dele mesmo. Sem nem mesmo sabermos de sua questionabilidade, caímos imediatamente nas explicações do ente a partir de suas constituições e causas mais universais e na interpretação do homem como *animal rationale*, achando que com isso chegamos a um saber sobre o "físico", isto é, sobre o ente no sentido mais amplo possível.

O φύειν da φύσις, seu fato-de-ser e seu ser-de-tal-modo, não pode ser explicado; e isso no sentido *essencial* de que toda expli-

---

9. (Por que se chega à determinação "do homem"?)

cação pensa aqui de maneira curta demais e esquece anteriormente como é exclusivamente aqui que a decisão é essencial para uma relação comedida com o início.

E qual é essa relação? Só iniciadores, ou seja, só aquelas instâncias que preparam um início, se relacionam aqui com o início que foi e continua sendo e que, assim, pela primeira vez, superessencia tudo.

Uma tal preparação é lembrança a partir da meditação.

A meditação como inquerição da *essência* dominante ou da inessência da verdade diz respeito primeiramente àquilo que denominamos "metafísica", porque nela, como a história do ser mesmo, é levada ao fim uma decisão ou indecisão sobre a verdade do seer.

Em verdade, justamente a meta-física parece ultrapassar toda φύσις e saltar para fora de seu âmbito de domínio. No entanto, o *ultrapassamento* para "além" dos φύσει ὄντα toma antes de mais nada esses entes – o ente determinado por meio da φύσις – para o saltar-fora e para a indicação do caminho, de tal modo que o passo para além permanece, então, se é que ele ainda continua ligado a algo, relacionado à φύσις. Em seguida, porém, o ultrapassamento não se remete a outra coisa senão à ἀρχή dos φύσει ὄντα; *a metafísica não procura nada além da* φύσις; e, por fim, ela pensa a φύσις (como οὐσία) unicamente para justificar os φύσει ὄντα e para assegurá-los como a estada no sentido do ente descoberto e explicado na totalidade. A meta-física desdobra e conjuga o desvelamento do ente, e a conjunção (a junção livre e fugidia[10]) consiste no fato de que o que se presenta se torna expressamente experimentável como um tal a partir da presentação do "primeiro" (ἀρχή) e do εἶδος, como constante e distante, como a cada vez competentemente distinto – cindido – de cada um, colocado em diversos lugares. Assim, arranja-se um espaço para o "ente" na esfera do ser. A metafísica

10. Heidegger vale-se acima de um jogo de palavras. Na verdade, a palavra alemã *Fuge* significa tanto "junta" quanto "fuga", no sentido das "fugas" de Bach. Para acompanhar minimamente esse jogo, optamos por inserir o adjetivo "livre" ao substantivo "junção" [N.T.].

é e leva a termo essa inserção do ente no ser, sem experimentar o próprio espaço e sem dominá-lo na essência.

A metafísica é a junção fugidia do desencobrimento do ente em um tal ente, isto é, no desvelado. Esse desvelamento, por sua vez, se determina como entidade no sentido da constância da presentação, sem inquirição e saber do caráter-tempo-espaço do ser e de sua verdade.

Se dissermos que a metafísica e somente ela ratifica a φύσις e transforma finalmente o seu predomínio no elemento irreconhecível da maquinação; se dissermos em suma que a metafísica seria a "*física*" propriamente dita como saber da φύσις no sentido do ser do ente e se compreendermos a φύσις como a razão oposta à consistência da τέχνη e à sua conversão em "técnica", então não temos em vista a φύσις no sentido tardio de "natureza" ou mesmo de "sensibilidade", mas no sentido inicial do viger emergente, o que não tem nada em comum nem com "natureza", nem com o "sobrenatural", com o "espírito" e o "suprassensível".

Mas enquanto continuarmos deixando a φύσις em meio a tais platitudes e só a conquistarmos a partir de sua destituição como "natureza" em contraposição à "história", ao "espírito" e "Deus"; enquanto não virmos que precisamente aquilo *que* esses conceitos procuram conceber deve a sua origem essencial unicamente à φύσις, nós pensaremos a φύσις de maneira por demais adicional e extrínseca e a "metafísica" *não* como junção livre da história do ser. Apesar de tal visar fornecer a medida, a superação da metafísica decairá na mesma avaliação.

Tudo isso atesta o *abandono do ser* do ente.

105. A "figura" e a φύσις

Não é nenhum fenômeno "óptico", mas metafisicamente um estar-colocado-em-si, o emergir em meio à pura presentação. Por isto, não é suficiente, sim, é mesmo essencialmente insuficiente reconduzir o pensamento grego do ente (εἶδος, ἰδέα) ao "elemento óptico".

O "óptico" tem antes essa distinção, porque é o que mais prontamente se conforma com a essência da φύσις; o "óptico" como o que é posto de lado, o que permanece estático, o que é previamente encontrável em uma apreensão que se dirige a ele.

A distinção da vista (ἰδεῖν, ἰδέα) é tardia - assim como a conformação do θεωρεῖν -, ainda que de acordo com o ἐόν. Em contrapartida, νοεῖν e λόγος realizam mais essencialmente e sem estarem ligados aos sentidos a apreensão e a reunião presentificadoras.

Os gregos acentuam o "óptico", porque pensam o ser como φύσις; esse pensamento, porém, não é a consequência do fato de os gregos serem "homens visuais"; assim como um "instrumento sensível" não consegue de modo algum realizar nada por si quanto ao posicionameto essencial do *ser*.

106. O ser como φύσις

Pensar *o ser* no sentido da φύσις significa experimentar algo diverso da φύσις (como ser), por mais que seja possível prescindir do "como ser", porque a φύσις mesma impera sobre "tudo", ou seja, sobre o ente na totalidade, mostrando-se nesse caso como o maximamente ente.

Somente no pensamento da história do seer, que já olha antecipativamente para o tempo-espacialidade como o campo de projeção da metafísica, a φύσις se torna passível de ser sabida em sua essência própria ao seer.

Apesar de isso se dar de uma maneira efetivamente lacunar, pode-se constatar historiologicamente que, no pensamento grego, o conceito de φύσις tinha um significado normativo; isso nunca é suficiente, porém, para levar a termo a meditação *histórica* de que e em que medida a φύσις - ἀλήθεια determinou o "pensamento" para a filosofia como "metafísica"; pois a φύσις também é pensada lá e antes de tudo lá onde ela não é denominada, onde ela se dispersou, ainda que não arbitrariamente, em uma multiplicidade de "significados", dos quais cada um deles mais encobre do que desvela um passo essencial da "metafísica" (cf. Aristóteles, Metafísica Δ 4).

Esse pensamento do ser como φύσις já exige o *pensamento do próprio ser* e, em verdade, com vistas ao modo da essenciação que lhe é assinalada (apropriada por ele mesmo em meio ao acontecimento). Em contrapartida, a representação da φύσις como entidade do ente com vistas ao ser já pensa sempre a partir do ente e no interior do campo de visão da metafísica. Aquele pensamento do ser como... pensa a partir da história do ser. Por isto, o pensamento da história do seer, logo que explicita a metafísica, permanece ambíguo e dúplice em sua forma; por um lado, ele pensa "mais" (uma outra coisa e de maneira diversa da metafísica); e, então, justamente por isto, ela também não pensa mais "metafisicamente" no sentido da metafísica inteiramente pensada, porque ela não pode se encerrar no horizonte da respectiva posição fundamental e se restringir a esse horizonte; e isso até mesmo sem que saiba de uma barreira.

Meditação histórica transforma a história e também precisa saber essa transformação, a fim de tratar assim pela primeira vez seu elemento simples mais próprio.

107. Como a φύσις exige aquilo que significa mais tarde "metafísica"

Φύσις como presentação emergente deixa "ser" o ente como um tal. Ela cunha a partir de sua essência o ente e o transforma no subsistentemente presente e, por isso então, experimentado a partir do acesso a ele (na pro-dução re-presentativa), no presente à vista, no que-se-encontra-diante, em si recolocado e colocado – ὑποκείμενον.

Φύσις como presentação emergente traz a si mesma para o interior de sua abertura, aberta por ela mesma e dela distintiva. Assim, ela torna os entes – o ente a cada vez de tal e tal modo, que aparece lá e quando aparece – *diferenciáveis* entre si e, nesse caso, pura e simplesmente com respeito ao ser. Essa *diferenciação* tem imediatamente a cunhagem: ser – o pre-cedente em relação ao ente e, assim, o que é comum a todo ente (κοινόν) – γένος em geral: enti*dade*.

O projeto do ente com vistas à entidade (como projeto representador) já requisita o desvelamento do ser, esse ser mesmo como desencobrimento, sem o saber mais amplamente em essência.

Esse projeto pertencente ao ser mesmo, esse projeto que, sem o saber, se deve ao ser, constitui a estrutura fundamental na qual o ente se mantém enquanto tal, ou seja, "é".

Essa estrutura fundamental é apropriada na re-presentação e uma tal re-presentação se experimenta, então, conhecendo-se a partir do ente e com vistas ao ente, como o pensamento de um tal que não é visado no conhecimento do próprio ente, mas que se encontra "para além" dele, revelando-se nesse caso, porém, como o pre-cedente, na medida em que o ser, a presentação, é levada em conta com vistas à sua constância; o ser já é sempre subsistindo e, assim, é algo constante e o mais constante em geral. É só com isso que ele se mostra como a primeira presentação. Esse pensamento pensa τὰ μετὰ φυσικά, "é" metafísico, "é" metafísica.

A metafísica é a composição estrutural do aberto descerrado pela própria φύσις para si, uma composição estrutural na qual o ser mesmo se transformou em um componente diferenciável e, com isso, em um componente que pode ser representado sobretudo com o ente, apesar de difereciável dele.

A "metafísica" é considerada, então, até mesmo exclusivamente como a representação dessa composição estrutural, como realização projetiva, sim, como apresentação e enunciado dessa representação, como *doutrina* e *opinião doutrinária*.

O ser, porém, transforma-se, então, inversamente em um *objeto* da metafísica, em contraposição ao qual o ente mesmo aparece como "mais essente"; quanto mais não seja porque o "ser" se deixa evidenciar como "causa" e como condição precedente da representação com um certo direito mais elevado.

108. Metafísica[11]

É (pensada em termos da história do seer) a composição estrutural do desencobrimento do ente em meio ao desvelamento de sua essência; a composição estrutural que, projetada como

---

11. Cf. 97. *O pensamento da história do seer e a questão do ser.*

entidade, é concebida no sentido de estabilização da presentação sem saber do caráter temporal dessa presentação[12].

Na retensão dessa composição estrutural é possível representar o ente *como* um tal; com o que ele é logo representado *sobretudo*, e isso sem fundação própria, em seu ser-o-que e em seu fato-de-ser[13], e projetado correspondentemente ao γένος κοινότατον (mais tarde *ens comune*) e à primeira αἰτία (mais tarde Deus *creator*). Os dois são possibilitados pela consideração do ὄν ᾗ ὄν ἁπλῶς οὐ κατὰ μέρος τι) e isso distingue essa consideração como πρώτη φιλοσοφία. Na medida em que a ἀρχή do ὄν ᾗ ὄν pode ser denominada o θεῖον (θεῖον é desse modo interpretável como aquilo que anteriormente e a cada vez se presenta), a πρώτη φιλοσοφία transforma-se em si em ἐπιστήμη θεολογική. Essa "teologia" é em si aquilo que mais tarde se chamou "ontologia" e que é completado e explicado com base nas experiências cristãs do ente como *ens creatum* por meio da *theologia rationalis*. Para Aristóteles, a ἐπιστήμη θεολογική é a mais nobre dentre as formas de saber "teórico" (ἐπιστήμη μαθηματική e φυσική) e distingue-se ao mesmo tempo, juntamente com esses saberes "teóricos", ante toda ἐπιστήμη ποιήτική e πρακτική. Com isto, encontram-se previamente determinados os traços fundamentais da história da metafísica ocidental.

A πρώτη φιλοσοφία de Aristóteles não pode ser nem concebida como "ontologia" no sentido posterior, nem pode ser apresentada como *theologia rationalis* no sentido de uma disciplina isolada da *metaphysica specialis*. A πρώτη φιλοσοφία encontra-se *antes* dessa diferenciação e é *em si* θεολογική (ἐπιστήμη). O posterior "ontológico" ainda não está separado nas representações e nos "conceitos" mais universais, assim como o posterior "teológico" não está restrito ao "divino" de um Deus criador. Ao contrário, as determinações do ὄν ᾗ ὄν segundo a sua φύσις (cf. *Met.* Γ 1) e segundo a primeira αἰτία, isto é, a ἀρχή, *con*cordam

---

12. Estabilização da presentação consuma-se no erigir e na realização da essência do poder como maquinação. "Técnica" como verdade do ente em sua entidade.

13. A origem do *quid* e do fato-de-que a partir da difereciação do ente *como tal* e do ente *na totalidade*. Essa diferenciação mesma *infundada*. O *quid* e o fato-de-que como diferença na presentação e constância.

gregamente em uma presentação do primeiramente-constante, que já entrega de antemão a tudo aquilo que se mostra respectivamente como particular e como ente o "aspecto" de um ente e, por isso, também mantém a si mesmo na própria consumação, porque é o "início" no sentido do "primeiro de onde" provém toda presentação[14].

(A pergunta para a qual ainda tendiam algumas interpretações mais antigas de Aristóteles, a pergunta sobre em que sentido a πρώτη φιλοσοφία poderia unificar em si a "ontologia" e a "teologia", já é enquanto *questão* não grega; não obstante, a meditação sobre o caráter "*teológico*" da πρώτη φιλοσοφία continua sendo uma necessidade; é só a partir dela que a onto-teo-logia da modernidade se torna compreensível (Kant, Schelling, Hegel, Nietzsche) e atacável em seu fundamento. A ϑεολογικὴ ἐπιστήμη não é "teológica" no sentido judaico-cristão, mas é determinada "metafisicamente", isto é, de maneira *grega*.)

O que é representado no saber sobre o ὄν ᾗ ὄν ἁπλῶς (não κατὰ μέρος) é χωριστόν (οὐ) μετὰ τῆς ὕλης e ακίνητον.

O χωριστόν visa à pura presentação do aspecto e à presentação nesse aspecto e enquanto tal – junto ao ausentar-se de todo modificável, de tudo aquilo que depende de um modo ou de outro de um aspecto.

O ἀκίνητον visa ao que é livre de transformação (μεταβολή), àquilo que é subtraído à mudança, *a pura estabilização*[15].

A estabilização da presentação (como essência do ser) ainda pode ser expressa metafisicamente como o ἀεὶ ὄν[16], o *nunc stans* – o agora que se encontra, o agora constante (isto é, presente = presença). Desse modo, a partir da essência da entidade assim concebida, a "eternidade" eleva-se até o nível de uma, sim, o nível da medida fundamental da determinação metafísica do ente; daí emerge, juntamente com o projeto diretriz sobre a ἀρχή, o pensamento sobre o in-condicionado e, com isso, sobre as con-

---

14. Πρώτον, ὅθεν – despontar

15. O resultar enquanto tal, ou seja, desvelamento e entidade.

16. O ἀεί, porém, gregamente como o respectivo – caráter de presentação.

dições de possibilidade; o último "eterno" possível não pode ser senão o "eterno retorno do mesmo".

Inicialmente, a φύσις como ser (sobretudo na totalidade) é o maximamente ente; na consumação desse início, o ente (abandonado pelo ser) torna-se o maximamente ente e, por assim dizer, o substituto para o ser, se é que ainda é necessário um susbtituto para o que há de mais volátil (a última fumaça de uma realidade evaporada).

No início e no fim da metafísica falta sempre de uma maneira a cada vez diversa e por razões a cada vez diferentes a diferenciação entre ser e ente. Mas mesmo no transcurso da história da metafísica, uma vez que essa diferenciação se torna clara, ela prescinde de toda fundament-ação. Ela já é precisamente *a* junção livre na composição estrutural da metafísica, que possibilita pela primeira vez os ἀρχαί, αἴτια, principia, fundamentos, causas, condições e valores e que torna necessária a transformação histórica das posições metafísicas fundamentais.

A metafísica não está à altura de uma custódia do ser no pensamento essencial, que atravessa de maneira afinadora o ente na totalidade, apesar de ela inquirir de certa forma o ser, a fim de, com isso, responder ao ente com vistas à pergunta o que ele é.

Como a metafísica precisa renunciar ao saber do seer por meio do fato de que ela se entrega à responsabilidade pelo ente, tampouco pode ser algum dia realizado por ela aquilo que encerra em si a garantia do acontecimento da apropriação da verdade do seer em meio ao ente: e isso é a fundação do *ser*-aí. A essa fundação pertence como primeiro aditamento do homem a magnanimidade e a indulgência, que abdicam de uma maneira igualmente decidida dos "interesses vitais" e das "bem-aventuranças" eternas como critérios de medida do empreendimento e da avaliação do ente.

Enquanto a metafísica se mantém no poder no interior do ente, e enquanto esse poder se fixa completamente nos discípulos e nos seguidores da metafísica, nas "visões de mundo" cristãs e anticristãs, permanece vedado ao seer expandir o espaço de jogo temporal de uma história para o interior do nada que emergiu dele mesmo e que só se essencia a partir dele.

109. "O que é metafísica?"[17]

Essa conferência, que se mantém em uma "perspectiva" expressamente limitada, mas modernamente essencial, na medida em que pergunta a partir das *ciências* como uma forma fundamentalmente moderna da relação com o ente enquanto tal, já vai além da metafísica como determinação da entidade do ente. Não obstante, ela designa o ir além e o questionamento assim alcançado precisamente como a metafísica propriamente dita, por assim dizer, a *meta-metafísica*.

A tradição histórica foi preservada para a confrontação essencial, mas ao mesmo tempo indicou o outro, a questão acerca da verdade do seer a partir do ser-aí, sem que o ser-aí seja *expressamente* denominado. De tudo aquilo que é dito aí, nada é *por si* tematicamente essencial em termos de conteúdo - nem "o nada", nem "a angústia", nem a "lógica", nem o primado da tonalidade afetiva -; decisivo é apenas a *ex-periência* daquilo que *não* é um ente e nunca será o ente e que, contudo, eleva esse ente pela primeira vez *como* um tal ao aberto de sua essência.

Na conferência são denominadas duas "proposições" da metafísica, sem que elas sejam desdobradas em sua questionabilidade mais própria (em termos da história do seer):

1) *Ser e nada são o mesmo.*
O "nada" é compreendido aqui no sentido hegeliano, isto é, metafísico, a partir do fio condutor do projeto re-presentativo da entidade como objetividade; o ser do mesmo modo, isto é, como o mais vazio e o "mais geral", κοινόν, o marco extremo da entidade. O *nadificante* nada, em contrapartida, emerge da essência do seer como *recusa* (acontecimento da apropriação em meio ao encobrimento). Da recusa emerge pela primeira vez a *negação*.
2) Por que há efetivamente ente e não antes nada?

---

17. Conferência de 1929. In: *Marcas do caminho*. GA, 9, p. 103-122.

(cf. acima, p. 219; cf. preleção do semestre de verão de 1935, Introdução à metafísica[18]).

a) Pensado em termos metafísicos, pergunta-se aqui pela *causa*, por meio da qual o ente é aduzido e o nada, por assim dizer, alijado e reprimido; o ente é concebido como o produtível representável, e o nada como a negação do ente na totalidade.

b) Perguntado em termos da história do ser, a questão significa: com que fundamento, afinal, o ente tem o primado, de tal modo que o ser seria apenas um suplemento? Com que fundamento a essenciação do nada foi predominada, o nada, porém, no sentido da pertinência ao seer como seu abismo? (Resposta: porque o abandono do ser do ente abandonou o ente ao predomínio da maquinação; mas o que é isso? (acontecimento apropriativo)).

A ambiguidade dessas proposições está, ainda que não esteja de maneira alguma próxima de ser controlada, dito intencionalmente, em conexão com a ambiguidade transitória do conceito de metafísica como o nome para a questão do ser, que ou bem só continua perguntando sobre a entidade do ente, ou bem pergunta sobre a verdade do seer.

(O meu livro sobre Kant[19] procura mostrar que Kant, de certa maneira, é impelido para o campo da verdade do seer, mas que, porém, se atemoriza com esse campo, não conhecendo a questão pertinente e não podendo de maneira alguma conhecê-la no interior da posição fundamental da metafísica.

A interpretação da filosofia transcendental kantiana com vistas ao "esquematismo" e a "imaginação" *exagera* conscientemente, a fim de já mostrar no interior da história da metafísica que, nessa história mesma, há a necessidade de uma transformação essencial de sua questão. O que está em jogo para essa tentativa não é de maneira alguma aportar o Kant "historiológico", "tal como ele foi". Por isso, as pessoas podem continuar tranqui-

18. *Introdução à metafísica*. GA, 40, p. 3ss. [Preleção do semestre de verão em Friburgo, 1935].

19. *Kant e o problema da metafísica*. GA, 3.

lamente demonstrando sua incorreção: com isso, elas só comprovam a sua incapacidade de pensar inteiramente de maneira essencial a questão *do ser*.)

A conferência "O que é metafísica?" e o escrito *Kant e o problema da metafísica* não surgiram apenas ao mesmo tempo: eles se co-pertencem como tentativas de tornar visível a partir da metafísica a meta-metafísica, e, assim, elucidar a questão questionada pela primeira vez em *Ser e tempo*.

110. Aristóteles, Metafísica Δ 4 sobre a φύσις

De antemão decidida – de acordo com a sua posição final no início –, Aristóteles concebe a φύσις como οὐσία τις, como *uma espécie* de entidade. Isso quer dizer que, entrementes, o ser se fixou expressamente na entidade (sobre a ἰδέα). Em verdade, contudo, e isso significa, segundo a sua essência, a οὐσία não é, por exemplo, apenas com vistas à sucessão do conhecimento uma φύσις τις, um certo modo como o vigor emergente que encobre a si mesmo foi determinado como algo ao mesmo tempo indiferente em relação ao ente para o projetar representativo; e, com efeito, pela última vez por Aristóteles, que a transformou em ἐντελέχεια.

Em Δ 4, 1015a 12ss., a φύσις é considerada, segundo a sua proveniência, essencial como subordinada à οὐσία (ao ser), enquanto é dito, por outro lado, de maneira expressa no desdobramento decisivo da πρώτη φιλοσοφία em Met. Γ 1, 1003a 26ss. que as ἀρχαί pertencem necessariamente a uma φύσιη τις enquanto tal, o que significa: as determinações fundamentais da entidade são enquanto tais determinações da φύσις e a οὐσία está subordinada à φύσις.

Ainda reluz aqui através da essência fundamental da φύσις, ao menos segundo *a* perspectiva de que nela se encontra, o presentar que vem à tona e se essencia antes de tudo, aquilo que constitui toda presentação em geral; a questão é que agora o νοεῖν e o λόγος no sentido da apreensão reunidora (isto é, da presentificação) do despontar vigente não são mais o elemento unicamente normativo para a relação com o ser e o ente; ao contrário, o ποιούμενον da ποίησις, o πρακτόν da προαίρεσις alcançam expressamente o campo de visão da determinação do ser e transformam, correspondentemente, os φύσει ὄντα em uma região do ente, ainda que em uma região insigne. No entanto, na medida em que o ser se presenta por toda parte em sua essência, a representação do ser como φύσις permanece no sentido mais amplo possível, por mais que esmaecida.

1

a) φύσις como γένεσις – *surgimento* – o chegar a termo que se ex-põe (desde as raízes) e se coloca no elemento livre – *do que cresce, das florescências* (φύεσθαι) (relação insigne entre *florescência* e φύσις – (abrir-se da rosa)).
b) *o de onde como o primeiro* – esse surgimento – aquilo *que o que se expõe* e se coloca *é*, o que *já constantemente se presenta "no" surgimento.*
(b) o *quid* e (a) o *como*; aqui já que duplicação?

2) O *de onde* do movimento propriamente dito – daquilo que *por si* é constante (*Movimento como presentação do ainda não do já* enquanto tal; *presentação*).

• "Crescer" a) como *aumentar – incremento* ("crescimento" numérico) por meio da mera adição (ἁφή –); aqui fora do contato – anexação de um ao outro – nada necessário. *Os adicionados – nada uno e mesmo em si*, que apenas se faz de antemão correspondente.

• "Crescer" b) como crescer junto – *compenetrar-se em meio ao crescimento* – ser um – *em coesão e de tal modo e com tal quantidade.*

111. φύσις e metafísica

Segundo a sua essência histórica, uma essência para a qual o seu nome surgido de uma maneira estranha ao mesmo tempo ainda aponta, a meta-física precisa ser compreendida como uma concepção da φύσις.

Esse con-ceber, porém, de acordo com aquilo que precisa ser concebido (a estabilização da presentação – despontar daquilo que é vigente), é um θεωρεῖν, que visualiza, isto é, deixa ser presente o ser mesmo como ἀρχή do ente, sendo que a ἀρχή designa aquilo a partir de que o que emerge desponta; e isso é ele mesmo - *como emergência* (cf. "A sentença de Anaximandro"!).

Presentação que des-ponta, contudo, é o vir-à-tona em meio ao aberto descerrado, é em si *desencobrimento*, desvelamento. Aquilo que toda metafísica quer e tem de ver é a "verdade" - ela como o primeiro e derradeiro nome do ser, mas ela in-fundada, porque de início a ἀρχή.

112. φύσις e ἀλήθεια

A pergunta acerca da verdade no sentido inicial do desvelamento não é de maneira alguma levantada no início, porque desvelamento é uma denominação essencial da própria φύσις, o nome para o ser do ente.

A questão acerca da verdade só se torna uma questão acerca da essência do conhecimento, depois que a interpretação inicial da entidade se cristaliza.

Antes disso, porém, a conexão essencial entre entidade (ἰδέα) e verdade (ἀλήθεια) é ainda uma vez mais pensada (cf. o mito da caverna de Platão). Isso se dá ao mesmo tempo, contudo, já em meio à transição para a transformação da ἀληθεια em adequação e correção. Todavia, em termos da história do seer, a verdade não pode ser pensada como caráter do "conhecer", mas o conhecer mesmo e sua relação com a "verdade" precisam ser inversamente concebidos como fundados na essência da verdade, sendo que a verdade se alça inicialmente à essência da clareira do seer.

113. ἀλήθεια – ἀτρέκεια

Desvelamento - Desvelamento

(presentação) \ / (voltar-se-para)

\ /

estabilização

ἀτρεκές – consideramos o desvelado ao mesmo tempo como a reta direcionada e desconhecemos aí uma vez mais o conteúdo essencial.

O desvelado é o não torcido, não re-virado e in-vertido. Com isso, ele não mostra o lado "oposto", mas, apartando o lado oposto, mostra o direito.

Essencial é, por sua vez, o vir-à-tona do que se presenta nele mesmo, não dis-simulado e não virado. Ele se encontra muito mais totalmente em sua essência, isto é, na presentação do seu *quid* (voltar-se-para).

É a partir daí que é preciso em primeiro lugar pensar retroativamente a essência do ψεῦδος.

Por que os dois são inicialmente infundáveis? O sinal do ἀ-.

114. Metafísica

O ser: a emergência – *o mostrar-se que vigora, presentação e desvelamento.*

- O *ter-sido-reunido* (λόγος) no "uno"; unidade aqui como presentação não encobridora que se encobre[20].
- *O ter-apreendido* (νοεῖν) – presentação no ter-sido-representado.
- *O ter-sido-visto* (ἰδέα) Visibilidade.
- *O que se mantém na consumação* (τέλος) – *habilidade* (ἔργον, ἐντελέχεια, ἐνέργεια).
- *O maximamente ente* – como causa primeira (*creator, actus purus*)[21].
- *O ter-sido-representado* (mônada?) *como pensado em meio à certeza (verum – certum)*[22].
- *Caráter contraposto daquilo que se encontra contraposto* (objetividade do objeto).

---

20. Presentação a partir do despontar no retrocesso: presença e constância.

21. Tudo o que é grego *soterrado* pelo romano; em que medida *preparado* por esse?

22. Metafísica moderna – *subjectum*.

- *Objetividade (caráter contraposto)* da racionalidade que aparece para si.
- A solidificação, o asseguramento da consistência do devir e nada além disso; e, assim, a última fumaça de uma realidade volatilizada[23].

Metafísica

É aqui pensada rigorosamente, *nunca* compreendida como peça doutrinária, como "disciplina" filosófica, como forma de conhecimento e coisas do gênero, mas como a junção destinamental do próprio ente na totalidade ao ente *enquanto tal*, a saber, como o que é conjugado por meio da entidade e do inquestionado da verdade do seer, cujo elemento mais extremo é o abandono do ser do ente.

Com certeza, precisamos falar com frequência de maneira superficial, de modo que a "metafísica" ganha o campo de visão como doutrina. Essa "metafísica", porém, é apenas uma consequência e uma degeneração da meta-física como junção destinamental do ente a partir de sua entidade; essa junção destinamental, contudo, emerge do domínio do seer e de sua abertura, em cujo fundamento essencial se baseia toda história como subsistência e não subsistência da verdade do seer.

A "metafísica" como *a* junção livre histórico-ocidental do ente, uma junção na qual esse ente ganha pela primeira vez como um tal e, em verdade, no sentido da estabilização da presentação, o espaço aberto (esse, porém, infundado), se extravia pela última vez naquilo que se chama "visão de mundo". A "metafísica", segundo a sua essência (abandono do ser), não é senhora de sua essência.

A metafísica é a verdade do ente como tal na totalidade, que posterga toda fundação da verdade do seer a partir do seer de acordo com o abandono próprio a tal verdade (abertura como desvelamento) do ente ao primado sobre o ser.

---

23. Cf. o meu ensaio sobre Nietzsche (A sentença nietzscheana "Deus está morto". In: *Caminhos da floresta*. GA, 5, p. 209-267.

115. A metafísica

Começa com a distinção platônica do ὄντως ὄν e do μὴ ὄν; esse começo, porém, é apenas a consequência do início do pensamento ocidental, que pensa o ente como φύσις – ἀλήθεια, mas ao mesmo tempo não consegue fundar a verdade desse projeto como tal (A incapacidade a partir da "grandeza" da inicialidade do pensamento; a ἀληθεια e a entidade mesma e com essa solidificada; e o que permanece, então, expressamente como verdade para o pensamento transforma-se em ὁμοίωσις e correção).

A metafísica inicia-se de maneira não desvelada com o início do pensamento ocidental e só começa de qualquer modo com a primeira consumação desse início em Platão e Aristóteles. A filosofia pré-platônica é em certa medida pré-metafísica; e isso de *tal* modo, em verdade, que ela prepara a interpretação da entidade como ἰδέα e, com isso, ao mesmo tempo aquela distinção (A "metafísica" pensada em termos da história do seer como a junção livre do ente na totalidade, não como "doutrina").

A metafísica inicia-se por meio do despontar do *ser* como viger emergente. Aqui, porém, de certa maneira, o ser não é distinto do ente (*ainda* não). O ser como a presentação é o que mais se presenta (ὄντως) e, com isso, o maximamente ente; e, assim, ele mesmo possui o modo de ser do ente ou o ente possui o "modo de ser" do ser. Modo de ser significa aqui "espécie", origem, sendo que no procedente já reside a essência do que anteriormente e pela primeira vez se presenta.

O início e o começo da metafísica não coincidem; assim como não coincidem a "consumação" (o "fim") e a conclusão.

A metafísica só começa lá onde a distinção do ser como κοινόν (a entidade) em relação ao ente como ἕκαστον se transforma na junção livre da re-presentação (segundo o modo ao qual, de antemão e sem ser pensado mais amplamente, todo comportamento em relação ao ente enquanto tal se submete e "ajusta"); Sócrates/Platão posicionam esse *começo*; essa história da metafísica que assim começou foi concluída por Hegel; e isso de tal modo, em verdade, que ele ao mesmo tempo a leva à consumação; pois na essência da "ideia absoluta" reside o fato de que ela, em certa medida, *retoma* a distinção entre "ser" e "ente". Essa distinção é, com efeito, mantida, porque nunca foi nem pode ser questionada e fundamentada enquanto tal na metafísica. No entanto, ela é apagada. Na época da consumação da metafísica (uma vez que todas as possibilidades da interpretação do ser da entidade: ser – e devir, pensar e dever (valor), ser e aparência coincidem no *uno* do "caos" (da "vida") e se confirmam na consonância com ele e se estabilizam na presentação impassível de ser interrompida (eterno retorno do mesmo)), a distinção não é mais essencial como junção livre (com o mundo verdadeiro *também* se suprimiu o aparente). O que no início *ainda não* precisava ser distinguível por força do domínio simples do espantoso *não é mais* distinto na consumação. O caos de Nietzsche, porém, nunca pode ser considerado, por exemplo, como a reconquista da φύσις, assim como a consumação do início não é o próprio início; apesar de, sim, porque ele só pertence a esse início. A metafísica que saiu expressamente em direção ao interior da composição estrutural tanto quanto da sua história entre Platão e Hegel, contudo, também determina, então, para a *historiologia* a interpretação da filosofia pré-platônica e pós-hegeliana. A metafísica vê a si mesma e sua história no campo de visão de sua junção livre e como uma modulação dessa junção; em contrapartida, em termos da história do seer, o início não é uma forma prévia do posterior, mas esse posterior é uma degradação decadente do início. O fato de o próprio Nietzsche ter compreendido a sua filosofia como inversão do platonismo fundamenta-se historicamente, na medida em que só o campo de visão da metafísica pode ser diretriz para a autointerpretação da filosofia. Mas essa autointerpretação nietzscheana não é definitiva, porque a inversão o impele por fim para a saída do platonismo e, com isso, para a saída do *começo* da metafísica. Por isso, Nietzsche só pode ser compreendido a partir do início da metafísica como a sua consumação; e isso não, por exemplo, porque ele apreciava particularmente a filosofia pré-platônica (pois ele a acolhe na interpretação *puramente platônica*: em Heráclito o "devir", em Parmênides o "ser"). Nietzsche não coloca o "heraclitismo" em uma relação histórica essencial com o início, mas aquele pensamento de acordo com o qual a *questão* acerca do *ser* do ente se dissolve no predomínio irrestrito do ente na totalidade como "vida" que estabiliza e ratifica a si mesma, uma "vida" que não é mais passível de ser avaliada com vistas a nenhum "valor", mas que só é vivível. No entanto, como todas as posições fundamentais da metafísica expressa e de sua história confluem transformadas para o interior do pensamento de Nietzsche e aí se confundem, é naturalmente sedutor incluir por meio do cálculo sua "metafísica" no que se tinha até aqui, ao invés de compreender que e como ela é um fim por meio da instauração da questionabilidade do "ser". Com certeza, isso só pode ser compreendido a partir da superação da "metafísica" como tal na totalidade de sua história, isto é, só pode ser compreendido em termos da história do seer.

116. "Ontologia" – "Metafísica"

Por toda parte, nas diversas tentativas, a única tarefa a ser tomada foi desdobrar a *questão do ser* e, em verdade, a questão do ser ao mesmo tempo e apenas no sentido totalmente diverso da inquirição da *verdade do seer*. Com isso, não se transforma somente o "tema" e o "procedimento", mas antes de tudo a essência do homem e a verdade do ente mesmo e, por meio daí, simultaneamente, já o modo de ser do dizer e do fundar.

Como, porém, a questão do ser é desde sempre *a* questão da filosofia – desde o seu primeiro início – e como desde então a questão do ser se tornou exclusivamente a questão acerca da entidade do ente e esse questionamento foi designado mais tarde de maneira escolástica como "ontologia" – "metafísica", era natural, sim, era até mesmo inevitável denominar a questão que não aparta simplesmente a primeira, mas ao mesmo tempo a funda, de maneira tanto mais decidida como "ontologia" e "metafísica".

Nessa assunção do título tradicional da questão do ser para uma inquirição de um tipo totalmente diverso, contudo, o uso desse título precisa provocar, com o desdobramento dessa questão, um encobrimento do intuito mais próprio.

Assim, na conferência "O que é metafísica?"[24], a pergunta é respondida por meio da referência àquilo que, de qualquer modo,

---

24. In: *Marcas do caminho*. GA, 9, p. 103-122.

é algo totalmente diverso da *metafísica*, conquanto essa seja concebida de maneira estritamente histórica como aquele questionamento acerca do ser do ente, que não pode nem se apoderar nem ser impelida à questão acerca da verdade do ser. Na conferência, ainda se denomina "metafísica" aquilo que não se mostra nunca mais como "metafísica".

A sondagem fundante e projetiva do *ser-aí* como o fundamento histórico da clareira do seer penetra em um reino, que até aqui não "havia" e que só pode ser apropriado em meio ao acontecimento pelo seer mesmo – na medida em que *ele* chega à sua clareira – para uma história. Esse "ser-aí" essencia-se fora *da* junção fugidia com a qual a metafísica conjugou a entidade do ente na totalidade e a tornou dis-ponível para a história ocidental até aqui.

Por isso, é impossível falar de uma "metafísica do ser-aí", tal como acontece em meu livro sobre Kant[25], ainda que lá se aponte para o fato de que a "metafísica" (a saber, aquilo que é entendido por metafísica na conferência citada) se funda no ser-aí e pertence a ele e só a ele.

O mesmo vale para os nomes "ontologia" e "transcendência" no ensaio "Da essência do fundamento"[26].

Com os títulos diretrizes tradicionais tem-se em vista algo completamente diverso; e, em verdade, um diverso de um tipo tal que ele supera precisamente aquilo que era assim designado com direito anteriormente. A superação da metafísica – concebida no sentido essencial daquela junção fugidia – continua tendo ela mesma a aparência de "metafísica" e, em verdade, de acordo com o nome, nunca segundo a "coisa mesma" e a postura da inquirição.

"Ontologia" é assumida como título da questão do ser, mas precisamente a questão do ser no sentido da ontologia é superada. O que é "ontologia" (questionamento do ser" em *Ser e tempo* não se determina a partir do título, mas é inversamente o título que precisa admitir uma outra interpretação, que vá propria-

---

25. *Kant e o problema da metafísica*. GA, 3, p. 218ss.

26. In: *Marcas do caminho*. GA, 9, p. 123-175.

mente de encontro a ele e que saia completamente dele e de seu campo significativo. Um expediente que indica esse fato é o nome "ontologia fundamental".

Esse procedimento duvidoso é de início incontornável, sobretudo porque o que importa incessantemente é não alijar a "metafísica", a questão do ser inicial, mas apontar através dela para a questão do ser totalmente diversa. Quando *não* se segue essa indicação, quando se traz consigo e faz com que se torne inversamente normativo todo pensamento metafísico cristalizado, então tudo se torna confuso; sobretudo porque não se trata, em verdade, da alteração de disciplinas, mas do acontecimento da apropriação do homem para a verdade do seer, um acontecimento que impõe uma transformação de um tipo único.

117. A metafísica

Pergunta pelo ὄν ᾗ ὄν, pelo *ens qua ens* (*ens qua tale*), pelo ente enquanto ente.

O ᾗ, *qua*, *enquanto* permanece aí *inquestionado*; o que é denominado com ele é a direção projetiva, o aberto do projeto, o projeto como tal em geral; a metafísica explica como νοῦς, *ratio*, razão o fato de que algo assim seja e pretenda ser fundamento e fundante. Formalmente indicado a partir da questão metafísica, poder-se-ia dizer: o pensamento transitório pergunta pelo ᾗ, pelo *qua*, pelo enquanto – em sua essenciação; e isso de tal modo, em verdade, que essa essenciação é reconhecida como pertencendo ao próprio *seer*, algo por meio do que a verdade do seer se transforma no inquerido. Todavia, essa pergunta acerca da essência, do fundamento e da necessidade do ᾗ não permanece nenhum adendo e nenhum suplemento ao questionamento metafísico, nem tampouco se mostra como a sua teoria do conhecimento. Ao contrário, está indicado aqui o ponto de viragem da transformação decisiva da questão do ser e, com ela, a destruição de toda subjetividade e de toda definição do homem como *animal rationale*.

Toda metafísica pensa com vistas a causas (coisas originárias), fundamentos, "princípios", que se esgotam na divisão já fixada por Aristóteles com diversas modulações.

No pensamento moderno, o "*dever*" obtém como fundamento um primado próprio e promove, retomando a distinção platônica, um giro que corresponde à posição de sujeito do homem.

Essa emergência da ideia de valor tem seu pano de fundo na *causa finalis*, de tal modo que - de maneira explícita ou não - o elemento próprio ao derradeiramente final dirige todo cômputo do ente com vistas à entidade.

O ser é contabilizado em meio às "causas" e "fundamentos" e esses cálculos parciais mesmos não servem senão ao cálculo e ao planejamento do ente, tornando-se cada vez mais ulteriores em relação a esse ente.

Assim, a essenciação do seer, que causas e fundamentos não conseguem alcançar, é inteiramente obscurecida.

118. ὄν ᾗ ὄν

E, em verdade, como ὄν ἁπλῶς - pura e simplesmente - na totalidade (não κατὰ μέρος τι) (γένος τι περιγραψάμενον). O ᾗ é o nome *para o aspecto* (voltado justamente para o ente mesmo, na medida em que ele é ente).

O aspecto de tal modo, que não se *afasta* o olhar do ente, mas que ele tampouco se mostra apenas como um tal, περὶ ὅ πραγματεύεται τὰ ἕκαστα. Ao contrário, o que se tem em vista aqui é o ente *enquanto* ente (καθ' αὑτό). Nisso reside a questão do ente com vistas à pura presentação de si mesmo - quer dizer: essa presentação já determina em geral a entidade.

O problema é que, para além disso e em adendo a isso, só agora se dá pela primeira vez o modo a cada vez determinado da visada do ὄν ᾗ ὄν.

Entidade já significa o "em-geral" da presentação; e esse deve ser considerado agora "*teoricamente*", de tal modo que a ἀρχή de si mesmo seja experimentada nele mesmo, nela mesma, a partir dele.

Com isso em geral a visada da ἀρχή, a partir da qual ela se mostra como o espaço no qual se dá a estabilização e a presentação propriamente ditas - e, de acordo com isso, também como αἴτιον.

À essência da ἀρχή e da αἴτια (αἴτιον) pertence o ἀίδιον (Aristóteles, *Met.* Ε 1, 1026 a 17); mas uma visada prévia da ἀρχή já é justamente sustentada e dirigida pelo projeto sobre a φύσις – pre-sentar-se emergente e, de acordo com isso, *pro-vir* – em si a presentação com vistas ao "*de onde*".

Aqui temos a origem da ἰδέα *tanto quanto da* αἰτία no sentido da explicação ôntica.

Por isso também vemos por toda parte ainda em Aristóteles, *Met.* Γ 1, Ε 1, Κ 7 a referência à φύσις τις.

Aqui se mostra a reconexão essencial com o projeto inicial já *depois* da passagem por Platão.

Φύσις – por um lado e em geral onde ἀρχὴ ἐν αὑτῷ – nessa medida mesmo o despontar em meio à presentação; em seguida e em particular onde aparece a ἀρχὴ τῆς κινήσεως; a "natureza" – no sentido ôntico – só é isso, porque φύσις no próprio do ser. Cf. Γ 1 φύσις τις; aqui, porém, χωριστὸν καὶ ἀκίνητον (οὐ) μετὰ τῆς ὕλης!!).

119. A essência da Θεωρία[27]

A partir da ποίησις e da πρᾶξις sob a antecipação da ἀρχή e do ὄν *qua* οὐσία.

Θεωρία: um tal pro-duzir, que deixa o ente se pre-sentar nele mesmo, isto é, a partir da ἀρχή que reside nele; o que está em questão aqui é a a-dução da estabilização da presentação; de acordo com isso, distinguem-se πρᾶξις, ποίησις e θεορία, assim como a ἐπιστήμη correspondente.

A θεορία, apesar de ser o modo mais elevado da relação com o ente enquanto tal, é concebida a partir da *a-dução* e essa inicialmente como *pro-dução* (fazer) e tomada de *posição* (agir); mas a θεορία *não* é uma espécie de ποίησις e de πρᾶξις.

ἐπιστήμη – *ganhar posição em e como a-dução.*

*

27. Cf. ARISTÓTELES. *Met.* Γ, Ε, Κ. • *Ética a Nicômaco* Ζ.

A essência da ϑεορία *e* Θεολογικὴ επιστήμη

Θεωρεῖν • o τιμιώτατον ὄν como ϑεολογικὴ ἐπιστήμη com vistas ao τὸ ϑεῖον;

• o χωριστόν - ἀκίνητον;

• o ser mesmo - a pura presentação (ἰδέα - ἄνευ ὕλης);

• *a partir de si - constante - não* primeiramente a partir e em μεταβολή;

• "o ser" - mesmo como πρώτη φιλοσοφία não ontológico no sentido conceitualmente moderno; nenhuma distinção entre a *metaphysica generalis* e a *specialis*; *ao contrário*, essa distinção só é exigida pelo *cristianismo*, enquanto de modo grego precisamente *o mesmo*.

120. Metafísica

A conexão da determinação do ὄν ᾗ ὄν (κοινόν) e da ϑεολογικὴ ἐπιστήμη; *ens commune* - → o ser-o-que da maneira mais universal; *summum* ens - → o fato-de-ser em primeiro lugar - αἰτία. A cada vez ἀρχή.

Já uma cisão cristã, porque é preciso salvar anteriormente! a pessoa do Deus criador; por isso, ὄν ᾗ ὄν - puramente "conceitual" ou indeterminada e, então, retomada de qualquer modo em Deus como o Τεχνίτης.

Em outras palavras: ela é aqui "pensada" de maneira dogmática e em consonância com o modo de ser da fé e não de maneira grega a partir da experiência do ente enquanto tal.

*

Metafísica

O sombreamento do ser pelo ente enquanto tal só se torna pela primeira vez possível, quando o ser é colocado na verdade primeira (como emergência - como φύσις).

De onde provém esse sombreamento – o caráter infundado da verdade do ser, o não poder ser da verdade em sua essência como verdade do ser.

A consequência do *sombreamento*: o ser como *suplemento*; a mais aguda concepção desse *caráter suplementar* como "*a priori*" – *a aparência do inverso*, a saber, como o *pre-cedente*. Mas o caráter pre-cedente não é dominado, porque sua verdade permanece fora do que é digno de questão.

Pre-cedência é, pensada em termos da história do seer, uma ressonância do ab-ismo da clareira, que já se essencia anteriormente e permanece de qualquer modo *inicialmente* irrepresentável, porque ela não pode ser de maneira alguma re-presentada.

Na metafísica, o "ser" visa constantemente ao *ente* na totalidade; "ser" nunca é dito aqui a partir da *verdade do seer*.

121. A metafísica

Precisa tomar o ser como entidade *ou bem simplesmente* como ἰδέα; o maximamente ente do ente e, em consequência disso, então, o seu elemento mais vazio e universal; razão pela qual, então, para cobrir a nudez, o *ente* é evocado e o preenchimento material do elemento formal reabilita uma vez mais o dano da abstração; *ou rearticulado* com o homem enquanto sujeito; o condicionante da objetividade e da competência como o incondicionado e essa incondicionalidade mesma como o maximamente ente (Hegel).

Entre as duas possibilidades oscila de lá para cá, então, todo pensamento metafísico e busca saídas, para que o ser não se torne nem uma coisa, nem um mero produto subjetivo. No fundo, porém, ele permanece as duas coisas, quer dizer: o ente uma vez ratificado pela estabilização da presentação possui o primado e elevará a entidade como maquinação até o nível do inquestionado.

Em toda metafísica, o ser é determinado a partir da apreensão do ente enquanto tal pela razão e do pensamento assim compreendido. Daí emerge histórica e materialmente o conceito propriamente dito da metafísica. O ser sempre terá de ser concebido com vistas ao ente, mesmo lá onde é alcançada, com base na in-condicionalidade do pensamento - tal como no pensamento incondicionado de Hegel -, aparentemente uma completa liberação. Essa "liberação" tem a forma de uma *re*-núncia e permanece de qualquer modo obediente ao ente na necessidade constante do re-nunciar, que se espessa na incondicionalidade do pensamento, sem que essa renúncia fosse ou pudesse ser, contudo, incluída no "sistema" desse pensamento. Isso também é válido lá onde, na inversão, todo "ser" é tragado para o interior do devir como o propriamente ente, tal como na réplica daquela primeira consumação hegeliana da metafísica - *em Nietzsche*.

122. Como a metafísica pensa o ser

A metafísica precisa pensar o ser como entidade: ela precisa tomar a presentação e sua estabilização mesma como o mais constante; com isso está decidida a posterior objetivação do ser como o pre-cedente; ser mesmo é equivalente à objetividade.

Tudo isso diz: o ser permanece sem clareira, se transforma na primeira e na mais extrema presença à vista, na presença à vista abrangente, isto é, que se estende por toda parte e sobre tudo, totalmente sem dimensões, não clarificada, a-lijada ou o que significa o mesmo: atravessando tudo como o maximamente presente.

Por isso, o ser também é o inquestionado, "nele" não resta nada a ser inquirido; desse modo, ele fica preso ao conceito mais vazio; desse modo, não lhe resta agora outra coisa senão se mostrar como um mero som, repelido e triturado pelo ente como o *eficaz*. Esse ente se regala no abandono do ser.

*

Como a metafísica considera o ente

Como o explicável a partir do pre-cedente e, por isso, como algo que se presenta, e, enquanto tal, como emergindo a partir daquilo que se encontra antes do presente e, como presente, se volta para uma apreensão e uma nova adução, uma fabricação.

• O ὄν como πρᾶγμα da πρᾶξις; ἕκαστον da ποίησις – πρᾶξις – θεωρία – a partir da *a-dução*!
• O *ens* como *ens creatum*.
• A *res* como *objectum* da *reapresentatio*.
• A *coisa* de um condicionamento por meio de condições do incondicionado.
• O *objeto* como presentação no ter-sido-representado.
• O *efetivamente real* em uma eficácia.

*

O que vem a ser a partir do ente e de sua entidade, se um tal projeto do pre-cedente decai no âmbito da a-preensão e da explicação, porque ele já sempre se desviou do seer e de sua verdade?

123. In-finitude e eternidade

São a medida e as metas da metafísica, e, com elas, o "finito" torna-se essencial como algo presente à vista que ainda não está pronto. O acento da *história do seer* na "finitude", por sua vez, tem em vista algo diverso, que é dito de maneira mais adequada para além dessa oposição metafísica e de sua unidade.

O acento da "finitude" não foi senão um acento de-fensivo, uma tentativa dita na linguagem da metafísica de superar o ἀεί no sentido da estabilização da presentação; e isso não em favor de uma "temporalidade" no sentido cristão e, por isso, também não com intuito de uma recusa supérflua da "eternidade" cristã.

A estabilização da presentação é *o* conceito metafísico de ser; o salto para o interior da "finitude" significa uma concepção da verdade do seer, na qual a essência do seer se clareia a partir de seu fundamento abissal; o único "ser" que a metafísica conhece é, como constância da presentação, apenas uma extração ela mesma ainda infundada *de um* momento essencial do ser, da atualidade, que não é concebida aí nem mesmo em sua essenciação como "temporalidade". Se o seer no primeiro passo do pensamento da história do seer é colocado em ligação com o "tempo", então isso não significa que o "ser" seria 1. um "ente" e que 2. esse ente seria o "temporal" no sentido do mutável limitado (finito) em sua essência. Mas se o nada pertence à essência do seer, então isso tampouco significa que 1. o ser seria um "ente" e que 2. esse ente seria "nulo" no sentido da caducidade da criatura criada.

Ao contrário, a mesmidade de seer e nada é a prova de que o seer jamais pode ser algo "nulo" *antes* de todo ente; e isso porque ele é o abismo da essenciação daquilo em que todo ente se funda como um tal. O ab-ismo, porém, não é nada "ab-soluto" – um ente destacado por-si e constante. Ele é antes o acontecimento apropriativo do vir, algo que, com certeza, não pode ser denominado com o nome por demais sobrecarregado metafisicamente "finitude" – a não ser que o pensar e o re-pensar se libertem anteriormente das vias habituais de representação e se transformem na entrega ao coquestionamento de uma questão.

124. O princípio de não contradição

O que é pensado nesse princípio? Uma impossibilidade (ἀδύνατον).

Sobre o que é pensado nele? Sobre a entidade do ente.

De que tipo é, com isto, a impossibilidade? Uma impossibilidade do próprio ser.

Como é que essa impossibilidade se relaciona com a essência do ser? Ela é uma necessidade e de que tipo?

*

A querela tradicional: a incapacidade de nosso pensamento é a consequência da necessidade do ser pensado ou essa necessidade é apenas a projeção de nossa incapacidade "subjetiva"? Ou será que esse ou-ou mesmo é insuficiente, e se ele o é, em que medida?

Na medida em que o "pensamento" é dotador de um campo de visão como νοῦς para a verdade do ser, o ser é concebido como presença constante; e para esse "ser" é válido o princípio; pela mesma razão, porém, ele não é "subjetivo" e só se mostra como expressão de uma "incapacidade".

Hegel não suspendeu, afinal, a validade desse princípio? Não – ele apenas ampliou essa validade por meio do estabelecimento correspondente da entidade como ideia absoluta. Por meio daí é possível, sim, até mesmo necessário pensar tudo aquilo que há para ser pensado e para "ser" ao mesmo tempo segundo múltiplos aspectos (o aspecto do "em si", do "por si", do "em si *e* por si"), ou seja, pensar algo contraditório como necessário.

Com o auxílio precisamente desse princípio realiza-se a transformação do pensamento finito em in-finito; a metafísica de Hegel é a mais elevada ratificação do princípio de não contradição como *o* princípio fundamental da metafísica, isto é, da interpretação da entidade como presença constante e objetividade da re-presentação.

125. A história da metafísica é a história da história do ser

Para concebê-la e experimentá-la carece-se da libertação do projeto da história da metafísica que foi realizado pela primeira vez por *Hegel* e que só pôde ser levado a termo por ele como o primeiro, porque seu pensamento precisou ser uma consumação da metafísica.

A história da metafísica e, com isso, seu início são vistos a partir da consumação tanto no que diz respeito aos três estágios fundamentais quanto no que diz respeito à mobilidade por meio da qual esses estágios são passíveis de ser pela primeira vez instaurados.

O pensamento incondicionado posiciona aquilo que precisa se mostrar como sua condição e nivelamento, o pensamento imediato e a mediação; a filosofia antiga e "cristã", a filosofia moderna de Descartes a Kant são, assim, decididas em sua essência; esse projeto da história da metafísica atesta o único domínio da junção fugidia de "*ser e pensar*"; ele não apenas o atesta, mas também o fixa na "consciência" *historiológica*, decidindo, com isso, sobre aquilo que deve permanecer passível de ser sabido "historicamente" desse domínio, e isso significa, sobre aquilo que deve ser sabido para "a continuação do processo de formação" da filosofia.

126. A posição de Aristóteles na história da metafísica

1) Aristóteles como consumação daquilo que anteriormente ainda era estranho - φύσις concebida como ἐντελέχεια.
2) Aristóteles como começo daquilo que se tornou mais tarde há muito corrente.

*

As posições fundamentais metafísicas só são experienciáveis e inteiramente pensáveis em termos históricos no pensamento da história do seer.

127. A posição metafísica fundamental insigne de Leibniz

Vista *em termos da história do ser*, a posição metafísica fundamental insigne de Leibniz pode ser explicitada a partir da *reapresentatio*.

A *reapresentatio* visa ao re-presentar "subjetivo", que constitui o sujeito como mônada. Esse re-presentar (como marcado por anseio) "re"-"presenta" imediatamente, deixa aquele "sujeito" ganhar a presentação aberta (validade).

O re-presentar é aqui pensado ao mesmo tempo em termos modernos e inicialmente gregos em unidade.

Todavia, ainda não como: algo simplesmente presente à vista, que possui o caráter de sujeito, que se presenta *em sua* subjetividade ao mesmo tempo e por meio dessa subjetividade; (com o que, com certeza, o aberto dessa presentação continua questionável; ou já decidido por meio do projeto cristão que a tudo abarca e abala (*ens creatum* - *creator*)).

Não obstante, a essência das mônadas, a uni-dade, é concebida a partir da reunião na presentação e a partir da estabilização do mesmo e, com isso, a partir da *reapresentatio* que possui dois campos de irradiação.

A mônada não pode ser encontrada diretamente, nem mesmo pelo olhar incondicionado do criador, mas sua essenciação é originariamente "*reapresentatio*" em sentido duplo.

Descartes estabelece, em verdade, o ter-sido-representado e a egoidade como campo projetivo e como fundamento projetivo da entidade. No entanto, só Leibniz realiza na apropriação que *a partir dele* se mostra como originária da tradição metafísica (*substantia* - *monas*, *potentia* como *vis* e *possibilitas*; "*energeia*") o começo propriamente moderno da metafísica.

Só Leibniz cria o fundamento para Kant e para o Idealismo Alemão, assim como, por fim, para Nietzsche. Somente através dele, a racionalidade chega ao nível hierárquico incondicionalmente subjetivo da conjunção estrutural do ente na totalidade; com o que o "elemento matemático" se desenvolve ao mesmo tempo no "elemento sistemático" do sistema e assegura para o ter-sido-representado o pleno desdobramento como âmbito e fundamento projetivo.

O ente enquanto tal (o ser) é experimentável segundo Leibniz (*Monadologia*, § 30) nos "atos reflexivos" das mônadas "homem". Esses atos, porém, estão fundados no saber acerca das "verdades necessárias" (*identitates*) e essas? - São de qualquer modo o saber essencial do ser, de tal modo que só por meio desse saber é possível uma "reflexão", enquanto, por outro lado, é apenas essa "reflexão" que viabiliza ao mesmo tempo o saber das *identitates*.

Como é que se deve decidir aqui? Temos a presença de um "círculo"? E se a resposta for positiva, Leibniz o reconheceu e fundamentou ao mesmo tempo enquanto tal, isto é, em sua necessidade? Manifestamente não, pois algo assim só seria possível na inquirição da *verdade* do "ser".

Raison - racionalidade - pensamento é *autoconhecimento* e, juntamente com isso, reconhecimento e conhecimento de Deus (*Monadologia*, § 29).

Autoconhecimento funda-se no saber das identitates, esse saber constitui, por isso, a essência da razão. Razão, então: apreensão da entidade no sentido da "identidade" como *estabilização da presentação.*

Ou será que Leibniz tem em vista o fato de, com base nesse saber das *verités necessaires*, *encontrarmos* o ente "primeiro" e mais próximo (e, com isso, esse ente enquanto tal), justamente *nós mesmos*, e "em" nós, então, expressamente o "ser"?

Nesse caso, só se diria o seguinte: o ente do tipo do homem é *o primeiro* que pode ser e é dado *como um tal*; com isso, só se estaria afirmando a posição fundamental de Descartes e, ao mesmo tempo, preparando o modo transcendental kantiano de colocação da questão como um modo "subjetivo", isto é, referido à objetividade dos objetos.

Com isto, porém, não se fundamenta nem a unidade da essência da mônada humana com o saber das verdades necessárias, nem o primado desse ente na ordem da dação do ente; nem se reconhece a conexão do conceito diretriz de *veritas* como *identitas* com o *certum* como o asseguramento de uma presença e de uma constância insignes.

Assim, mesmo a metafísica leibniziana permanece infundada, ela não ousa se lançar no ab-ismo da verdade do seer.

128. Kant e a metafísica

Por meio da demonstração "crítica" de uma impossibilidade da metafísica "especulativa", a metafísica enquanto junção fugidia do ente na totalidade se consolida pela primeira vez completamente de acordo com o sentido da entidade inicial e platônica.

A próxima consequência mostra-se como "metafísica" do Idealismo Alemão, que une sobretudo ambas na incondicionalidade de um conhecimento especulativo absoluto e de uma realidade efetiva absoluta e, por meio daí, confere ao século XIX uma riqueza insuperável em aspectos metafísicos; sem se importar nesse contexto se esses aspectos são considerados "idealistas" ou "positivistas". A metafísica como junção fugidia permanece e se transforma em sua permanência e em seu predomínio de maneira cada vez mais discreta, quanto mais divergentes e chãs se tornam as tomadas de posição em relação à "metafísica", sim, quanto mais violentamente se fazem valer as "visões de mundo".

129. A última ascensão da metafísica

É a história do predomínio incondicionado da maquinação (cf. 8. Sobre a meditação: e *Reflexões* XIII, em particular 41ss.). O pensamento prévio essencial sobre essa última ascensão é realizado pelo pensamento de Nietzsche, ainda que esse pensamento não consiga precisamente se conceber como a consumação da metafísica.

A superação da maquinação não pode ser realizada imediatamente, por meio de uma forma qualquer de destruição ou mesmo apenas por meio de uma "refutação" da metafísica. Toda negação imediata não leva a nada; sobretudo porque também não se teria como definir a partir de onde e por meio de quem ela poderia ser levada a termo.

A superação da maquinação só pode acontecer de maneira mediatizada, na medida em que o outro início do questionamento da história do seer pode permitir a metafísica em sua consumação. Uma tal admissão exige do pensar da história do seer um manter-se firme, que precisa ser mais tenaz e mais duradouro do que todo e qualquer "ataque", que pode ser imediatamente transposto de maneira consonante com sua essência para o interior do aprisionamento por parte daquele que é atacado. Já o reconhecimento da consumação da metafísica como história do predomínio incondicionado da maquinação só é possível a partir do outro início. Superação é aqui essencialmente transformação do pensamento, a transição do projeto representativo para o curso do livre arrojar-se.

130. O fim da metafísica

Trata-se de um mero acaso que, na época do esquecimento de ser incondicionado, a "ontologia" experimente uma renovação, ainda que essa renovação seja apenas escolástico-erudita e historiológica? Esse fato desperta a aparência de que se estaria perguntando aí acerca do "ser", de tal modo que a questão do ser própria à história do seer chegaria tarde demais e não poderia pretender possuir nenhuma inicialidade. Com certeza – a "ontologia" não é em parte alguma outra coisa senão a propagação da *aparência* da questão do ser intrínseca à história do seer e essa aparência possui sua própria tarefa histórica; ela captura todos aqueles para os quais faltam todas as condições prévias para o questionamento da questão do ser intrínseca à história do seer; o que eles consideram a essência permanece o mais distante possível do questionamento da história do seer. A "ontologia" tem, por isso, o papel de manter a questão acerca da verdade do seer na inacessibilidade para a metafísica, uma inacessibilidade que lhe é própria; ela é uma proteção oferecida pela metafísica ao pensamento da história do seer contra a sua intenção ante uma deformação por meio do não conceber.

O mesmo é realizado - apenas de uma maneira oposta - pelo predomínio das "visões de mundo". Elas são as formas ou as deformações da meta-física que se acham propagadas totalmente no ente e que contam com ele como o elemento "efetivamente real" - "próximo à vida". Como tais, elas se reportam ao "efetivamente real" nas relações, ocorrências e circunstâncias, ao "caráter" e ao "instinto" nas posturas humanas. Elas recusam toda "ontologia" como um "mero" cálculo conceitual intelectivo e vazio e suscitam, porém, exatamente como ela, a aparência de aportar a interpretação do ente e fixações de critérios. O que ainda resta de questionável restringe-se ao aparelhamento mais ou menos cuidadoso e culto do edifício doutrinário e do sistema de fé em si intocáveis. "Ontologia" e "visão de mundo" têm, por isso, vistas a partir do anquilosamento empreendido por elas da metafísica, ou seja, a partir do soterramento da questão do ser como uma questão própria à história do seer, um significado histórico essencial.

131. Metafísica e "visão de mundo"

A "visão de mundo" é uma cria da metafísica; e, em verdade, ela só é possível lá onde a metafísica chega ao estado de sua consumação. A "visão de mundo" é uma deformação moderna da metafísica. Seu critério de medida é a esfera pública, na qual qualquer um acha tudo acessível e levanta uma pretensão a uma tal acessibilidade; não se encontra em contradição com isso o fato de "visões de mundo" serem precisamente por demais "pessoais" e talhadas segundo o "particular"; esses particulares se sentem como os quaisquer uns apartados, como homens que assentados em si re-presentam para si uma imagem de mundo e se remetem (por exemplo, Houston Stewart Chamberlain) a uma espécie de orientação (caráter).

Essencial para a "*visão de mundo*" é:

1) o primado do ente (do efetivamente real) (esquecimento de ser);
2) o visar a "metas" e "ideais", que devem ser realizados;
3) a instauração dos caminhos e meios de tal realização;
4) tudo isso em um entendimento comum público de antemão desejado;
5) de acordo com isso, pensando e calculando *historiologicamente*, mas sem escolha, ou seja, de maneira inteiramente não *histórica*.

A visão de mundo é a execução da constância do predomínio de uma ausência de meditação incondicionada na época da ausência de sentido consumada. Sobre o conceito essencial da "visão de mundo" e de sua conexão com a metafísica moderna, cf. a conferência de 1938 "A fundamentação da imagem de mundo moderna por meio da metafísica"[28].

A "visão de mundo" movimenta-se no interior da composição estrutural da metafísica: ela conhece "ideias", exige e empreende sua realização na "existência"; as ideias transformam-se para ela em "valores" e se exigem da "existência" (o que significa aqui do homem presente à vista como sujeito do "vivenciar") uma tomada de posição e uma valoração.

As "visões de mundo" elaboram, assim como elas precisamente se oferecem, os "conceitos" e "proposições" da metafísica, sem saber alguma coisa de sua origem e de seus limites.

As "visões de mundo" pensam "naturalmente", elas possuem seus critérios de medida na "práxis vital"; daí provém também a inclinação para a "biologia".

---

28. Versão impressa com o título "A época da imagem de mundo". In: *Caminhos da floresta*. GA, 5, p. 75-113.

132. "Mística"

Toda mística se mostra como o limite ainda estabelecido pela própria metafísica para si ou contra si.

Só há mística "no interior" da metafísica, isto é, na esfera de seu âmbito essencial; por isso, vemos com frequência a tendência a se apresentar como precedendo o início do pensamento ocidental um "período" da "mística", no qual já se experimentava tudo aquilo que a metafísica elevou posteriomente até o nível do conceito ("λόγος"). Visto corretamente, projeta-se a mística a partir da metafísica. A isso corresponde o papel histórico-metafísico do neoplatonismo, da mística da Idade Média, da mística no tempo do desdobramento da metafísica moderna e, uma vez mais, no Romantismo: Novalis, Baader, a ambiguidade do projeto schellingiano e a filosofia negativa e positiva. Na medida, então, em que o questionamento próprio à história do seer da verdade do seer superou a metafísica enquanto tal e vedou a possibilidade da aplicação de conceitos metafísicos, as pessoas procuraram se salvar por meio do expediente de designar o pensamento da história do seer como um pensamento "místico"; e acredita-se que, com isso, chegou-se a uma comprovação depreciativa de algo não claro e obscuro, o entregar-se a meras "tonalidades afetivas", em todo caso de uma conduta que nunca pode se mostrar como notável para a filosofia "rigorosa", uma conduta contra a qual, porém, a vigilância erudita intrínseca à máquina historiológica da filosofia precisa nos advertir.

Não se nota que já se transforma com isso a mística em uma variedade e em um vício da metafísica e nem uma coisa nem outra a concebe em sua essência.

"Mística" e cômputo do ente a partir do ser pensado em termos maquinacionais que se requisitam mutuamente. E, em sua concordância, eles levam a termo a postergação da transição da história metafísica do primeiro início para o outro início; pois transição não significa aqui a constância de um progresso, mas o saber do repentino da ruptura entre fim e início.

133. A transição

Só pode ser alcançada por meio de um salto e durante muito tempo só pode ser retida e fundada por meio de um saltar.

Faltam aqui todos os expedientes que conduzem para o interior de um deslizar não alcançado de um (assegurado) para o outro (fixado). A distinção entre início e fim não pode mais ser concebida nem mesmo como *oposicional*, porque mesmo esse modo de conceber precisaria reconhecer uma consonância como solo.

O fim, isto é, a interpretação da essencialidade da essência (da entidade do ente) como *valor*, e o pensamento da verdade do ser como acontecimento apropriativo se alçam incomparavelmente um para o outro de maneira repentina.

Para a representação historiológica, a transição é sempre apenas o fugidio e "episódico", que desaparece diante daquilo que foi suplantado e do lugar por onde ele foi suplantado.

Historicamente, contudo, pensado a partir da essenciação da verdade do seer, reúne-se na transição a unicidade da história na unidade da ruptura entre consumação e início. A discreção historiológica da transição e a dignidade histórica de sua força de sustentação única correspondem-se em meio ao que foi e continua sendo e ao porvir.

Transição, por isso, não é nunca mediação, mas de-cisão, que só pode se fundar naquilo pelo que ela se decide como o que precisa ser fundado. Calculado historiologicamente, a transição para o repentino da rup-tura do imediato é um salto para o "nada"; historicamente, aproxima-se nela a proximidade do seer, ao qual todo ente, antes de se levar em conta e depois de ter se esquecido de si, já está assinalado e pelo qual ele é sobreapropriado em meio ao acontecimento.

134. Para a explicitação do conceito de "metafísica" próprio à história do seer

A interpretação própria à história do seer.

1) A distinção de ser (entidade) e ente;

2) A distinção entre o-que-é e o-fato-de-que-é;
3) A multiplicidade das ἀρχαί;
4) A distinção entre o ὄντως ὄν e o μὴ ὄν, (ἰδέα) εἶδος – ὕλη.

Essa interpretação mostra que o pensamento do ser como entidade não é de modo algum um início e que tampouco surgiria de uma representação "natural" do ente em geral. Ao contrário, ela provém da essenciação do seer, que recusa em termos do primeiro início como emergência (φύσις) a fundação de sua verdade e, juntamente com isso, deixa a ἀλήθεια se transformar na presentação do constante (e, assim, na forma prévia da objetividade). Com certeza, a consequência desse primeiro início em sua história não é nada indiferente, expressão de uma mera opinião e da formação de um conceito de ser; a história atualiza o predomínio da maquinação, em cuja supremacia incondicional se consuma a modernidade, e nem o saber, nem a vontade anunciam o outro início.

135. Passos

Juízo – validade – verdade – ser (Dissertação[29]).

- Doutrina das categorias e da significação – ser e linguagem (Negação) (Escrito de habilitação[30]).
- "Ontologia" – título transitório da "questão do ser".
- Ontologia-fundamental (Ser e tempo[31]).
- Compreensão de ser como pro-jeto – jogado.
- Ser como entidade.
- Entidade – constância e presentação – tempo.

---

29. HERRMANN, F.-W. (org.). *Die Lehre vom Urteil im Psychologismus* [1913 – A doutrina do juízo no psicologismo]. In: *Frühe Schriften* [Escritos de juventude]. GA, 1. Frankfurt junto ao Main, 1978, p. 59-188.

30. *Die Kategorien- und Bedeutungslehre des Duns Scotus* [1915 – A doutrina das categorias e da significação de Duns Scotus]. In: *Frühe Schriften*. GA, 1, p. 189-411.

31. *Ser e tempo* (1927). GA, 2.

• Transformação do ser e, com ele, e, isso por meio da "*verdade*" (Da essência do fundamento[32]).

• Cada passo não vai apenas "além", mas se mostra como *diverso*.

• Salto em termos da história do ser para o interior da *transição*. Fundação da unicidade histórica da transição.

32. Da essência do fundamento (1929). In: *Marcas do caminho*. GA, 9, p. 123-175.

Apêndice
Um olhar retrospectivo sobre o caminho

(Exposto a partir do campo de visão da metafísica e de sua superação) ainda não a partir do seer mesmo.

Escrito em 1937/1938

Martin Heidegger

Meu caminho até aqui

Considerado também apenas como meio para uma nova meditação, assim como para a visão e a interpretação do caminho a cada vez dependendo do estágio alcançado da meditação.

Esse caminho nunca foi previamente sabido, mas ele permaneceu oscilante e envolto em retrocessos e extravios errôneos.

Sempre uma vez mais, porém, a busca foi impelida pela via *una* e forçada a ganhar uma crescente claridade. Todavia, nenhum estágio da meditação chega a saber o que se passa propriamente diante de si. O que é experimentado e tentado permanece sempre apenas a prestação de serviço para o totalmente outro, aquilo que algum dia talvez precise se tornar até mesmo algo "autoevidente".

Meu caminho até aqui
Indicado por meio dos escritos:
1) A *dissertação* "Die Lehre vom Urteil im Psychologismus" (A doutrina do juízo no psicologismo)[1] 1913 – tem-se aí a questão acerca da *validade*, isto é, acerca do ser verdadeiro do verdadeiro e da verdade; completamente determinada pelos enfoques outrora dominantes. Uma predileção por *Lotze*, que não chega a ter clareza quanto a si mesma. Mas está presente a tendência para a pergunta acerca da verdade do verdadeiro como uma questão essencial; os critérios são incertos, sobretudo recusa-se o apoio incondicional em uma orientação ou em um sistema qualquer. Ela surgiu sem qualquer auxílio de "mestres" no sentido propriamente dito, tanto na

1. In: HERRMANN, F.-W. (org.). *Frühe Schriften* [Escritos de juventude]. GA, 1. Frankfurt junto ao Main, 1978, p. 59-188.

escolha da questão quanto no modo de tratamento. Cf. quanto a esse ponto, 1912, na "Literarische Rundschau", organizado por J. Sauer, relatos sobre as pesquisas recentes sobre *Lógica*[2].

2) O escrito de habilitação à docência *Die Kategorien- und Bedeutungslehre des Duns Scotus* (A doutrina das categorias e da significação de Duns Scotus)[3] 1916 - a questão acerca das categorias como tentativa de um acesso histórico à *ontologia*; juntamente com isso a questão acerca da *linguagem*. Mesmo esse escrito uma vez mais apenas uma tentativa solitária e contra a interpretação até aqui vigente da Escolástica que era estabelecida com o auxílio da Neoescolástica totalmente dependente dela em amplo espectro e esvaziamento; no todo, uma tentativa fracassada, porque quis muito - sem um domínio suficiente do próprio questionamento. Agora, porém, já se encontram - também uma vez mais incontroladas - mais por detrás das questões - as primeiras tentativas da confrontação com o Idealismo Alemão (Hegel), e isso não na direção de um neo-hegelianismo, mas no enfoque: Hegel - Idade Média - Aristóteles.

3) A *preleção de habilitação à docência* "O conceito de tempo na ciência histórica"[4] 1915 - a questão acerca do *tempo* e da *história*. Por detrás daí se achava (cf. a conclusão do texto sobre Duns Scotus) a questão acerca da "eternidade" e o ente propriamente dito - assim como a questão acerca da "negação" e acerca da proveniência do *não*.

4) Depois dessas tentativas que, enquanto publicações, não passam de comunicações obrigatórias e só indicam algumas coisas daquilo que se impunha de maneira incontrolada e sem uma condução propriamente dita, começou uma lenta clarificação em duas direções:

a) a direção histórica - o retorno decidido à filosofia grega sob a forma de sua primeira conclusão essencial - Aristóteles;

---

2. In: ibid., p. 17-43.

3. In: ibid., p. 189-411.

4. In: ibid., p. 413-433.

b) a real iniciação no procedimento da "fenomenologia" de Husserl - em verdade, a posição *filosófica* fundamental aqui assumida - a posição do cartesianismo e do neokantismo - permaneceu desde o início sem qualquer concordância; o caminho próprio me levou a uma meditação sobre a história - confrontação com Dilthey e o estabelecimento da vida como realidade efetiva fundamental.
Mas por meio da "fenomenologia" conquistei uma segurança procedimental e interrogativa no trabalho, que se tornou ao mesmo tempo frutífera para a interpretação histórica.
Nos anos de 1920-1923, todas as questões acerca da verdade, acerca das categorias, acerca da linguagem, acerca de tempo e história, questões que tinham sido tocadas até aqui de maneira apenas tateante, reuniram-se no plano de uma "ontologia do ser-aí humano". Essa ontologia, contudo, não tinha sido pensada como um tratamento "regional" da questão acerca do homem, mas como fundamentação da questão acerca do *ente* enquanto tal - como confrontação, ao mesmo tempo, com o início da metafísica ocidental junto aos gregos.

5) *Ser e tempo*[5] 1927. Nos anos de 1922-1926 surgiu essa tentativa - como um primeiro caminho para tornar o máximo possível visível a partir do fundamento e ao mesmo tempo com uma execução realmente efetiva a questão do ser sob a forma que conduz essencialmente para além de todo questionamento até aqui e, contudo, ao mesmo tempo de volta para a confrontação com os gregos e com a filosofia ocidental (cf. quanto a isso as notas correntes a *Ser e tempo*, 1936)[6].
Nessa tentativa atua ao mesmo tempo a aspiração por, em um novo arranque e com um novo enfoque, transformar uma vez mais os principais questionamentos da história da metafísica em mestres da tentativa própria.
Mas o recorte propriamente "sistemático" sobre tempo e ser permaneceu insuficiente na primeira exposição e circunstân-

---

5. HERRMANN, F.-W. (org.). GA, 2. Frankfurt junto ao Main, 1977.

6. In: *Zu eigenen Veröffentlichungen*. GA, 82 [Publicações próprias].

cias extrínsecas (o inchaço do volume do *Jahrbuch*) felizmente impediram simultaneamente a publicação dessa parte, em relação à qual não havia nenhuma grande confiança em função de sua insuficiência. A tentativa foi aniquilada, mas um novo arranque foi ao mesmo tempo dado por uma via mais histórica na preleção do semestre de verão de 1927[7].
Com certeza, visto a partir do presente olhar retrospectivo, a comunicação de toda a parte insuficiente sobre tempo e ser teria sido de qualquer modo importante. Ela não teria deixado chegar tão longe a falsa interpretação de *Ser e tempo* como uma mera "ontologia" do homem e o desconhecimento da "ontologia fundamental", tal como aconteceu e continua acontecendo.
Justamente porque o modo de colocação da questão acerca do *sentido de ser* (acerca da verdade projetiva do ser - não do ente), em comparação com toda a metafísica até aqui, era diverso, esse questionamento teria - apesar de estar *dito* com frequência no que está comunicado o que se quer - podido efetivamente mostrar o que ele realiza; pois o insuficiente da parte retida não dizia respeito a uma insegurança em relação ao direcionamento da questão e ao seu âmbito, mas apenas à correta elaboração.

Ora, mas quem consegue avaliar aqui o que era ou teria sido "melhor"? Os esforços de uma outra década mostram que as dificuldades de domínio da questão acerca da verdade do seer não são tais que só diriam respeito a algo assim como o "nascimento do problema" e o seu tratamento isolado. Ao contrário, *como* a questão acerca do ser está intimamente fundada na questão acerca do ser-aí e, inversamente, como, portanto, a intimidade da relação entre ser e ser-aí permanece o elemento fundamentalmente sustentador e mobilizador, assim como abissal, a questão acerca do ser-aí precisa ser estabelecida de maneira renovada e mais originária - mas, ao mesmo tempo, em uma referência explícita à verdade do seer. Por isto, *tudo* precisou ser imediatamente colo-

---

7. HERRMANN, F.-W. (org.). *Die Grundprobleme der Phänomenologie* [Os problemas fundamentais da fenomenologia]. GA, 24, 1975 [Preleção de Marburgo do semestre de verão de 1927].

cado desde o fundo no interior do renovado movimento questionador – cf. “Da essência do fundamento”[8] – e, com isso, toda a posição em relação à história até aqui da filosofia ocidental precisou ao mesmo tempo se clarificar e se acentuar – surgiu uma vez mais a tarefa de uma meditação conjunta sobre essa história desde o seu início (Anaximandro, 1932)[9] até Nietzsche[10].

Mas na unidade dessa meditação histórica e principial sobre a questão fundamental também ficou clara pela primeira vez a posição transitória de todo o questionamento. Cresceu a dificuldade de tornar visível esse questionamento como algo necessário efetivamente a partir da indigência histórica, retirando dele a aparência de um tratamento erudito meramente casual de uma questão particular remota.

E quem poderia desconhecer o fato de que, sobre todo esse caminho até aqui, a confrontação com o cristianismo estava silenciosamente presente – uma confrontação que não se tratava nem se trata de nenhum “problema” pinçado, mas antes da defesa da origem mais própria – da casa dos pais, da juventude e da terra natal – e, *ao mesmo tempo*, de um doloroso desligamento daí. Só quem se viu de tal modo enraizado em um mundo católico efetivamente vivido pode pressentir algo das necessidades, que atuavam no caminho até aqui de meu questionamento como abalos subterrâneos. O tempo em Marburgo trouxe consigo, além disso, a experiência mais próxima de um cristianismo protestante – tudo, porém, já como aquilo que precisava ser fundamentalmente superado, mas não destruído.

Não é conveniente falar dessas confrontações mais íntimas, que não giram em torno da questão do dogmatismo e dos artigos de fé, mas tão somente em torno de uma questão: saber se Deus

---

8. In: HERRMANN, F.-W. (org.). *Marcas do caminho*. GA, 9. Frankfurt junto ao Main, 1976, p. 123-175.

9. *Der Anfang der abendländischen Philosophie* (Anaximander und Parmênides) [O início da filosofia ocidental (Anaximandro e Parmênides)]. GA, 35 [Preleção de Friburgo do semestre de verão de 1932].

10. HEINZ, M. (org.). *A posição fundamental metafísica de Nietzsche no pensamento ocidental*: O eterno retorno do mesmo. GA, 44. Frankfurt junto ao Main, 1986 [Preleção de Friburgo do semestre de verão de 1937].

está ou não em fuga diante de nós e nós mesmos experimentamos essa fuga de maneira verdadeira, isto é, como criadores.

Tampouco se trata, porém, de um mero pano de fundo "religioso" da filosofia. Ao contrário, o que está em jogo é a questão una acerca da verdade do ser, que é a única a decidir sobre o "tempo" e o "lugar" que nos é historicamente reservado no interior da história do Ocidente e de seus deuses.

Quantos daqueles que se arrogam eruditos hoje na "filosofia" são, de acordo com a sua proveniência, suportados e impelidos pelas necessidades das questões decisivas mais originárias de nossa história ocidental? Não conheço ninguém. A única coisa que sei é que eles caíram na filosofia simplesmente por questões ligadas à formação e pelo "interesse" e que receberam recentemente por meio do destino político de nosso povo algo que lhes foi jogado, algo junto ao qual eles construíram para si ulteriormente um "solo", sem serem impelidos a partir daí em algum momento realmente para o interior da necessidade do questionamento da questão fundamental.

Quem não estava verdadeiramente enraizado e quem não foi ao mesmo tempo impelido por questões, como é que pode experimentar realmente o desenraizamento? E como é que alguém que não consegue suportar essa experiência pode meditar desde o fundamento sobre uma nova fundação, que não se mostra como nenhuma mera recusa do antigo e como nenhuma avidez pelo novo, nem tampouco como uma tíbia mediação e equilíbrio, mas antes como uma transformação criadora na qual tudo o que é inicial se alça até a altura de seu ápice?

Mas como as experiências e decisões mais íntimas permanecem o essencial, elas precisam ser mantidas fora da esfera pública.

A necessidade da *obra pura* talvez nunca tenha sido maior do que hoje e do que no futuro - pois a violência desfiguradora e destrutiva do anúncio e da persuasão, da propaganda e do barulho, da mania de decomposição e dissolução da alma nunca foi maior, mais desenfreada e consciente do que hoje.

O quanto e o quão certamente as pessoas se encontram sob o domínio da ilusão de terem concebido e se apropriado da *obra*, por conhecerem as "cartas" e as declarações de seu criador, assim como a sua psicologia.

Será que conseguimos alcançar aqui uma vez mais um início, na medida em que abdicamos da curiosidade e amadurecemos para as necessidades das obras? Mas onde há "obras"? Supondo que elas poderiam ser criadas, será que elas ainda estão em condições de – e isso pertence ao seu caráter efetivamente real enquanto obras – criar simultaneamente o tempo-espaço no qual elas mesmas se aprumam? Tudo isso não é muito mais fundamentalmente impedido pela "psicologia", pela essência das massas e pela propaganda?

Com certeza – e, por isso, é preciso que haja singulares, que ainda consigam realizar uma coisa – o que é muito pouco quando computado em termos maiores – *passar adiante o aceno para o essencial e historicamente necessário* – por meio de suas tentativas – adiante para a geração que virá logo em seguida à próxima, uma geração na qual talvez se decida o destino do Ocidente como um todo.

Suplemento a *Desejo e vontade*
(Sobre a conservação do que se tentou)

I O que temos diante de nós

1) As preleções.
2) As conferências.
   - A conferência sobre Hegel (Amsterdã)[1].
   - Sobre a essência da verdade[2].
   - A situação atual da filosofia (Conferência em Constanz)[3].
   - Sobre a origem da obra de arte (Conferência em Friburgo)[4].
   - Sobre a origem da obra de arte (Conferência em Frankfurt)[5].
3) As anotações para os exercícios, em particular sobre a dialética transcendental kantiana e sobre a *Crítica da razão prática*[6].
   - Sobre a *Fenomenologia do espírito* de Hegel[7].

---

1. "Hegel und das Problem der Metaphysik" [Hegel e o problema da metafísica – 1930]. In: *Vorträge* [Conferências]. GA, 80.

2. "Vom Wesen der Wahrheit" [Sobre a essência da verdade]. In: *Vorträge* [Conferências]. GA, 80.

3. "Die gegenwärtige Lage und die künftige Aufgabe der deutschen Philosophie" [A situação atual e a tarefa futura da filosofia alemã – 1934]. In: *Reden* [Discursos]. GA, 16.

4. *Vom Ursprung des Kunstwerkes* [Sobre a origem da obra de arte – 1935]. In: *Vorträge* [Conferências]. GA, 80.

5. *Sobre a origem da obra de arte* (1936). In: HERRMANN, F.-W. (org.). *Caminhos da floresta*. GA, 5. Frankfurt junto ao Main, 1977, p. 1-74.

6. In: *Seminare*: Leibniz – Kant. GA, 84.

7. In: ibid. GA, 86.

- Sobre Leibniz, *Monadologia*[8].
- Sobre a crítica da faculdade de julgar a estética kantiana[9].
- Sobre as cartas de Schiller sobre a educação estética[10].
- Sobre a preleção de Nietzsche[11].

4) Trabalhos prévios à obra (além disso, a autocrítica de *Ser e tempo*)[12].
5) Reflexões e acenos – cadernos II-IV-V[13].
6) A preleção sobre Hölderlin[14] e trabalhos prévios a "Empédocles"[15].
7) *Do acontecimento apropriativo* (Contribuições à filosofia)[16] quanto a isso n. 4.

II Em detalhe

1 As preleções

Elas são todas em sua grande maioria o tatear velado em direção a um outro pensamento, um tatear que busca a verdade do seer e sua fundação no ser-aí. Por detrás da vontade educativa de desenvolver e fortalecer a força questionadora e o domínio livre do ofício se encontra o movimento pensante propriamente dito como esforço em torno da posição fundamental do outro início.

---

8. In: ibid. GA, 84.

9. In: ibid.

10. Cf. o posfácio do editor, p. 360s.

11. In: *Seminare*: Nietzsche. GA, 87.

12. Uma confrontação com *Ser e tempo* (1935/1936). In: *Zu eigenen Veröffentlichungen* [Publicações próprias]. GA, 82.

13. In: *Überlegungen A* [Reflexões A]. GA, 94. • *Winke* I e II. GA, 101.

14. ZIEGLER, S. (org.). *Hölderlins Hymnen "Germanien" und "Der Rhein"* [Os hinos de Hölderlin "Germania" e "O Reno"]. GA, 39. Frankfurt junto ao Main, 1980 [Preleção de Friburgo do semestre de inverno de 1934/1935].

15. "Zu Hölderlins Empedokles-Bruchstücken" [Sobre os fragmentos do Empédocles de Hölderlin]. In: *Zu Hölderlin* – Griechenlandreisen [Sobre Hölderlin – Viagens à Grécia]. GA, 75.

16. HERRMANN, F.-W. (org.). *Beiträge zur Philosophie* (Vom Ereignis) [Contribuições à filosofia (Do acontecimento apropriativo)]. GA, 65. Frankfurt junto ao Main, 1989.

Esse outro questionamento acerca da verdade do seer, em contraposição à questão acerca da essência do ente, só pode ser realizado na confrontação com a história até aqui e na nova abertura dessa história. A confrontação alcança sua conclusão nas preleções sobre Nietzsche.

As preleções permanecem sempre no primeiro plano: elas se iniciam no interior da tonalidade afetiva fundamental junto a um trajeto aparentemente arbitrário e permitem a partir daí a visão do todo.

Essencialmente, o procedimento – a sequência dos passos – nunca é uma pretensão a verdades últimas. As preleções jamais possuem o seu arredondamento em um tornar-se-"pronto" aparente, mas antes na espessura interior do movimento velado do questionar.

As representações são todas *históricas*, fundadoras de história, mas nunca historiológicas.

Quem apenas as lê *imediatamente* e as ouve como uma exposição historiológica de uma obra qualquer e quem, então, contabiliza e compara a concepção com as já existentes ou ainda as utiliza para "aprimorar" essas concepções: *esse ainda não compreendeu nada.*

As preleções pertencem todas à esfera daquela tarefa que é denominada no projeto "Do acontecimento apropriativo" a *conexão de jogo*. Talvez alguns consigam em um tempo posterior experimentar o silenciado a partir do movimento fundamental do silenciar, colocando a partir daí o que é expressamente dito no interior de seus limites. Talvez, porém, as pessoas permaneçam presas ao cálculo historiológico, e a pretensão inevitável de saber melhor as coisas achará que tudo isso é "ultrapassado" pela "bibliografia que entrementes surgiu".

No interior de cada preleção e, com maior razão, na relação entre elas, encontram-se muitas *repetições* que, porém, captam *o mesmo* a partir de diferentes situações de pensamento e, com isto, se apoiam mutuamente.

Com maior razão há “contradições” e transformações do anterior, sem que elas sejam respectivamente assinaladas.

Das preleções mais antigas, sobretudo daquelas referidas a Aristóteles, a maioria delas é ultrapassada e *afastada* pelos desdobramentos mais originários do questionamento.

A interpretação do *Sofista*[17] e a preleção sobre a *Retórica* de Aristóteles[18] contêm algumas coisas úteis, mas já assumidas por outras por vias diversas.

Mais essencial do que essas tentativas tateantes será no futuro conceber a partir da colocação dessa questão diretriz (o que é o ente) e na transição para a colocação da questão fundamental (como se essencia a verdade do seer) a filosofia de Aristóteles como a *primeira conclusão do primeiro início* da filosofia ocidental - de maneira puramente grega, livre de toda cristianização e escolástica, desprendida de todos os humanismos novos e antigos.

Em todas as preleções, as observações ocasionais que se referem a fenômenos momentâneos são substancialmente desprovidas de valor. Uma confrontação com a erudição filosófica contemporânea não é buscada em ponto algum. Referências ocasionais são na maioria das vezes respostas a questões a partir do círculo dos ouvintes.

O mais importante para a compreensão do desdobramento da questão desde *Ser e tempo* são as preleções a partir de 1930/1931 (*Fenomenologia do espírito*, de Hegel)[19] até as preleções sobre Nietzsche[20]. As preleções do semestre de verão

---

17. SCHÜSSLER, I. (org.). *Platão*: Sofista. GA, 19. Frankfurt junto ao Main, 1992 [Preleção de Marburgo do semestre de inverno de 1924/1925].

18. *Grundbegriffe der aristotelischen Philosophie* [Conceitos fundamentais da filosofia aristotélica]. GA, 18 [Preleção de Marburgo do semestre de verão de 1924].

19. GÖRLAND, I. (org.). *Hegels Phänomenologie des Geistes* [Fenomenologia do espírito de Hegel]. GA, 32. Frankfurt junto ao Main, 1980 [Preleção de Friburgo do semestre de inverno de 1930/1931].

20. HEIMBÜCHEL, B. (org.). *Nietzsche*: A vontade de poder como arte. GA, 43. Frankfurt junto ao Main, 1985 [Preleção de Friburgo do semestre de inverno de 1936/1937]. • HEINZ, M. (org.). *A posição metafísica fundamental de Nietzsche no pensamento ocidental* - O eterno retorno do mesmo. GA, 44. Frankfurt junto ao Main, 1986 [Preleção de Friburgo do semestre de verão de 1937].

de 1933[21] são insuficientes por causa das reivindicações do reitorado.

2 As conferências

As conferências também surgiram totalmente a partir do curso de trabalho e pertencem ao caminho próprio a esse curso. Nos trabalhos prévios feitos para elas, muita coisa não foi aproveitada que, contudo, era importante para a colocação da questão. Mesmo quando essas coisas foram publicadas posteriormente, elas não chegaram tarde demais.

3 As anotações para os exercícios

A partir delas, nem sempre é possível perceber o curso real dos exercícios; essa visualização é permitida pelos "protocolos", que possuem por sua vez um "valor" totalmente diverso e nunca apresentam as questões do modo como eu as expus e discuti mesmo lá onde relatam de maneira "literal".

Com um detalhamento completamente diverso, as "anotações" contêm complementos maximamente importantes, seja às preleções, seja aos trabalhos propriamente ditos na obra. Importantes, por exemplo, são os exercícios sobre o *Fedro* de Platão[22], sobre a *Fenomenologia do espírito* de Hegel[23] (neste caso, os protocolos são particularmente bons), sobre Leibniz, *Monadologia*[24], sobre a *Crítica da faculdade de julgar* I de

---

21. "Die Grundfrage der Philosophie" [A questão fundamental da filosofia] [Preleção de Friburgo do semestre de verão de 1933]. In: *Sein und Wahrheit* [Ser e verdade]. GA, 36/37.

22. "Platon, Phaidros" (Platão, Fedro) [Seminário do semestre de verão de 1932]. In: *Seminare*: Platon – Aristoteles – Augustinus (Seminários: Platão – Aristóteles – Agostinho). GA, 83.

23. HEGEL Phänomenologie des Geistes (HEGEL. Fenomenologia do espírito] [Seminário do semestre de verão de 1935]. In: *Seminare*: Hegel – Schelling (Seminários: Hegel – Schelling). GA, 86.

24. LEIBNIZ. Monadologie [LEIBNIZ. Monadologia] [Seminário do semestre de inverno de 1935/1936]. In: *Seminare*: Leibniz – Kant [Seminários: Leibniz – Kant]. GA, 84.

Kant[25] e a explicitação das preleções sobre Nietzsche (Semestre de verão de 1937)[26].

4. Os trabalhos prévios à obra (cf. n. 7)

Estas "tentativas" não procuram "levar a termo" *Ser e tempo*. Ao contrário, todo o modo de colocação da questão é fixado de maneira mais originária e voltado para o campo de visão correspondente. Desde o início do ano de 1932 encontra-se pronto em seus traços fundamentais o plano que conquista sua primeira figura no projeto "Do acontecimento apropriativo"[27]. Tudo conflui para esse projeto e a "confrontação" com *Ser e tempo* também pertence ao âmbito destas meditações[28]. Os trabalhos prévios são sempre novas tentativas, a fim de encontrar a posição fundamental para a questão acerca da verdade do seer. Os âmbitos principais da meditação podem ser indicados por meio dos títulos:

- *A diferenciação entre seer e ente* - (origem e fundamento da diferenciação; vista na filosofia até aqui sempre a partir do ente e, a partir daí, em direção à entidade. Agora, porém, de maneira essencialmente diversa: a partir da verdade do seer).
- *O ser-aí* - como fundação da verdade do seer.
- *A verdade* - confira visões panorâmicas em semestre de inverno de 1937/1938[29].

---

25. KANT. Kritik der aesthetischen Urteilskraft [KANT. Crítica da faculdade estética de julgar] [Seminário do semestre de verão de 1936]. In: *Seminare*: Leibniz - Kant [Seminários: Leibniz - Kant]. GA, 84.

26. Nietzsches metaphysische Grundstellung (Sein und Schein) [Posição metafísica fundamental de Nietzsche (Ser e aparência)] [Seminário do semestre de verão de 1937]. In: *Seminare:* Nietzsche [Seminários: Nietzsche]. GA, 87.

27. *Beiträge zur Philosophie* (Von Ereignis) [Contribuições à filosofia (Do acontecimento apropriativo) (1936-1938). GA, 65.

28. Eine Auseinandersetzung mit Sein und Zeit (1935-1936) [Uma confrontação com *Ser e tempo* - 1935/1936]. In: *Zu eigenen Veröffentlichungen* [Publicações próprias]. GA 82.

29. HERRMANN, F.-W. (org.). *Questões fundamentais da filosofia* - "Problemas" seletos da "lógica". GA, 45. Frankfurt junto ao Main, 1984 [Preleção de Friburgo do semestre de inverno de 1937/1938].

• *O tempo-espaço* – como aquilo do que se aproxima a temporalidade originária ("temporialidade") e que, por sua vez, está fundado no "acontecimento apropriativo".

• *As modalidades* – até que ponto elas não são por princípio suficientes para apreender a essenciação do seer (cf. Preleção de 1935/1936[30]).

• *A tonalidade afetiva* – como a afinação da essência originária do homem, na medida em que ele se transforma – assumindo o *ser*-aí – no guardião da verdade do seer. "Tonalidade afetiva" *totalmente fora* da consideração psicológica e antropológica até aqui.

• *A linguagem* – como pertencente à tonalidade afetiva e concebida a partir da relação com a verdade do seer. Superação da gramática e da lógica até aqui. Semestre de verão de 1935[31].

• *O procedimento e a essência da linguagem* – decisivo é o fato de o questionamento ser concebido a partir do que veio antes como aquela ação originária do ser-aí, em virtude da qual ele se dá previamente o âmbito da transfigurabilidade do ente a partir do seer.

Esse questionamento nunca pode ser interpretado – segundo o entendimento habitual – a partir da dúvida e mesmo da negação.

Essencial para a compreensão conjunta dos trabalhos prévios como a repetição mais originária do único, de *meu* único questionamento em *Ser e tempo*, é a própria confrontação com *Ser e tempo*.

Naturalmente, a esfera pública atual é por demais imatura e deseducada para alcançar o correto acolhimento dessa "autocrítica". Os "críticos" até aqui, dos quais *nenhum* único deles com-

---

30. JAEGER, P. (org.). *Die Frage nach dem Ding* – Zu Kants Lehre von den transzendentalen Grundsätzen [A pergunta sobre a coisa – Acerca da doutrina kantiana dos princípios transcendentais. GA, 41. Frankfurt junto ao Main, 1984 [Preleção de Friburgo do semestre de inverno de 1935/1936].

31. JAEGER, P. (org.). *Einführung in die Metaphysik* [Introdução à metafísica]. GA, 40. Frankfurt junto ao Main, 1983 [Preleção de Friburgo do semestre de verão de 1935].

preendeu a questão propriamente dita, para não falar de algum deles ter pensado de maneira mais originária, o que é de qualquer modo necessário para qualquer "crítica", têm a pretensão de possuir *o* único critério que pode pertencer ao que precisa ser julgado - esses acharão, portanto, que tinham razão ao negar a sua concordância.

Os outros são facilmente seduzidos a assumir a opinião de que, diante da própria postura crítica do autor de *Ser e tempo* em relação a esse ensaio, não valeria mais a pena retornar a ele.

Somente quem está em condições de se libertar sempre uma vez mais daquilo que foi conquistado por meio do trabalho, isto é, somente quem experimenta sempre uma vez mais os grandes instantes, nos quais se é tocado pelo desencobrir-se do seer como sua essenciação, somente esse tem superioridade suficiente para a crítica, mas também para a vontade de descobrir e de desdobrar precisamente na "crítica" e em seus caminhos-passos essenciais.

5 Reflexões e acenos

O que está fixado nesses cadernos de anotações, sobretudo nos cadernos II, IV e V, também fornece em parte incessantemente as tonalidades afetivas fundamentais do questionamento e as indicações do campo de visão mais extremo das tentativas pensantes. Aparentemente surgidos sempre em instantes, eles contêm o traço do empenho constante em torno da única questão.

6. A preleção sobre Hölderlin 1934/1935 e 1935, e a preparação da interpretação de "Empédocles"

Depois de longa meditação, essa preleção é uma primeira tentativa de uma interpretação das "obras" (Hinos) particulares. Em parte alguma, o que se tentou realizar corresponde no mais mínimo que seja à obra do poeta; sobretudo - e isso é *o* decisivo - porque Hölderlin não é aqui considerado como um poeta entre outros - também não como alguém agora supostamente atual. Ao contrário, ele é considerado como *o* poeta do outro início de nossa história por vir. Por isto, essa preleção encontra-se na conexão mais íntima possível com a tarefa apreendida de questionar a verdade do seer – e não é, por exemplo, apenas uma escapadela para uma "filosofia da poesia" e da arte em geral.

A preleção como preleção tem sempre naturalmente – como todas as minhas preleções – e *em primeiro plano* o intuito educacional de conduzir ao poeta, isto é, à sua obra. Com isto, porém, o intuito velado que determina a escolha dos "Hinos" e o procedimento não é de modo algum alcançado.

7 "Do acontecimento apropriativo"

Essas "Contribuições à filosofia" devem tornar visível em um novo arranque a amplitude da questão do ser; não importa aqui o desdobramento em detalhe, porque esse desdobramento tende fácil demais a encurtar o campo propriamente dito de visão e faz com que se perca o traço fundamental do questionamento. Tampouco, porém, se atinge aqui *a* forma, que exijo precisamente nesse ponto para uma publicação como "obra"; pois precisa se anunciar aqui o novo estilo do pensamento – a retenção na verdade do seer; o dizer do silenciamento – o amadurecer para a essencialidade do simples.

*

O pior que poderia suceder a esses esforços seria a decomposição e a explicação psicológico-biográficas, ou seja, o contramovimento em relação àquilo que é precisamente requerido de nós – entregar tudo o que há de "psíquico", por mais intimamente que ele precise ser preservado e levado a termo, à solidão da obra em si estranha.

Por isto – ainda que pudessem ser de alguma maneira importantes – não devemos nos ater a *nenhuma coletânea de cartas e coisas do gênero*, o que só serve à curiosidade e à comodidade de se desviar da tarefa do pensamento das "coisas mesmas".

O que não aconteceria se um dia a turba dos curiosos se abatesse sobre a "obra póstuma"! Não há como esperar dessa solicitude que ela venha algum dia a compreender algo, isto é, a transformar algo em algo futuro; pois ela apenas se arrasta claudicante atrás daquilo que em todos os casos completa e em cada caso confirma seu cálculo já fechado.

Se essa "obra póstuma" não possuísse em seu íntimo a força de um *deixar antecipativo*[32] – de uma apreensão prévia que abre o espaço para um questionamento totalmente diverso, muito longo, ela não seria digna de ser levada em conta.

A mera ampliação do já publicado é supérflua.

O parco, que talvez tenha o direito de permanecer, é *o movimento do questionamento da única questão.* E isto pode mostrar que hoje também a mais forte e mais ardente tensão de uma pequena força ainda não consegue nada *contra* a cristalização do ente *para* a restituição do seer como o âmbito do acontecimento da chegada ou da fuga do último deus.

E, contudo, precede a todos os "resultados", proposições e conceitos o reluzir que talvez tenha se dado aqui e acolá de um longo caminho, que tem por força determinante um grande futuro.

A magnificência do ser-aí repousa sobre o ultrapassamento alternante e senhor de si na luta ardente, que encobre o mais silenciado e permanece, contudo, inestimavelmente grato ao menor auxílio.

---

32. Heidegger joga aqui com dois termos em alemão: *Nachlass* e *Vorlass*. *Nachlass* (obra póstuma) significa literalmente aquilo que é deixado para depois. *Vorlass*, por sua vez, significa na linguagem corrente "deixar passar", "receber". No entanto, a palavra ganha aqui um cunho técnico: um *Vorlass* é algo que se deixa (*lassen*) antecipadamente (*vor*). No contexto acima, a obra póstuma precisa ter necessariamente a força de deixar antecipadamente uma determinação a partir da qual a história se constitui [N.T.].

Posfácio do editor alemão

O manuscrito "Meditação", dividido em 28 partes e 135 capítulos, que é publicado aqui pela primeira vez a partir da obra póstuma como o volume 66 da obra completa, surgiu nos anos de 1938/1939 em articulação com o recém-concluído *Contribuições à filosofia (Do acontecimento apropriativo)*. Ele se constitui a partir de 589 folhas escritas a mão numeradas em formato Din A 5 e só com algumas exceções em formato menor. A essas 589 folhas se agrega a enumeração separada do capítulo 15 (Folha 96a-96l com outras 11 folhas), assim como a enumeração própria do capítulo 65a (folha 262a-262e). Em cada folha escrita a mão encontra-se na parte de cima à esquerda o número relativo à paginação corrente, na parte superior à direita a contagem interna do capítulo com números ou com letras.

No índice que só se encontra datilografado, os capítulos 15 e 65a inicialmente coinseridos foram ulteriormente cortados. Em uma anotação que se encontra antes das folhas manuscritas do capítulo 15, Fritz Heidegger observa: "não copiado porque, segundo a indicação do autor, insuficiente". No envelope, esse capítulo é designado como "projeto". Antes das folhas manuscritas do capítulo 65a também se acha uma anotação de Fritz Heidegger: "não copiado, inacabado". Contudo, como não se trata nesses dois capítulos apenas de um material a ser ainda primeiramente elaborado, mas de textos reformulados, eles foram acolhidos no texto conjunto a ser editado. Em contrapartida, os envelopes com os títulos "O ser como *a priori*" e "Acontecimento apropriativo", como só continham materiais relativos a notas não trabalhadas, não foram levados em conta para a edição. O mesmo aconteceu com algumas anotações, que se encontram aqui e acolá entre as folhas manuscritas numeradas e que não estão elas mesmas conumeradas.

Além do manuscrito, achava-se à disposição do editor uma cópia datilografada, produzida pelo irmão de Heidegger, Fritz Heidegger, logo depois do término do manuscrito e concluída ainda no ano de 1939. Pois no envelope do índice datilografado, que porta o título "Índice" escrito a mão por Martin Heidegger, o filósofo observa: "colacionado em 1939". A enumeração corrente das folhas manuscritas foi inserida na parte posterior direita nas páginas datilografadas. No entanto, como uma página datilografada contém normalmente duas a três folhas manuscritas, encontram-se na parte de cima à direita dois ou mesmo três números. A cópia mesma não possui nenhuma contagem própria das páginas.

Só o índice datilografado contém os números romanos que vão de I até XXVIII, com os quais as partes do manuscrito são enumeradas, e os algarismos arábicos de 1 a 135 para os capítulos do texto. Mas os 28 envelopes pertencentes ao manuscrito são marcados na parte de cima à esquerda com um pequeno círculo e um número arábico. Quando os 135 capítulos foram enumerados com algarismos arábicos em meio à produção do índice datilografado, os números arábicos dos envelopes precisaram ser transcritos em números romanos. Com isto, o livro *Meditação* possui a mesma divisão formal do *Contribuições à filosofia*: partes superordenadas dotadas de algarismos romanos e capítulos subordinados dotados de algarismos arábicos.

A cópia feita por Fritz Heidegger é em muito uma transposição diplomática, sem elaboração para uma possível publicação. Essa e tantas outras cópias que Fritz Heidegger fez a pedido de seu irmão não aconteceram com vistas a uma publicação. Ao contrário, elas deveriam viabilizar sobretudo a Martin Heidegger o acesso mais rápido e mais fácil a seus manuscritos.

Em uma série de páginas datilografadas, Martin Heidegger empreendeu pequenas alterações textuais a mão ou mesmo complementos mais extensos, assim como inseriu observações marginais na ampla borda do lado esquerdo da página. Com frequência, esses adendos também são transpostos para as folhas manuscritas. Todavia, todas as alterações, complementos e anotações marginais ulteriores mantêm-se em termos de pensamento e de linguagem no plano meditativo do texto principal e provêm supostamente do tempo em que Heidegger comparou a transposição datilografada com o texto manuscrito.

Para a produção datilografada da composição foram transcritas todas as partes do manuscrito que ainda não tinham sido transpostas. Os complementos manuscritos puderam ser inscritos no texto corrente com o auxílio das aspas estabelecidas por Heidegger, enquanto as anotações marginais que não tinham como ser sintaticamente introduzidas foram apresentadas nas notas de pé de página.

A cópia datilografada de Fritz Heidegger foi muitas vezes colacionada com o manuscrito. Umas poucas omissões e erros de leitura que também passaram despercebidos por Martin Heidegger foram acolhidos e corrigidos no texto. Alguns erros de digitação evidentes foram discretamente aprimorados. Em contrapartida, foram mantidos os modos diversos e particulares de escrita de Heidegger. Abreviações na denominação de alguns escritos e manuscritos, assim como de termos fundamentais do próprio pensamento ou de outros pensadores foram explicitadas. A divisão de parágrafos indicada por Martin Heidegger no manuscrito e reproduzida na cópia datilografada por Fritz Heidegger foi impressa sem alterações. No conjunto, a interpunção foi revisada e, em algumas circunstâncias, completada. Os sublinhados no manuscritos tinham sido normalmente restituídos por Fritz Heidegger em sua cópia por meio do negrito. Os sublinhados ocasionais datilografados são correções ulteriores do negrito que não tinha sido estabelecido por descuido durante a transposição. Como nos volumes da obra completa, o único tipo de destaque para os textos de Heidegger é o itálico, tudo aquilo que na cópia datilografada estava em negrito e sublinhado foi distinto de maneira uniforme pelo itálico.

Distinguem-se quatro tipos de notas de pé de página. As notas marcadas com o asterisco – como no *Contribuições à filosofia* – contêm referências transversais já presentes no manuscrito ou só posteriormente inseridas na cópia; por um lado, como acontece nas páginas ou capítulos no interior do *Meditação*, por outro, porém, também em outros escritos ou manuscritos próprios. Um desvio formal dessa regra dá-se, contudo, no capítulo

35 "Uma referência à questão da verdade"; tendo em vista um acúmulo de notas de pé de página, essas notas são enumeradas aí não com asteriscos, mas com algarismos arábicos. As referências transversais estão ou bem subordinadas no manuscrito e na cópia a um título, ou bem inseridas no texto corrente. As referências transversais que pertencem aos títulos só são reproduzidas no texto impresso nas notas de pé de página, enquanto as referências no texto que se acham com a forma escolhida por Heidegger também permanecem no mesmo lugar, mas - quando necessário - são complementadas nas notas de pé de página. A explicitação das abreviações tanto quanto a complementação das indicações bibliográficas foram colocadas entre parênteses nos casos em que a nota de pé de página começava com a reprodução da versão original. Se uma nota de pé de página contém apenas as indicações complementadas relativas às referências que se encontram no texto, os parênteses foram retirados.

Como entrementes a apresentação da sequência e a fixação dos números dos volumes foi concluída e como elas se encontram publicadas no prospecto da editora de março de 1997, tornou-se possível agora pela primeira vez em relação a todos os manuscritos, para os quais há referência no *Meditação*, mesmo para aqueles que ainda não se encontram por ora publicados, indicar os títulos e os números. Os dados do editor e do ano de publicação de um volume já existente só acontecem uma vez em sua primeira citação.

Os algarismos romanos que se encontram nas *Überlegungen* (Reflexões) - mencionadas por Heidegger tanto no *Meditação* quanto no *Contribuições à filosofia* - são relativos aos números de cada caderno; os algarismos arábicos indicam o número das páginas no respectivo caderno citado. Os cadernos II-VI (Caderno I desapareceu) aparecerão nos volumes 94 *(Überlegungen A* - Reflexões A), VII-XI no volume 95 (*Überlegungen B* - Reflexões B) e XII-XV no volume 96 (*Überlegung C* - Reflexões C).

As notas de pé de página marcadas com letras minúsculas reproduzem as anotações marginais acima citadas de Heidegger a partir da cópia datilografada.

Nas notas de pé de página enumeradas com algarismos arábicos foram coligidas pelo editor as indicações bibliográficas das citações de outros autores introduzidas por Heidegger no texto.

Por fim, as notas de pé de página marcadas com uma cruzinha são observações do editor.

*

Depois que, em setembro de 1973, foi tomada a decisão de uma obra conjunta, Heidegger começou em seu escritório, na casa em que viveu seus últimos anos na rua Fillibach, com o auxílio do editor, os trabalhos preparatórios para o plano e o estabelecimento da presente edição. Durante a visualização e a ordenação das cópias datilografadas já existentes, ele familiarizou pela primeira vez o editor com os ensaios que tinha destinado à III seção da obra completa. Nesse momento, ele comunicou o fato de os ensaios *Meditação* (1938/1939), *Über den Anfang* (Sobre o início - 1941), *Das Ereignis* (O acontecimento apropriativo - 1941/1942) e *Die Stege des Anfangs* (As sendas do início - 1944) se encontrarem em uma conexão particularmente estreita com o *Contribuições à filosofia*, na medida em que cada um desses ensaios pensa como um todo, a partir de um novo impulso principial, a composição estrutural do *Contribuições à filosofia*. Em uma proximidade substancial com esses cinco ensaios encontram-se também *A superação da metafísica* (1938/1939) e *A história do seer* (1939/1940).

A *Meditação*, portanto, é o primeiro dos quatro ensaios acima citados que, em conexão com o *Contribuições à filosofia*, assume a tarefa de abrir de maneira questionadora todo o âmbito do pensamento da história do ser. O pensamento da história do ser que se compreende como meditação abre a clareira do seer como acontecimento apropriativo, no que se cruza o vir ao encontro do deus e do homem com a contenda da terra e do mundo. O acontecimento da apropriação do vir-ao-encontro e da contenda acontece como exportação resolutora. A meditação realiza-se, contudo, como o questionamento da questão do ser histórico-ontológico (própria ao outro início) na confrontação com a questão do ser metafísica (própria ao primeiro início).

Uma folha escrita a mão por Heidegger com o título "Para meditação" foi inserida na cópia datilografada. Sob 1, ele caracteriza o índice como um "*assinalamento dos saltos*", com o que ele se articula com um termo fundamental do *Contribuições à filosofia*: salto como título da terceira junção no esboço e como designação do pensar da história do seer, na medida em que esse pensar salta para fora da questão metafísica acerca do ser (o que é o ente?) e para o interior da questão do ser própria à história do ser (como se essencia o seer?); salto como o saltar pensante para o interior da essenciação da verdade do seer como acontecimento apropriativo, de tal modo que esse pensar se experimenta como um pensar apropriado pelo seer em meio ao acontecimento e pertence ele mesmo ao acontecimento apropriativo.

Sob "*2. Observação prévia*", Heidegger escreve: "*Nenhum sistema, nenhuma doutrina, nenhum aforismo, mas uma sequência de saltos curtos e largos do questionamento em direção ao cerne da prontidão para o acontecimento apropriativo do seer. As 'repetições' são necessárias para dizer aí a cada vez o todo. Em verdade, na maioria das vezes ainda um perseguir e um considerar, raramente se permite um dizer da saga. Sem missão e chamamento*". Aqui, é preciso destacar duas coisas: por um lado, a caracterização feita uma vez mais do pensamento nas passagens do texto como "saltos do questionamento em direção ao cerne da prontidão para o acontecimento apropriativo do seer" - uma caracterização que permaneceria incompreensível se não fosse a familiaridade com o *Contribuições à filosofia*; por outro lado, a rejeição da opinião que facilmente se imiscui de que as passagens do *Meditação* teriam o caráter de aforismos, de que o pensar da *Meditação* e, com ele, do *Contribuições à filosofia* seria um pensar aforismático.

As anotações para a "Observação prévia" terminam com uma segunda rejeição: "*Nenhum 'poema' e não poesia - apenas uma vinculação da palavra pensante no instante de uma meditação recolhida*". Heidegger poderia dizer: nem os textos que se encontram na "Introdução" do *Meditação* (que em parte já tinham sido publicados em 1941 como separata com o título *Winke* (Acenos) e que foram reimpressos no volume 13 da Obra completa) são "poema" e "poesia", apesar de terem tal aspecto segundo o modo como foram impressos), nem são passagens do *Meditação*.

Sob 3, Heidegger anota: "*trabalhar novamente p. 192/193. Fuga da essência própria ao homem*". Neste caso, trata-se do capítulo 54 que consiste em, no conjunto, três folhas manuscritas.

*

No *anexo* do volume 66 aqui presente foi impresso - do mesmo modo pela primeira vez a partir da obra póstuma não impressa - o texto redigido em 1937/1938: "Olhar retrospectivo sobre o caminho". Em sua primeira parte, "Meu caminho até aqui", Heidegger reflete sobre seu caminho de pensamento desde a tese de doutorado (1913) até o *Contribuições à filosofia* (1936-1938). Na segunda parte, "Sobre a conservação do que se tentou", ele fornece uma visão panorâmica sobre seus manuscritos não publicados, dividindo-os em sete partes: preleções, conferências, anotações para exercícios, trabalhos prévios para a obra, cadernos de anotações, trabalhos sobre Hölderlin, Do acontecimento apropriativo (Contribuições à filosofia). Ao mesmo tempo, ele dota cada uma dessas unidades com explicitações extremamente elucidativas.

As duas partes do texto são redigidas em folhas com o formato Din A 5 e cada uma dessas partes possui a sua própria numeração de páginas de 1 até 12 e de 1 até 15. As duas partes do texto foram transcritas pelo editor e receberam notas de pé de página, que possuem a forma das notas de pé de página marcadas com asterisco no *Meditação*, mas que são enumeradas aqui com algarismo arábicos. Aqui também, todos os manuscritos mencionados por Heidegger e previstos para a publicação na obra completa puderam ser relacionados com os volumes nos quais eles serão publicados.

Em "Sobre a conservação do que se tentou", Heidegger denomina, contudo, além das presentes "Anotações para exercícios", também aquelas anotações às "Cartas de Schiller sobre a Educação estética" que, porém, não puderam ser encontradas na obra póstuma. Se elas aparecerem algum dia, elas estão previstas agora para a publicação no volume 84, *Seminare: Leib-*

niz - Kant (Seminários: Leibniz - Kant), com uma ampliação com vistas a Schiller.

Por volta do fim do mesmo texto, Heidegger rejeita enfaticamente de antemão uma edição conjunta da obra póstuma inédita que se volte para "Coletâneas de cartas e coisas do gênero". Em meio ao planejamento da obra completa, contudo, Heidegger tomou uma outra decisão. O contrato geral firmado por ele e a editora Vittorio Klostermann em 1974 sobre a obra completa prevê para a IV seção, "Cartas". Por isto, serem publicadas nos volumes 92 e 93 *Cartas seletas*.

Agradeço cordialmente ao Sr. Dr. Hermann Heidegger pelo cotejamento das partes por mim transcritas do manuscrito e dos adendos manuscritos a partir da transposição datilografada, assim como pelo acompanhamento cuidadoso dos trabalhos editoriais.

À minha colaboradora, Sra. Dra. Paola-Ludovico Coriando, agradeço pelo último cotejamento e pela revisão final conjunta do texto, pelos trabalhos indispensáveis ao editor, que ela realizou com conhecimento seguro de causa e com uma lúcida circunspecção. Agradeço-lhe de maneira particularmente cordial por esse apoio sempre pronto a responder a qualquer chamado. Além disso, gostaria de manifestar o meu cordial agradecimento a ela tanto quanto ao Sr. doutorando em filosofia, Ivo de Gennaro, pelos trabalhos de correção realizados com grande acuro a partir de um acompanhamento pensante da coisa mesma.

Friburgo em Brisgau, junho de 1997
F.-W. v. Herrmann